DIE GESCHICHTE DER
FLIEGEREI

VOM ERSTEN DOPPELDECKER BIS ZUM MODERNEN AIRBUS

DIE GESCHICHTE DER
FLIEGEREI

VOM ERSTEN DOPPELDECKER BIS ZUM MODERNEN AIRBUS

DAVID SIMONS UND THOMAS WITHINGTON

Bath • New York • Singapore • Hong Kong • Cologne • Delhi
Melbourne • Amsterdam • Johannesburg • Auckland • Shenzhen

Parragon Books Ltd
Queen Street House
4 Queen Street
Bath BA1 1HE, UK

Fachübersetzung: Horst D. Wilhelm
Lektorat: Rolf Burau, Mönchengladbach
Satz und Koordination: trans texas publishing, Köln

ISBN 978-1-4454-3525-1

Printed in China

Titelseite: Wright-Flyer, 1903; © Art-Tech/Aerospace/TRH Pictures
Rückseite: Boeing X-45A UCAV (unbemanntes Kampfflugzeug); © TRH Pictures/Boeing

Das Foto unten zeigt Paul Cornu und sein „fliegendes Fahrrad".
Dies war der erste Hubschrauber, der am 13. November 1907 mit Pilot frei vom Boden abhob.

Inhalt

Einleitung

In vielen Sagen und Märchen kommt die uralte Sehnsucht des Menschen zum Ausdruck, sich Vögeln und Insekten gleich mühelos in die Luft zu schwingen. Seit den Vimana-Flugmaschinen der indischen Mythologie und erst recht mit der Entwicklung von Tarnkappenbombern und gigantischen Passagierflugzeugen in unserer Zeit stößt die Menschheit immer schneller in immer größere Höhen und weiter und weiter in den Weltraum vor.

Die Erfolge früher Flugpioniere wie der Brüder Montgolfier und Wright ermutigten zu immer neuen Innovationen und Experimenten. Inzwischen hat der Mensch den Mond betreten und fliegt – als Zivilist wie als Soldat – überschallschnell von einem Kontinent zum anderen und bereist den Globus als Geschäftsmann und Tourist.

Detailliert und fundiert schildert dieses reich illustrierte Buch das Abenteuer des Menschenflugs. Von den frühesten Studien des Vogelflugs bis zum Flugzeug von morgen ist dargelegt, wie die Luft- und Raumfahrt die moderne Welt geformt hat. Das Buch porträtiert die mutigen Pioniere, die – allen Gefahren trotzend – die Grenzen des bemannten Fluges durch immer längere Flugdauer und höhere Geschwindigkeiten stetig weiter hinausschoben. Erläutert wird die Verwendung des Fluggeräts als Waffe in Krieg und Frieden, wie der Luftverkehr den Globus für Wirtschaft sowie Tourismus erschließt und die Raumfahrt unser Wissen über Erde und Kosmos erweitert. Schließlich wagt dieses Buch einen Blick auf die Aufgaben, welche die Luft- und Raumfahrt zukünftig wahrscheinlich erfüllen wird.

Wenn wir heute auf mehr als 100 Jahre Motorflug zurückschauen, könnte man glauben, alle Visionen seien verwirklicht und alle Ziele erreicht. Folgt man jedoch dem Luftfahrtvisionär und Piloten Dick Rutan, so „leben wir in einer sehr aufregenden Zeit, denn unsere Entdeckungsreise hat gerade erst begonnen".

Links: Die Boeing B-29 Superfortress war der fortschrittlichste Bomber des Zweiten Weltkriegs. Die bei seiner Entwicklung gemachten Fortschritte ebneten den Weg für eine neue Generation von Verkehrsflugzeugen.

Fliegen – Traum und Sehnsucht

Die Vordenker

Seit Menschen die Erde bevölkern, sind sie vom Fliegen fasziniert. Tausende von Jahren haben sie staunend hinaufgeblickt zu Vögeln und Insekten und sich gefragt, wie es wohl wäre, wenn man sich in die Luft erheben könnte.

Oben: „Nicht zu hoch, nicht zu tief – halte dich in der Mitte!" Dieser Holzschnitt von 1493 zeigt den Flug des Dädalus und Ikarus' Todessturz. Es ist eine der ältesten gedruckten Darstellungen des Menschenflugs.
Links: Eines der jüngeren Ergebnisse der menschlichen Sehnsucht, immer schneller, höher und weiter zu fliegen, ist die Lockheed SR-71 Blackbird. In den Jahren des Kalten Krieges geschaffen, erreicht dieser Aufklärer eine Dauerfluggeschwindigkeit von mehr als Mach 3.

Vorstellungen vom Fliegen existierten in fast allen antiken Zivilisationen. Im alten Ägypten, in Mesopotamien und Kleinasien wurden Gottheiten oft als geflügelte Wesen dargestellt. So findet sich beispielsweise der von den Persern als höchstes Wesen verehrte Ahura Masda (der Gott des Guten und „weise Herr") als Skulptur im Palast des persischen Königs Darius I., des Großen, (550–486 v. Chr.) in Susa. Den alten Hebräern galten die geflügelten Lichtengel Cherub und Seraph als Schützer der Bundeslade und des Himmelsgartens.

Der griechische Philosoph Plato (427–347 v. Chr.) sagte über das Fliegen: „… die natürliche Funktion des Flügels ist aufwärts gerichtet, um das Schwere hinauf zu dem Ort zu tragen, wo die Götter wohnen. Kein anderes Körperteil ist von göttlicherer Natur." Sokrates (470–399 v. Chr.), ein anderer griechischer Weiser, war aufgeklärter und sagte: „Der Mensch muss sich über die Erde erheben – in die Atmosphäre und darüber hinaus –, denn nur dadurch wird er die Welt erkennen, in der er lebt."

Welch große Bedeutung Menschen dem Fliegen beimaßen, lässt sich bis zum Sanskrit, der altindischen Hochsprache, zurückverfolgen. In den Hymnen der Veden, den ältesten, vermutlich im dritten Jahrhundert vor Christus entstandenen heiligen Schriften der indischen Literatur, werden verschiedene, als „Ratha" bekannte

Flugobjekte genannt, bei denen es sich um eine Art Himmelswagen gehandelt haben soll. Antike Sanskrit-Texte berichten auch über Objekte namens „Vimana". Es sollen Flugmaschinen gewesen sein, die mit außergewöhnlich hohen Geschwindigkeiten flogen und mit mindestens drei Personen („tribandhura") besetzt waren. Pferdekutschen ähnlich, soll ihr Fahrwerk während des Fluges sogar einziehbar gewesen sein. Diese Fahrzeuge waren aus wertvollen Metallen wie Gold, Silber oder Eisen konstruiert und mit Nägeln und Nieten verarbeitet. Wie berichtet wird, waren die Vimanas nicht nur flugtüchtig, sondern drangen sogar Richtung Sonne und Mond in den Weltraum vor.

Diese antiken Texte unterscheiden zwischen zwei Vimanas: Die erste Kategorie wird als eine Art von Menschen geschaffene Kutsche mit vogel-ähnlichen Schwingen beschrieben; die zweite als große, nicht aerodynamische Objekte, die auf rätselhafte, unvorhersagbare Weise fliegen. Hinweise auf diese Vimanas finden sich nicht nur in den Veden, sondern auch im indischen Nationalepos *Mahabharata* und im *Ramajana* (Ramas Lebenslauf), wo sie als „Flugkutschen mit eisenbewehrten Seiten und mit vogelähnlichen Flügeln versehen" beschrieben werden. *Ramajana* erwähnt außerdem das Pushpak Vimana: ein doppelstöckiges, zylindrisches Objekt mit Bullaugen und Kuppel; es flog mit der Geschwindigkeit von Gedanken und einem „melodischen Klang".

Im 3. Jahrhundert v. Chr. befasst sich Kautilja in seinem Buch *Arthaschastra* ausführlich mit dem Fliegen. Piloten nannte er Saubhikas, „Führer von Himmelswagen" oder „jemand, der fliegt oder die Kunst beherrscht, eine fliegende Stadt zu steuern".

Oben: *Unter allen derzeit im Einsatz befindlichen*
Kampfflugzeugen kann nur der britische Harrier
senkrecht starten und landen. Eine Leistung, die unsere
Vorfahren sicherlich als übernatürlich bezeichnet hätten.

Oben: *Geheimnisvolle, in die peru-anische Nazca-Wüste geschnittene Darstellung eines Affen. Wegen ihrer Größe von zehn bis zu mehreren hundert Metern werden diese Bilder erst sichtbar, wenn man die Wüste in einer gewissen Höhe überfliegt. Ist es möglich, dass die so genannte Nazca-Kultur Flugmaschinen besaß?*

„Fliegende Stadt" bezeichnete vermutlich Raum-schiffe, wie sie Hariwamscha, der Herrscher von Ayodhya, besessen haben soll. Kautilja erwähnt auch antike „Kampfflieger" – Akasa Yodhinah –, „Personen, die für den Kampf aus der Luft geschult waren".

Auch *Matsya Purana*, ein anderer antiker Sanskrit-Text, berichtet von fliegenden Städten. Diese „Städte" dienten als mobile beziehungsweise stationäre Raumschiffe und konnten – wie die Raumstationen unserer Tage – aneinander andocken. Im *Yuktikalpataru* erwähnt Bhoja „Flug-wagen", die den Vimanas ähnlich waren. Ein bei der Darstellung der Vimanas immer wieder-kehrendes Thema ist, dass sie große Entfernungen zurücklegen und Ozeane überqueren konnten.

Auch für andere antike Zivilisationen scheint Fliegen bedeutungsvoll gewesen zu sein. So ist König Etana von Mesopotamien etwa 2300 v. Chr. auf einem zylinderförmigen Siegel dargestellt, wie er auf dem Rücken eines Adlers fliegt. Mehr als 3000 Jahre später beschreiben die Inkas den sagen-haften Gründer ihrer Dynastie, Manco Capac, als

„gefiedert und flugfähig". Einige Archäologen sind davon überzeugt, dass man in der antiken peru-anischen Nazca-Kultur Flugmaschinen verwenden konnte, wie sie in ähnlicher Form in den Sanskrit-Epen beschrieben sind. Denn nur wenn man die Wüste bei Nazca überfliegt, erkennt man die in die Gesteinsschicht geschnittenen, schnurgeraden Linien, Dreiecke, trapezförmigen Flächen sowie die Figuren von Menschen und Tieren.

Chinesische Experimente

Doch neben Mythen und Sagen gibt es sogar dokumentierte Flugexperimente in der Antike. So wird beispielsweise von dem sagenhaften chine-sischen Urkaiser Shin berichtet, dass er 2200 v. Chr. – getragen von zwei großen Strohhüten – von einem brennenden Turm sprang und wie mit Flügeln schwebend unversehrt zu Boden glitt. Solche Hüte, die einen Durchmesser von 90 cm haben, gibt es heute noch in China.

Nach einigen Berichten hat Kaiser Cheng aus der berühmten Tang-Dynastie schon 1766 v. Chr. eine flugtaugliche Maschine gebaut. Er zerstörte

Links: *Dädalus mit seinem Sohn Ikarus auf dem Flug von Kreta nach Sizilien. Dädalus hatte Flügel aus Wachs und Vogelfedern gebaut, die Ikarus zum Verhängnis werden sollten. Als er zu hoch stieg, schmolz die Sonne das Wachs, und er stürzte ins Meer.*

Fliegen lernen – Die Sage von Dädalus und Ikarus

Auch in der griechischen Mythologie gibt es Fluglegenden. Wie der römische Dichter Ovid berichtet, wollte Dädalus die Kunst des Fliegens erlernen, seit er Medea, eine sagenhafte Hexe, in ihrem von Drachen gezogenen Himmelswagen gesehen hatte.

Während Dädalus als Baumeister für König Minos auf Kreta tätig war, richtete er sich insgeheim eine Werkstatt ein, von der er die zerklüftete Küste überschauen konnte. Viele Stunden lang beobachtete er dort, wie Adler und Möwen hoch über seinem Haupt dahinflogen, und glaubte schließlich, mit aus Federn und Bienenwachs gebauten Flügeln selbst fliegen zu können. Während Dädalus an den Flügeln arbeitete, befahl Minos, ihn zu verhaften. Der König fürchtete, Dädalus könnte die Geheimnisse des Labyrinths verraten, in dem Minos den Minotaurus – ein Ungeheuer mit Menschenleib und Stierkopf und Appetit auf Jünglinge und Jungfrauen – gefangen hielt.

Als sich Minos' Soldaten näherten, legten Dädalus und Ikarus ihre Flügel an. Dädalus befahl Ikarus, sich von den Klippen in die Luft zu stürzen. Er warnte ihn, nicht zu tief zu fliegen, damit kein Meerwasser die Federn benetzte, aber auch nicht zu hoch zu steigen, damit die Sonne nicht das Wachs zum Schmelzen brachte. Ikarus jedoch war taub für die Warnungen. Er flog zu nahe an die Sonne, das Wachs seiner Flügel schmolz, und er stürzte ins Meer. Dädalus war glücklicher und landete sicher auf Sizilien.

*Rechts: Ein chinesischer, für Nacht-
flüge verwendeter Drache. Er hat
die Form eines Fisches und trägt
eine Laterne am Schwanz.*

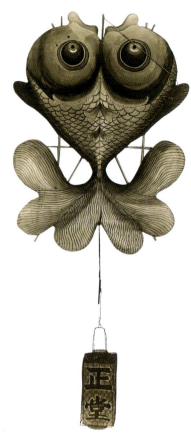

Erkenntnisse über den Drachenbau seinem Schützling Lu Ban, der Drachen als Hilfsmittel der Kriegführung nutzte. Drachen dienten aber auch zur Geisterbeschwörung. In der Tang-Dynastie begann man, für den Bau von Drachen Bambusstücke zu verwenden. Die Bambusstücke surrten in der Luft wie ein Musikinstrument namens Zheng. Darum heißen Drachen im modernen Chinesisch auch Fengzheng (Wind-Zheng).

Wie Lu Ban berichtet, entstanden schließlich riesige Drachen, die Menschen tragen konnten und unter anderem zur Erkundung feindlicher Stellungen dienten. Als er einmal weit weg von zu Hause war und sich nach seiner Frau sehnte, soll er sogar einen hölzernen Drachen gebaut haben. Nach mehreren Versuchen glückte der Start, Lu Ban flog nach Hause zu seiner Frau und kehrte am nächsten Tag zu seiner Arbeitsstelle zurück. Auch Marco Polo, der berühmte italienische Forscher, bekam auf seinen Reisen einen riesigen, aus Weiden geflochtenen Drachen zu Gesicht, groß genug, einen Menschen zu tragen.

Dem Einfallsreichtum der Chinesen verdanken wir aber nicht nur fliegende Drachen. Vermutlich experimentierten sie schon im ersten Jahrhundert unserer Zeitrechnung mit Raketen. Angetrieben wurden diese „Raketen" von einer Mixtur aus Salpeter, Schwefel und Holzkohlenstaub. Mit dieser Mischung gefüllte Bambusrohre wurden in ein Feuer geworfen, wo sie sich entzündete und die „Raketen" unkontrolliert in alle Richtungen „starten" ließ.

Raketen als Waffen sind erstmals aus dem Jahr 1232 überliefert, als die Chinesen in der Schlacht von Kai-Keng gegen die Mongolen zahlreiche von Schwarzpulver angetriebene so genannte „Feuerpfeile" einsetzten. Obwohl über die zerstörerische Wirkung dieser „Feuerpfeile" nichts bekannt ist, wird ihr psychologischer Effekt vermutlich sehr stark gewesen sein. Vieles spricht dafür, dass die Raketentechnik von den Mongolen verbessert wurde und das Wissen durch die Ausdehnung ihres Reiches nach Asien in den Iran und dann in den Westen gelangte. Angeblich setzten die Mongolen unter ihrem Führer Timur (Tamerlan) 1401 bei der Belagerung von Bagdad Raketen ein.

Mittelalterliches Europa

Auch Europäer interessierten sich für das Fliegen. Im Jahr 66 versuchte der Magier Simon Magus

sie jedoch, damit niemand das Geheimnis des Fliegens erfahren könne. Im 3. Jahrhundert v. Chr. behauptete der chinesische Poet Chu Yun, mittels einer Flugmaschine die Wüste Gobi aus der Luft erforscht zu haben. Er soll besonders davon beeindruckt gewesen sein, wie seine Flugmaschine schlechtem Wetter und Sandstürmen trotzte.

Einer der herausragenden Beiträge Chinas zum Menschenflug war die Erfindung des fliegenden Drachens. Heute nur noch zum Vergnügen „gestartet", ist der Drachen wahrscheinlich militärischen Ursprungs. Mo Tzu, ein chinesischer Philosoph (468–376 v. Chr.) entwarf angeblich einen Drachen in Gestalt eines Sperbers. Die Konstruktion seines Drachens – der erste weltweit! – dauerte drei Jahre. Später überließ Mo Tzu seine

Rechts: *Alte Zivilisationen glaubten, nur Zauberer könnten mithilfe von Dämonen fliegen. Hier demonstriert der Magier Simon Magus seine Kräfte vor Kaiser Nero.*

Links: *John Wilkins, Gründungs-mitglied der Royal Society for Improving Natural Knowledge (Königliche Gesellschaft zur Förderung naturwissenschaftlicher Experimente). 1648 veröffentlichte Wilkins seine Theorien über die Natur der oberen Erdatmosphäre und empfahl die Verwendung von Fluggeräten, die leichter als Luft sind.*

vergeblich einen Flug über Rom. Er sprang von einem Turm, stürzte ab und brach sich das Genick. Lucian, ein im Jahr 125 in Syrien geborener Philosoph und Schriftsteller, erörterte in seinem Werk *Wahre Geschichten* einen Mondflug, wobei ein Schiff „den Mond auf einer Wasserhose erreichte".

852 sprang ein Mann namens Armen Firman von einem Turm im spanischen Córdoba. Er hatte einen weiten, mit Holzstreben versteiften Umhang umgelegt und hoffte, dieser würde wie Flügel sicher tragen. Leider stimmten seine Überlegungen nicht mit den Gesetzen der Schwerkraft überein, und Firman stürzte – glücklicherweise nur leicht verletzt – zu Boden.

Noch einige andere Spanier wagten ähnliche Versuche. Möglicherweise auf Firmans Experimenten aufbauend, wagte der Arzt Abbas ibn-Firnas einen Flug in Andalusien. Er hüllte sich in ein Federkleid, und nach einigen Berichten soll er sich sogar in die Luft erhoben und eine gewisse Entfernung fliegend zurückgelegt haben. Aber dann verlor er die Kontrolle, stürzte zu Boden und zog sich eine schwere Rückenverletzung zu. Er erklärte sein Missgeschick damit, dass ihm ein Schwanz gefehlt hätte.

Es ist unbekannt, ob Oliver of Malmesbury (nach anderen Quellen Eilmer of Malmesbury), ein englischer Benediktinermönch, ibn-Firnas' und Firmans erfolglose Versuche bekannt waren. Wenn ja, so hielten sie ihn nicht von eigenen Flugversuchen ab. Angeblich inspiriert durch Dädalus, befestigte er Flügel an Armen und Beinen und sprang vom Turm der Abtei Malmesbury, krachte auf den Boden und brach sich die Beine. Wie schon Firnas erklärte auch er sein Scheitern mit dem fehlenden Schwanz. Heute ist er in Malmesbury Abbey verewigt: Ein farbiges Glasfenster zeigt ihn mit ausgebreiteten Flügeln vor dem Sprung in die Luft.

Während der Regentschaft des byzantinischen Kaisers Manuel I. Comnenus (1118–1180) wagte ein als „der Sarazene von Konstantinopel" bekannter Türke einen Flugversuch. Ähnlich ausgestattet wie Oliver und dessen Vorgänger, trug auch er einen großen, mit Holzstreben versteiften Umhang. Als er den Turm des Hippodroms in Konstantinopel (heute Istanbul) bestieg, hatte sich eine große Schar Zuschauer versammelt. Von seinem mutigen Vorhaben fasziniert, spornte ihn die Menge begeistert an: „Fliege, fliege, oh Sarazene! Spann' uns nicht auf die Folter und prüfe den Wind nicht zu lange!" Als ihm der Wind kräftig genug erschien, warf sich der Sarazene hinab und stieg sogar höher, dann aber brach ein Teil des Holzgerippes, und er stürzte zu Tode. Er hätte den Rat befolgen sollen, den man in den 1990er-Jahren auf Batman-Kinderkostümen fand: „Umhang zum Fliegen ungeeignet."

Bacon und Leonardo

Die Vordenker des 13. Jahrhunderts suchten statt der bisher rein theoretischen Überlegungen nach den naturwissenschaftlichen Grundlagen des Fliegens. Roger Bacon war ein Gelehrter (doctor mirabilis = bewundernswerter Lehrer) und Franziskanermönch. Er beschäftigte sich mit dem Vogelflug und den Möglichkeiten seiner Nachahmung. Neben dem Studium der Alchemie, Mathematik, Astronomie und Optik beschrieb er auch die Herstellung von Schießpulver. Er war davon überzeugt, mit Pulver Flugmaschinen,

Schiffe und Landfahrzeuge antreiben zu können. Geboren um 1219, erhielt Bacon eine privilegierte Erziehung und tat sich früh in Geometrie, Arithmetik und Musik hervor. In seinem etwa 1250 geschriebenen Buch mit dem Titel *The Marvelous Power of Art and of Nature* (Die wundersame Kraft von Kunst und Natur) beschreibt er unter anderem eine Flugmaschine: „Damit sie möglichst leicht ist, muss eine solche Maschine wie eine große, hohle Kugel aus Kupfer oder einem anderen geeigneten, möglichst dünn geschmiedeten Metall gebaut werden. Dann muss diese Kugel mit ätherischer Luft oder flüssigem Feuer (Flammöl) gefüllt und von einem erhöhten Ort in die Atmosphäre gestartet werden, wo sie wie ein Schiff auf dem Wasser treiben wird." Dies

Unten: Roger Bacon, Autor des um 1250 geschriebenen Buches Die wundersame Kraft von Kunst und Natur. *Darin umreißt er die Grundlagen für den Bau einer Flugmaschine.*

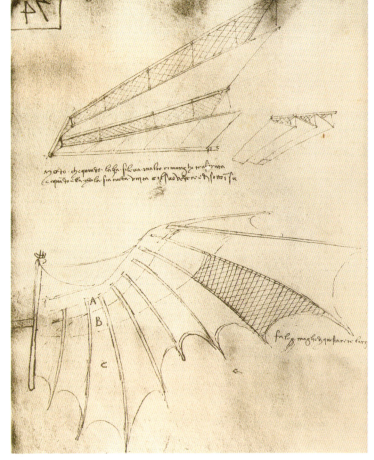

Rechts: *Leonardo da Vinci studierte die Anatomie der Vogelflügel und zeichnete – basierend auf ihrer Struktur – diesen mechanischen Flügel für Fluggeräte. Bedient werden sollte der Flügel durch Muskelkraft über Rollen und Kabel.* Gegenüberliegende Seite: *Angeregt durch ein chinesisches Spielzeug, schuf Leonardo da Vinci eine spiralförmige Fläche. An einem senkrechten Mast angeordnet und in entsprechende Umdrehung versetzt, musste sie gemäß seinen Erkenntnissen von der Luftdichte eine Last vom Boden heben und in der Luft halten können. Erst Ende des 19. Jahrhunderts wiederentdeckt, wurde Leonardos Spirale zum Vorläufer des modernen Hubschraubers.*

war eine bemerkenswerte Abkehr von den bis dahin bekannten Theorien, die besagten, dass Fliegen ohne Flügel unmöglich wäre. Bacon hatte mit seinem Entwurf praktisch die Prinzipien dargelegt, auf deren Grundlage sich später Ballons und Luftschiffe in die Luft erheben sollten. Er hatte erkannt, dass heiße Luft oder ein Gas, das leichter als Luft ist, ein Gefährt emportragen kann. 1648 griff John Wilkins, ein Gründungsmitglied der Royal Society for Improving Natural Knowledge, einige von Bacons Ideen auf. Wilkins vermutete „ätherische Luft" in der oberen Erdatmosphäre. Gemäß seiner Theorie nahm die Dichte der Erdatmosphäre mit zunehmender Höhe sehr schnell ab, sodass mit ätherischer Luft gefüllte Behälter hochsteigen mussten.

Bacon lehnte Flügel jedoch nicht gänzlich ab. So studierte er beispielsweise den Entwurf eines Schwingflüglers – im späteren Sprachgebrauch „Ornithopter" genannt: eine „Maschine zum Fliegen, mit einem Mann in deren Mitte, der ein Instrument betätigt, das künstliche Flügel zum Schlagen in der Luft bewegt – dem Fluge des Vogels entsprechend."

Helicopter. Combining his knowledge
of the development of [...]
from [...]
an aerial [...]
whirled for lifting people aloft. It anticipated
the modern helicopter.

Leonardo da Vinci

Mitte des 15. Jahrhunderts suchte auch Leonardo da Vinci nach Möglichkeiten, Menschen fliegen zu lassen. Wie Bacon grübelte auch er über den Ornithopter nach und entwarf ein Gerät, dessen Flügel über Rollen und Hebel in Bewegung gesetzt wurden. Leonardo hatte seinen Ornithopter außerdem mit einem Leitwerk versehen, wie man es heute bei fast jedem Fluggerät kennt. Der Ornithopter besaß ein bewegliches Höhenruder, mit dessen Hilfe er höher oder tiefer fliegen konnte, sowie ein Seitenruder zur seitlichen Steuerung. Selbst ein modernes Fluggerät ist ohne diese Steuerflächen flugguntauglich. Betätigt wurden die Steuerflächen über ein Geschirr, das mit einem Stirnband des Piloten verbunden war. In seinen Theorien bedachte Leonardo allerdings nicht, dass Muskelkraft und Ausdauer eines Menschen unmöglich ausreichen

konnten, die Flügel für die Dauer des Fluges zu betätigen. Die Grenzen der menschlichen Fähigkeit zu fliegen erläuterte schließlich der italienische Mathematiker und Physiologe Giovanni A. Borelli in seinem Buch *De Muta Animaleum* und beschrieb, dass der Mensch sein Körpergewicht ohne mechanische Hilfe unmöglich in der Luft halten und niemals wie ein Vogel würde fliegen können.

Raketen und Federn

Trotz ihrer früheren Beliebtheit bei Chinesen, Mongolen, Arabern und Franzosen waren Raketen im Europa des 16. Jahrhunderts als Waffen gänzlich aus der „Mode" gekommen und nur bei Feuerwerken beliebt. Damit verdiente auch der deutsche Feuerwerker Johann Schmidlap seinen Lebensunterhalt. In seinem Buch *Künstliche und*

Oben: *Leonardo da Vinci schuf auch einen „Ornithopter" (griech.: Vogelflügler) – einen Schwingflügler. Das Stirnband des Piloten ist mit den Leitwerkflächen des Fluggeräts verbunden. Folglich bewegt der Pilot mit seinem Kopf das Leitwerk und steuert somit das Fluggerät.*

Rechts: *Welche Schubleistung und welch finanzieller Aufwand nötig waren, einen Menschen auf den Mond zu bringen, war für Denker der Renaissance wie zum Beispiel Leonardo da Vinci unvorstellbar.*

Unten: Das 1670 von Francesco de Lana-Terzi entworfene „Flugschiff". Luftleer gepumpt sollten die vier kugelförmigen kupfernen Körper den zum Fliegen nötigen Auftrieb liefern.

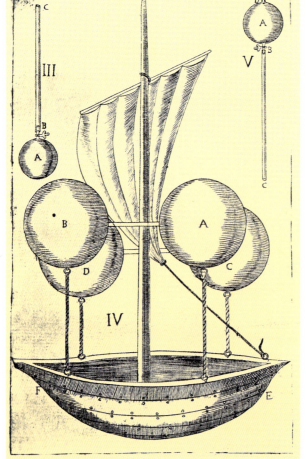

rechtschaffene Feuerwerke erläuterte er 1590 nicht nur die Herstellungsweise von Pulverraketen, sondern experimentierte auch mit mehrstufigen Geschossen. Um Feuerwerkskörper möglichst hoch in die Luft „tragen" zu können, kombinierte er große und kleine Raketen – eine Methode, wie sie in der Raumfahrt heute noch angewendet wird und die modernen Astronauten ins All trägt. Als Startbasis diente Schmidlap eine große Rakete. Sie zündete zuerst und trug eine kleinere Rakete hinauf. War der „Treibstoff" der großen verbraucht, zündete die kleine Rakete und beförderte Feuerwerkskörper in bisher unerreichte Höhen, wo sie den „Himmel mit einem glühenden Funkenregen überschütteten".

Vierhundert Jahre bevor Louis Blériot der Sprung über den Ärmelkanal glückte, rüstete sich John Damian 1507 in Schottland zum Flug nach Frankreich. Als Alchemist bekannt, behauptete er, ein Elixier entdeckt zu haben, das ihn in die Luft tragen würde. Mit Hühnerfedern an den Armen stieg er auf die Zinnen von Stirling Castle, sprang ab, stürzte auf einen Misthaufen und brach sich wundersamerweise nur den Oberschenkel. Später erklärte er sein Versagen damit, fälschlicherweise Hühnerfedern (Vögel der Erde) statt Federn des Adlers (Vögel des Himmels) verwendet zu haben.

Rund dreißig Jahre später versuchte jenseits des Ärmelkanals der Franzose Denis Bolor sich mithilfe von Flügeln in die Luft zu schwingen, die er mit einem Federmechanismus verbunden hatte. Unglücklicherweise brach eine Feder während des Fluges, und Bolor fand den Tod. Erfolgreicher war hingegen Hezarfen Celebi. Unter Verwendung der Zeichnungen Leonardo da Vincis baute er Flügel, bestieg 1638 in Istanbul den 42 Meter hohen Galata-Turm und soll angeblich mehrere Kilometer weit geflogen sein und sogar den Bosporus überquert haben. Als Belohnung für seine Studien und Mühen erhielt er 1000 Goldstücke.

Wissenschaftliche Anfänge

Ausgehend von Bacons Theorien, glaubte der 1660 in Palermo auf Sizilien lebende Gaspard Schott, die Schalen von Hühnereiern könnten versiegelt und durch Sonnenstrahlung erhitzt werden. Er war überzeugt, die eingeschlossene warme Luft würde die Eier hochsteigen lassen. Größere kugelförmige Objekte wie zum Beispiel „Eier von Schwänen oder mit dünnen Nadeln genähte Lederbälle könnten mit Salpeter oder Kalium, reinem Schwefel, Quecksilber oder ähnlichen

Oben: *Eine abgerichtete Gänseherde trägt den Reisenden*
sicher auf den Mond. So erzählt es Francis Godwin in seinem
Märchen The Man in the Moon *aus dem Jahr 1638.*

Links: *Ausschnitt aus dem 1678 entstandenen Entwurf einer Flugmaschine von Besnier, einem französischen Schmied. Der „Pilot" lenkte das Gefährt mit an seinen Füßen angebrachten Steuerseilen.* Unten: *Flugschiff von 1709. Es ist offensichtlich, wie stark der Vogelflug die frühen Luftfahrttheoretiker beeinflusste. Hier ein Entwurf des Jesuitenpaters Lourenço de Gusmão.*

FIGURE DE LA BARQUE INVENTÉE EN 1709
par Laurent de Gusman Chapelain du Roi de Portugal
pour s'elever et se diriger dans les Airs.

A. *Voilure pour Soutenir la Barque.*
B. *Gouvernail.* CC. *Soufflets pour suppleér au defaut du Vent.* D. *Ailes pour maintenir la Machine.* E.E. *Aimant renfermé dans deux Globes de Metal, attirant le Corps de la Barque, double de lames de fer.* F. *Imperiale en filet d'Archal*

a la quelle sont suspendus quantité de morceaux d'Ambre devant attirer une Natte de paille de Seigle qui tapisse l'interieur de la Barque. G. *Boussole.* HH. *Poulies pour larguer l'Ecoute du coté du Vent.* I. *Espace pour dix Voyageurs et le Pilote Inventeur dirigeant sa route.*

Materialien gefüllt werden, die sich durch Wärme verfeinern" und so in größere Höhen tragen.

1670, rund ein Jahrzehnt später, vertiefte sich der Jesuitenpater Francesco de Lana-Terzi in Schotts Ideen, studierte die atmosphärischen Gegebenheiten und konzipierte ein „Flugschiff". Er war überzeugt davon, sein Fluggerät könnte sich mithilfe von vier luftleer gepumpten, kupfernen Kugeln vom Boden erheben. Ein wissenschaftliches Gesetz war dem Pater damals noch unbekannt: Die dünne Haut der Kupferkugeln müsste schon bei einer geringen Differenz zwischen Innen- und Außendruck implodieren. Sieht man davon ab, hat de Lana-Terzi zweifellos das erste Fluggerät entworfen, das leichter als Luft ist.

Ende des 17. Jahrhunderts waren Wissenschaftler rund um den Globus vom Wunder des Fliegens fasziniert. Bartholomeu Lourenço de Gusmão, ein 1685 in Brasilien geborener Jesuitenpater, wandte sich nach seiner theologischen Ausbildung der Mathematik zu. Er bat den portugiesischen König Johann V., ein von ihm entworfenes Fluggerät vorführen zu dürfen. Die Konstruktion war eine Art Gleiter, trug den Namen „Passarola" (großer Vogel) und ist vermutlich nie geflogen. Dennoch beeindruckt von seinen Bemühungen verlieh ihm der König eine Professur der Universität Coimbra.

Danach wandte Gusmão sich den Heißluftballonen zu. Anlässlich einer Audienz beim König und vor großem Hofstaat durfte er ein von ihm entworfenes Ballonmodell vorführen. Seine Konstruktion war als eine kleine Barke in Form eines Troges gebaut und mit Segeltuch bedeckt. Als „Antrieb" dienten verschiedene Destillate. Kaum hatte er ein Feuer darunter entzündet, als sich das Modell erhob, aber leider gegen eine Wand stieß, Feuer fing und Wandbehänge in Brand setzte. Dennoch war der König so gnädig, ihm dieses Missgeschick nicht übel zu nehmen. Allerdings erregten die Flugversuche die Aufmerksamkeit der Inquisition, und Gusmão wurde wegen Zauberei gefangengesetzt. Später entkam er nach Toledo.

Der Durchbruch

Gestützt auf de Lana-Terzis Theorien vom Flug mit luftleer gepumpten Körpern schlug Joseph Galien, Dominikanerpater sowie Professor der Philosophie und Theologie der französischen Universität Avignon, in seinem 1755 erschienenen Werk *Über die Kunst, in der Luft zu segeln* ein

Fluggerät vor, das groß genug war, eine ganze Armee nebst Ausrüstung nach Afrika zu transportieren. Es sollte „ein gigantisches, würfelförmiges Schiff aus gutem, strapazierfähigem Segeltuch von doppelter Stärke, gewachst und geteert, mit Leder verkleidet und im Bereich der Takelagen besonders verstärkt, werden." Insgesamt sollte das Gefährt rund 1981 Meter lang und folglich „größer als die Stadt Avignon" und einem „ansehnlichen Berg" ähnlich sein. Luftleer gepumpt würde es – so glaubte Galien – majestätisch durch die Luft schweben.

So wie die Wissenschaftler Fortschritte machten, wuchs auch die Zahl der Draufgänger, die in ihrer Flugbegeisterung meist von hohen Gebäuden sprangen. So unternahm beispielsweise der Marquis de Racqueville einen Flugversuch aus seinem Pariser Hotelzimmer und stürzte in ein Boot auf der Seine. Obschon vorsichtiger als der tollkühne Marquis, blieb auch der Abbé Deforges aus dem französischen Étampes ähnlich erfolglos. Es war 1772, als der Abbé verkündete, er hätte eine „fliegende Gondel" erfunden, die neben dem „Gondelfahrer" auch genügend Platz für Gepäck und Proviant böte. Angetrieben von großen, wie Flügel wirkenden Rudern würde die Gondel mit einer Geschwindigkeit von „neunzig Meilen in der Stunde" fliegen. Am Starttag versammelte sich eine große Menschenmenge in Étampes, aber – wie ein Beobachter notierte – „je mehr sich der Abbé anstrengte, desto fester schien seine Gondel am Erdboden zu kleben, als wäre sie ein Stück von ihm."

Aber dann, mehr als ein Jahrzehnt nach dem erfolglosen Versuch des Abbés, brachten der Fleiß der Wissenschaftler und die frühen exzentrischen Flugversuche endlich den erhofften Erfolg, als den Brüdern Mongolfier am 4. Juni 1783 der erste Ballonflug glückte. Das Zeitalter der Luftfahrt war angebrochen.

In den nachfolgenden 200 Jahren flog der Mensch immer höher und schneller, setzte den Fuß auf den Mond, durchbrach die Schallmauer und umrundete den Globus ohne Zwischenlandung. Warum nur hatten die frühen Pioniere und Vordenker so viel Zeit und Energie in den Traum vom Fliegen investiert? Vielleicht stimmt ein Zitat unbekannter Herkunft: „Für die meisten Menschen ist der Himmel die Grenze, den Fliegern ist der Himmel Heimat."

Von der Flugwissenschaft zum Motorflug
Die Pioniere

Im 18. und 19. Jahrhundert wurden die Flugpioniere und ihre Bemühungen meist verspottet. Dies änderte sich erst zu Beginn des 20. Jahrhunderts, als einigen wenigen klugen und technisch begabten Köpfen der Durchbruch glückte: mit den ersten bemannten, kontrollierten und motorisierten Fluggeräten.

Links: Zu Beginn des 20. Jahrhunderts wurde das Flugzeug Wirklichkeit. Zu sehen ist der Start eines Voisin-Doppeldeckers 1907.
Oben: Der erste Heißluftballon. Am 4. Juni 1783 ließen die Brüder Montgolfier eine aus Leinwand und Papier genähte Hülle aufsteigen. Am 9. September 1783 beförderte ihr Ballon die ersten Fahrgäste: ein Schaf, einen Hahn und eine Ente.

Im 18. und 19. Jahrhundert waren die Flugpioniere in zwei Lager gespalten – in die Befürworter des nicht motorisierten und in die des motorisierten Fluges. Dabei lag der motorisierte Flug noch in unbekannter Ferne, weil ein leichter, funktionierender Verbrennungsmotor fehlte. Da entdeckten zwei Brüder in Frankreich die Wirkungen von Wärme auf leichte Objekte: Joseph Michel und Jacques Étienne Montgolfier. Im Sommer 1782 fragte sich Joseph Michel, warum Rauch durch seinen Kamin nach oben verschwand. Er verständigte seinen Bruder, und nach mehreren Versuchen mit kleinen Fluggeräten nähten sie aus Leinwand und Papier eine große, von einem Hanfnetz überzogene Ballonhülle. Am 4. Juni 1783 gab es die erste öffentliche Demonstration: Auf dem Marktplatz von Annonay entzündeten die Brüder unter der Hülle ein Feuer. Acht

*Rechts: Joseph und Jacques Mont-
golfier. Sie waren die Erfinder
der Heißluftballons, die als
Montgolfièren bekannt sind.*

Links: *François Pilâtre de Rozier unternahm die erste Luftreise der Geschichte. Dieses Bild zeigt ihn gemeinsam mit Jules Romann beim missglückten Versuch der Kanalüberquerung.*

Männer hielten den Ballon, und als sie losließen, stieg er fast 2000 Meter hoch. Der jahrtausendealte Traum vom Fliegen war Wirklichkeit!

Aber die Brüder Montgolfier hatten einen Rivalen: Professor Charles. Am 26. August 1783 füllte er eine Ballonhülle mit Wasserstoff, die in 45 Minuten 24 Kilometer weit flog. Damit war der Wettbewerb am Himmel eröffnet. Im folgenden Monat lud König Louis XVI. die Brüder Montgolfier nach Versailles ein, wo ihr Ballon erstmals mit drei Lebewesen (Schaf, Hahn, Ente) in die Luft stieg und in acht Minuten rund drei Kilometer zurücklegte. Seit diesem 19. September 1783 werden Heißluftballons Montgolfièren genannt.

Nun gab es zwei Ballontypen: die Heißluft-Montgolfière und die Wasserstoff-Charlière. Es war eine – aus Sicherheitsgründen mit einem Kontrolltau „gefesselte" – Montgolfière, mit der François Pilâtre de Rozier am 15. Oktober 1783 als erster Mensch in die Luft stieg. Begleitet von Marquis d'Arlandes startete Rozier schließlich am 21. November 1783 zum ersten „freien" Flug. Der Ballon trug sie vom Bois de Boulogne über neun Kilometer nach Butte-aux-Cailles. Steuern war unmöglich, und die „Bordausrüstung" bestand – um notfalls einen Brand löschen zu können – nur aus einem Eimer Wasser und einem Schwamm. Um nicht zurückzustehen, startete Charles in Begleitung seines

Kollegen Noel Robert am 1. Dezember 1783 zum ersten bemannten Flug mit einem Wasserstoff-Ballon und erreichte von den Gärten der Tuilerien in Paris nach mehr als zwei Stunden das 43,5 Kilometer entfernte Nesles. Nachdem Robert dort ausgestiegen war, nahm Charles zusätzlichen Ballast an Bord und flog weitere sechseinhalb Kilometer.

Im „ungefesselten" Flug den Elementen hilflos ausgeliefert, waren Ballons militärisch weder in den Revolutionskriegen noch in den Feldzügen Napoleons von Bedeutung.

Britische Visionen

Obwohl die Experimente mit Fluggeräten „leichter als Luft" weitergingen, wurden sie schließlich durch die Entwicklung von Flugapparaten, die schwerer waren als Luft, verdrängt. Sir George Cayley, der „Vater des Fliegens schwerer als Luft", wie sein

Bewunderer und Nachfolger William Samuel Henson ihn nannte, wurde 1773 in Scarborough, Yorkshire, geboren. Schon als Jüngling sehr am Fliegen interessiert, konstruierte er die verschiedenartigsten Fluggeräte. 1796 baute er eine Art Hubschrauber und flog 1809 sogar den ersten Hängegleiter. In der Öffentlichkeit oft belächelt, sprach er – um seine Arbeiten von den „Turmspringern" und anderen Fantasten abzugrenzen – schließlich nur von der „Kunst des Fliegens" und betonte dies auch 1809 in der Erstausgabe seines Buches *On Aerial Navigation*: „… um einer Sache, die nach Meinung einer breiten Öffentlichkeit ans Lächerliche grenzt, etwas mehr Ansehen zu verleihen, habe ich mich entschlossen, nur noch von der Kunst des Fliegens zu sprechen …"

Und diesem Ziel folgte er unbeirrt und trug entscheidend dazu bei, dass rund 100 Jahre nach

Unten: Die Rivalen. Im Gegensatz zu den Brüdern Montgolfier füllte Professor Jacques Alexander César Charles seine Ballons mit Wasserstoff. Am 1. Dezember 1783 glückte Professor Charles und Noel Robert der erste Flug mit einer wasserstoffgefüllten Charlière.

Mechanics' Magazine,

MUSEUM, REGISTER, JOURNAL, AND GAZETTE.

No. 1520.]   SATURDAY, SEPTEMBER 25, 1852.   [Price 3*d*., Stamped 4*d*.

Edited by J. C. Robertson, 166, Fleet street.

SIR GEORGE CAYLEY'S GOVERNABLE PARACHUTES.

Fig. 2.

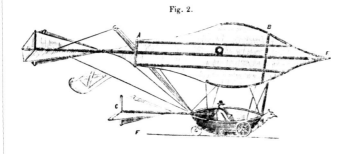

Fig. 1.

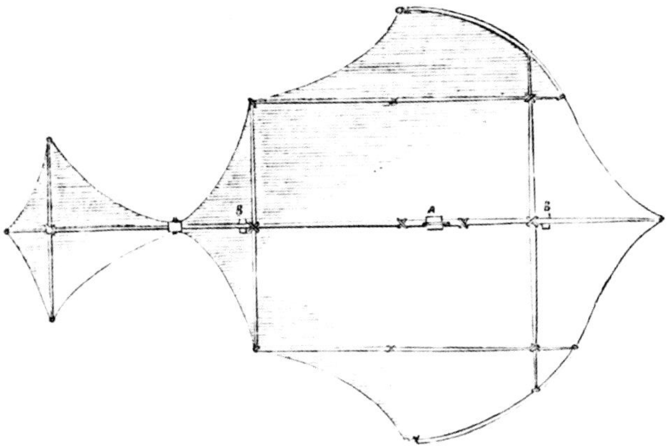

Oben: Mechanics' Magazine *veröffentlichte viele von Sir George*
Cayley entworfene Ballons, Verwandlungs- oder Wandelflugzeuge
(Convertiplanes) und Gleiter – er nannte sie „lenkbare Fallschirme".

31

Fig. 1.　　　Fig. 2.

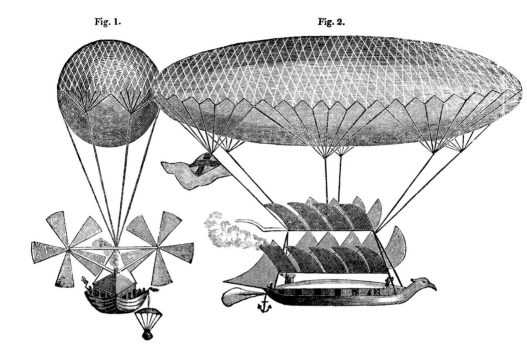

Oben: *Darstellung von Cayleys dampfgetriebenen lenkbaren Luftschiffen.*

ihm Menschen in Fluggeräten schwerer als Luft gen Himmel steigen konnten. Er publizierte Entwürfe von Lenkballons, Convertiplanes, Dreideckern und einem Gleiter mit Fluginstruktionen (1852 im *Mechanics' Magazine* veröffentlicht).

Einer von Cayleys Anhängern war William Samuel Henson (1812–1888). Gemeinsam mit seinem Freund John Stringfellow plante er unter dem Namen Aerial Transport Company sogar die Gründung einer Fluglinie. Betreiben wollte er diese Fluglinie, deren Gründungsantrag im britischen Unterhaus unter großem Gelächter abgelehnt wurde, mit seinem 1843 patentierten Dampfflugwagen. Dieses erste motorisierte Flugzeug mit Dampfmaschinenantrieb zeigte alle nötigen Voraussetzungen zum erfolgreichen, bemannten und motorgetriebenen Flug. Es war als Hochdecker konzipiert, hatte 45,72 m Spannweite, gewölbte Tragflächen und wurde von einer Dampfmaschine (25–30 PS) mit zwei nach hinten gerichteten Sechsblatt-Druckpropellern angetrieben. Verantwortlicher Ingenieur dieses Projekts war John Stringfellow. Nachdem der

inzwischen Ariel getaufte Dampfflugwagen beim entscheidenden Test wegen zu schwacher Motorleistung und zu hohem Motorgewicht zu Bruch gegangen war, emigrierte Henson in die USA und zog sich aus der Flugzeugentwicklung zurück. Als erstes gelenktes und kraftgetriebenes Fluggerät startete Henri Giffards Luftschiff am 24. September 1852. Obwohl das Luftschiff mit seiner schwachen 3-PS-Dampfmaschine bei Gegenwind in Bedrängnis geriet, gilt es als wichtiger Schritt auf dem Weg zum kontrollierten Flug.

Auch in den 1860er-Jahren blieb die Weiterentwicklung der Fliegerei in Großbritannien ungebrochen. So wurde 1866 als erste flugtechnische Vereinigung der Welt die Aeronautical Society (später Royal Aeronautical Society of Great Britain) gegründet, und zwei Jahre später fand im Londoner Kristallpalast die erste Luftfahrtausstellung statt.

Das Antriebsproblem

Franzosen entwarfen die ersten Fluggeräte, mit denen die verschiedenartigsten Antriebsmethoden erprobt werden konnten. So präsentierte 1871 der 21-jährige Alphonse Pénaud unter anderem vor Mitgliedern der Société d'Aviation sein Modell *Planophore*. Es war ein Eindecker mit Druckpropellern und Gummimotor, hinter dessen Tragflächen ein Leitwerk angeordnet war. Obwohl das Modell nur 40 Meter weit flog, war es das erste Flugzeug mit bis dahin unerreichter Flugstabilität. Drei Jahre später soll Félix du Temple de la Croix ein kurzer Luftsprung mit einem Eindecker geglückt sein, an dem er sechzehn Jahre lang gearbeitet hatte. Schon 1857/58 hatte er mit Modellflugzeugen experimentiert, die von einem Uhrwerk beziehungsweise einer Dampfmaschine angetrieben wurden. Basierend auf diesen Modellen baute er den erwähnten Eindecker mit Tragflächen in V-Stellung, Seiten- und Höhenruder sowie einziehbarem Fahrgestell. Angetrieben wurde das Flugzeug von einem Heißluftmotor mit buginstalliertem Zugpropeller.

Obschon vor Pénauds Modell gebaut, flog du Temples Eindecker 1874 wohl kaum aus eigener Kraft. Denn zur Beschleunigung auf Startgeschwindigkeit benötigte er eine Rampe und landete, sobald der Schwung verloren war.

Die aerodynamischen Baupläne der existierenden Fluggeräte waren inzwischen ausgereift. Was noch fehlte, war ein geeigneter Antrieb. Dies änderte sich erst, nachdem Nikolaus Otto 1867 in Deutschland den Viertakt-Verbrennungsmotor erfunden hatte. Der Ottomotor war sehr viel leichter als die damals verwendeten Heißluftmotoren. Obwohl Gottlieb Daimler und Carl Benz schon Anfang der 1880er-Jahre Benzinmotoren bauten, hielten die Aviatiker vorerst an den altbekannten Triebwerken fest. In Frankreich stiegen am 9. August 1884 Leutnant Renard und Hauptmann Krebs erstmals mit ihrem 51,80 m langen, lenkbaren Luftschiff *La France* auf. Angetrieben von einem 9-PS-Elektromotor

Oben: *William Hensons Aerial Steam Carriage. Mit diesem Dampffluguagen wollte er gemeinsam mit John Stringfellow die Fluglinie Aerial Transport Company gründen.*

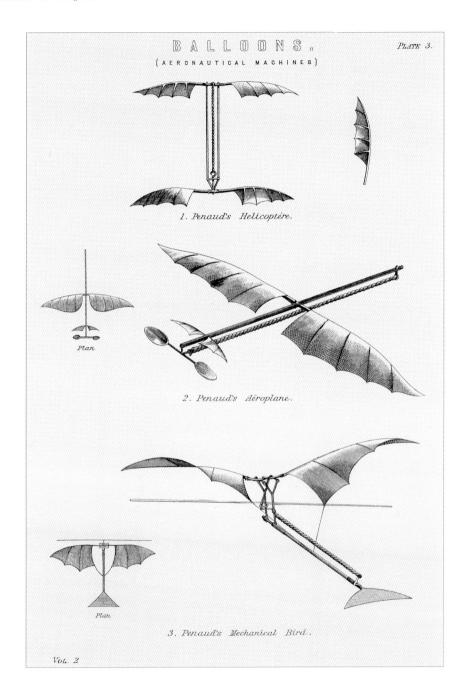

BALLOONS.

(AERONAUTICAL MACHINES)

PLATE 3.

1. Penaud's Helicoptère.

2. Penaud's Aëroplane.

Plan

3. Penaud's Mechanical Bird.

Plan

VOL. 2

Links: *Viele Konstrukteure und
„Luftfahrer" veröffentlichten ihre
Entwicklungen in Zeitschriften. Hier
zeigt Pénaud seine Modellentwürfe:
Hubschrauber, Flugzeug und
mechanischer Vogel.*
Oben: *Von Clément Ader kons-
truiert, ähnelte die von einem
Heißluftmotor angetriebene* Éole
einer Fledermaus.

erreichten sie im folgenden Jahr Geschwindigkeiten
von 21 km/h. Clément Ader wählte für seinen
berühmten fledermausähnlichen Eindecker *Éole*
einen Heißluftmotor.

Aders Erfolg mit der *Éole* wurde später von einigen Ungereimtheiten überschattet. Als Schulterdecker konzipiert, wurde die *Éole* von einem
20-PS-Heißluftmotor mit Zugpropeller angetrieben. Am 9. Oktober 1890 hob sie aus eigener Kraft
ab und flog in etwa 20 cm Höhe rund 50 m weit.
Aders spätere Avion II blieb unvollendet, und
Avion III ist nie geflogen. Ader entwickelte eine Art
Größenwahn und ließ sich zu der Behauptung
hinreißen, *Éole* wäre 1891 100 m und Avion III
1897 sogar 305 m weit geflogen. Die französischen
Militärbehörden widerriefen seine Angaben in
einer 1910 veröffentlichten Publikation.

Pioniere des Gleitflugs

Obwohl die ersten Starts geglückt und die ersten
motorgetriebenen Flugzeuge geflogen waren, ging

die Luftschiff- und Gleiterentwicklung ungebrochen weiter. 1889 brachte Otto Lilienthal sein
Buch *Der Vogelflug als Grundlage der Fliegekunst –
Ein Beitrag zur Systematik der Flugtechnik* heraus
und baute sein erstes Gleitflugzeug. Bis 1896
konstruierte er fünf Eindecker- und zwei
Doppeldecker-Gleiter. Der Durchbruch glückte
Lilienthal 1893 dank dem Wölbflügel seines
dritten Apparats. Schon 1889 hatte er geschrieben:
„Das eigentliche Geheimnis des Vogelflugs ist in
der Wölbung des Vogelflügels zu erblicken." 1894
schuf Lilienthal mit Nummer 11, dem Normal-
Segelapparat mit 13 Quadratmetern Segelfläche,
seine ausgereifteste Konstruktion. Während alle
anderen Gleiter Unikate waren, wurden von
Nummer 11 mindestens neun Exemplare gefertigt. Häufiger hatte Lilienthal Flugweiten bis zu
250 m erzielt, bevor er im August 1896 zu Tode
stürzte. Trotzdem schuf er ohne Zweifel die
wesentlichen Grundlagen für die moderne Flug-
zeugtechnik!

Chanute und Langley

Oben: Diese Seitenansicht verdeut-
licht, wie einfach Lilienthal mit
seinem Flugapparat verbunden war.

Dem Amerikaner Octave Chanute gebührt die
Ehre des ersten Flughistorikers. 1894 veröffentlichte
er eine von ihm in den Jahren 1891 bis 1893 ge-
schriebene Artikelserie als Buch unter dem Titel
Progress in Flying Machines. Angeblich soll dieses
Buch die Brüder Wright zu ihren Experimenten
ermutigt haben. Es erschien jedoch zu früh, um
auch die Heldentaten seines Landsmanns Samuel
Pierpoint Langley (1834–1906) zu dokumentieren.

Langley, von Haus aus Astrophysiker, erwarb wie
so viele andere seine ersten flugwissenschaftlichen
Erkenntnisse in Modellversuchen. Anfangs verwendete er Fluggeräte mit Gummimotor, baute
dann aber sechs heißluftgetriebene Aerodrome
(nummeriert von 0 bis 5). Die Aerodrome waren
wenig erfolgreich und wurden später überarbeitet.
So wurde Modell Nr. 5 als Tandemflugzeug neu
konstruiert und flog im Mai 1896 gut 1000 m weit.
Ähnlich modifiziert legte Nr. 4 im November
desselben Jahres 1200 m zurück. Diese Erfolge
weckten das Interesse des US-Kriegsministeriums,
und die Militärs boten Langley 50000 Dollar.
Bedingung: Bau eines bemannten Flugzeugs mit

Oben: *Samuel Franklin Cody, ein Vetter des berühmten Buffalo Bill, verließ 1889 die USA und wurde später britischer Staatsangehöriger. Seit 1902 baute er als Chief Kite Instructor Drachen für die British Army Balloon Factory. Dieses Foto zeigt einen seiner bemannten Kastendrachen.*

dem Namen *Aerodrome A*. Stephen M. Balzer wurde mit dem Bau eines Benzinmotors beauftragt, der 12 PS leisten und nicht schwerer als 45 kg sein durfte. Anfangs ging alles gut, und im August 1903 flog ein im Maßstab 1:4 gebautes Modell erfolgreich. Wenig später war *Aerodrome A* in natürlicher Größe vollendet. Langleys Assistent Charles Manly hatte einen 52-PS-Benzinmotor gebaut, der als Vorläufer des Sternmotors gilt. Als Tandemflugzeug konzipiert, wurde *Aerodrome A* von zwei Druckpropellern angetrieben. Der Pilotensitz war vor dem Motor zwischen den Vorderflügeln angeord-

net. Nachdem *Aerodrome A* im Oktober und Dezember 1903 mit Manly am Steuer zweimal erfolglos von einer Bootplattform gestartet und in den Potomac gestürzt war, beendete die US-Regierung die Zusammenarbeit. Dennoch: Der erste kontrollierte bemannte Motorflug stand kurz bevor.

Orville und Wilbur Wright

Seit dem zweiten Absturz des *Aerodrome A* waren erst neun Tage vergangen, als zwei Brüdern der erste gelenkte Motorflug glückte: Orville und Wilbur Wright, zwei Fahrradmechaniker aus Dayton,

Oben. 1896. Samuel Pierpoint
Langleys Aerodrome vor dem
Katapultstart auf dem Potomac
bei Quantico, Virginia.

Ohio. Von Kindesbeinen an am Fliegen interessiert lasen sie alles, was sie über dieses Thema erhalten konnten. Sie experimentierten mit Ballonen und Drachen und prüften, welche Auswirkungen das Wetter – in erster Linie der Wind – auf das Fliegen hatte. Die Brüder studierten so pedantisch, dass sie sogar einen eigenen Windkanal bauten, um Gleiter, Tragflächenformen und andere aerodynamische Probleme prüfen zu können.

Ihre Testflüge absolvierten die Brüder in den Dünen bei Kitty Hawk, weil der Wind dort an der Küste von North Carolina fast stetig mit 32 km/h wehte. Im September und Oktober 1900 unternahmen sie mit ihrem ersten Gleiter die ersten Testflüge. Es war ein Doppeldecker mit 5,50 m

Spannweite. Der Pilot lag auf dem Bauch und steuerte durch Verlagerung seines Körpers. Nach Hause zurückgekehrt, verwerteten die Wrights ihre praktischen Erfahrungen und bauten im Winter 1900/01 einen neuen Gleiter. Im Juli 1901 transportierten sie diesen Gleiter Nr. 2 zur Erprobung nach North Carolina. Er hatte eine Spannweite von 6,70 m und seine Tragflächen erhielten zur besseren Nutzung der Luftströmung Randbögen. Obwohl sie mit dem neuen Gleiter längere Flugstrecken zurücklegten, erwiesen sich die Tragflächen als zu stark gekrümmt.

Zum Windkanal zurückgekehrt, prüften sie über 200 Tragflächenprofile und gewannen neue Erkenntnisse. Mit 9,70 m Spannweite und 52,6 kg

Gewicht wurde ihr dritter Gleiter auch ihr größter. Mit ihm glückten im September 1902 beinahe 1000 Gleitflüge – beim längsten legten sie in 30 Sekunden 183 Meter zurück. Ein besonderes Merkmal dieses Gleiters war ein beweglich angeordnetes Seitenruder, das die Steuermöglichkeiten wesentlich verbesserte.

Im Sommer 1903 wurde auf der Grundlage des dritten Gleiters ein neues Flugzeug gebaut und *Flyer* getauft. Mit 12,20 m hatte *Flyer* die bisher größte Spannweite. Die Brüder hatten die Holzpropeller selbst gebaut sowie den 12-PS-Reihenmotor – einen leichten, wassergekühlten Vierzylinder-Benzinmotor – entworfen und ebenfalls teilweise gebaut. Im September erschienen Orville und Wilbur mit *Glider No. 3* und *Flyer* wieder in Kitty Hawk. Da sie wegen des schlechten Wetters den Start mit dem *Flyer* nicht wagten, nutzten sie die Zeit für Tests mit *Glider No. 3.* Erst am 14. Dezember schien der große Tag gekommen. Aber beim ersten Startversuch sackte *Flyer* durch und wurde beschädigt. Die Brüder ließen sich jedoch nicht aus der Ruhe bringen, reparierten den Apparat, luden sogar Anwohner ein, ihren nächsten Versuch zu beobachten, und drei Tage später glückte es: In Gegenwart von fünf Augenzeugen kletterte Orville am Morgen des 17. Dezember in den *Flyer* und startete bei 35 bis 43 km/h Windgeschwindigkeit kurz nach 10.30 Uhr. Nach 12 Metern hob *Flyer* zum ersten gelenkten Motorflug der Geschichte ab, flog zwölf Sekunden und landete nach 36 Metern. Drei weitere Flüge folgten noch am selben Tag. Wilbur flog 11 und Orville 15 Sekunden, bevor Wilbur mittags der längste und weiteste Flug glückte: 59 Sekunden und 259 Meter! Leider wurde *Flyer* nach dem vierten Flug durch eine Windbö stark beschädigt. Aber zu diesem Zeitpunkt hatte er seinem Namen „Flieger" bereits alle Ehre gemacht.

Frankreich schlägt den Takt

Nach Dayton zurückgekehrt, vollendeten die Brüder Wright im Frühsommer 1904 den *Flyer II* mit neuem Motor und nutzten ein außerhalb

Unten: Orville (links; 1871–1943) und Wilbur (1867–1912) Wright vor ihrem Haus in Dayton, Ohio.

*Oben: Am 17. Dezember 1903 glückte Orville Wright
in Kitty Hawk, North Carolina, als Erstem der gesteuerte
Start, der Flug und die Landung mit einem Flugzeug und
damit der erste Motorflug der Geschichte.*

Dayton gelegenes Gelände für Versuchsflüge. Die exakte Steuerung war immer noch problematisch, und so bauten sie im Winter 1904/05 den voll steuerbaren *Flyer III*. Sie hatten die Steuerseile getrennt verlegt und konnten nun Kreis- und Achterfiguren fliegen. Dennoch wurde Europa zum Mekka der Flugzeugpioniere. In Frankreich war der Brasilianer Santos-Dumont bereits mit seinen Luftschiffen berühmt geworden. Unter anderem hatte er am 19. Oktober 1901 mit seinem *No. VI* in weniger als 30 Minuten vom Pariser Vorort Saint-Cloud aus den Eiffelturm umrundet. Im September 1906 flog er mit seinem Doppeldecker *14bis* im Bois de Boulogne vor einer riesigen Zuschauermenge 61 Meter weit. Santos-Dumont bevorzugte Benzinmotoren. Für seine Luftschiffe wählte er einen 20-PS-Motor Bucheet/Santos-Dumont und einen 24-PS-Antoinette für sein Flugzeug *No. 14* und für den Doppeldecker *14bis* einen auf 50 PS leistungsgesteigerten Antoinette-Motor.

Unten: *In den Jahren vor Ausbruch des Ersten Weltkriegs zählte die von Béchereau schnittig und leistungsstark konstruierte Deperdussin zu den schnellsten Flugzeugen der Welt.*

Motorentwicklung

Bis 1908 waren alle Motoren zu groß und zu schwer und als Antrieb für Flugzeuge und Luftschiffe völlig ungeeignet. Dank Gottlieb Daimler und Carl Benz erschienen zwar in Deutschland die ersten leichten und starken Benzinmotoren, es waren jedoch Franzosen, denen zu diesem Zeitpunkt der Durchbruch gelang. Laurent Séguin baute damals hauptsächlich Automotoren, konzentrierte sich mit seinem Bruder Gustav aber schließlich auf Flugzeugantriebe. Je größer die Stirnfläche eines Motors war, desto größer der Luftwiderstand. Flieger bevorzugten deshalb Reihenmotoren. Als weitaus problematischer erwies sich die Kühlung des Motors während des Fluges. Die Séguins entwarfen einen Umlauf-Sternmotor namens Gnôme, der im Flug von der vorbeiströmenden Luft gekühlt wurde. Damit er aber auch am Boden nicht überhitzte, hatten die Brüder eine geniale Idee: Sie befestigten die Kurbelwelle am Flugzeug

und den Motor am Propeller. Folglich drehte sich der Motor mit dem Propeller um die eigene Achse und wurde gekühlt, während die Kurbelwelle stillstand. Aber auch dieser Motor hatte seine Kinderkrankheiten: Der Benzin- und Ölverbrauch war hoch, und beim Kurvenflug oder in Querlage des Flugzeuges konnte das Drehmoment der kreisförmig angeordneten umlaufenden Zylinder die Flugeigenschaften dermaßen stark beeinflussen, dass der Pilot die Kontrolle verlor. Aber es gab zu dieser Zeit keine Alternativen, und der Gnôme diente vielen Rennflugzeugen als Motor. So siegte Glen Curtiss 1909 mit einem solchen beim Gordon-Bennett-Rennen mit 76 km/h, und auch Louis Béchereau verwendete Gnôme-Motoren für seine Renn-Eindecker. Schnelligkeit war Trumpf für Béchereau, und so umhüllte er den Rumpf samt Motor, Steuerung und Pilot mit formgepresstem Sperrholz – einem frühen Flugzeugrumpf. Da er die besten Motoren mit dieser stromlinienförmigen Bauweise verband, zählten die Deperdussins bis 1914 zu den schnellsten Flugzeugen. Demonstriert

wurde dies unter anderem 1913, als Maurice Prevost mit einer Durchschnittsgeschwindigkeit von 200 km/h beim Gordon-Bennett-Rennen siegte.

Die Brüder Séguin hatten mit ihrem Gnôme neue Maßstäbe gesetzt, und überall in Europa waren Techniker bestrebt, diesen Vorsprung aufzuholen. Daimler begann 1911 mit dem Bau eines 6-Zylinder-Reihenmotors, und im folgenden Jahr wurde im Rahmen der Geburtstagsfeiern Kaiser Wilhelms ein Preis für den besten deutschen Flugmotor ausgeschrieben. Als Teil einer militärischen Ausschreibung in Großbritannien begannen H. P. Folland und Geoffrey de Havilland Mitte 1912 mit dem Bau der S.E.2. Dieser Doppeldecker erhielt einen 100-PS-Gnôme und erreichte 148 km/h. Allerdings diente er nur als Vorläufer für die S.E.4 von 1914. Diese war mit einem 160-PS-Gnôme ausgestattet, hatte Steuerklappen an Ober- und Unterflügeln und einen verkleideten Motor. In ihrem kurzen, nur vier Monate dauernden Leben erreichte die S.E.4 erstaunliche 217 km/h. Der Flugmotor und die junge Flugzeugindustrie waren flügge geworden!

Oben: Bei Ausbruch des Ersten Weltkriegs hatte die Schalenbauweise für Ein- und Doppeldecker – wie beispielsweise beim Deperdussin – die frühen Gleiter und Entenflugzeuge (Flugzeuge mit Vorderschwanz) wie diese Santos-Dumont-Konstruktion abgelöst.

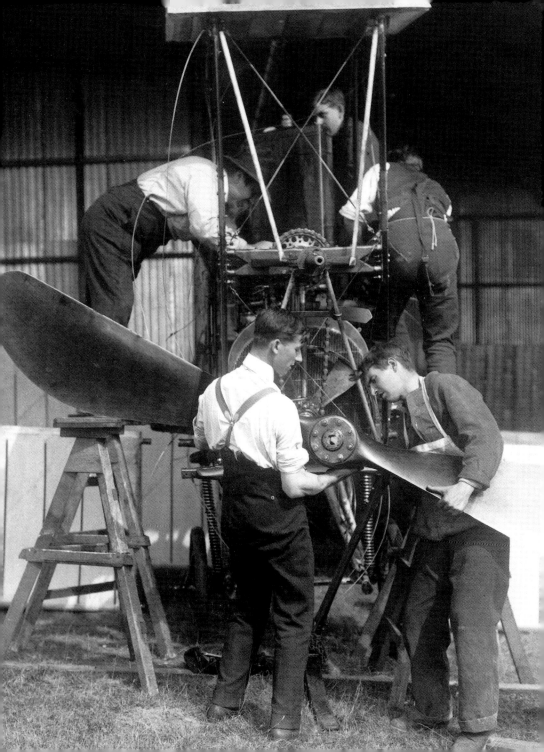

Fluggeräte für eine neue Zeit

Die großen Konstrukteure

Viele der größten Flugzeugkonstrukteure traten zu Beginn des 20. Jahrhunderts hervor. Angespornt durch ihre Begeisterung für den technischen Fortschritt und ihre Liebe zum Fliegen, gestalteten diese Männer – wie Boeing, Lockheed, Douglas und von Zeppelin – entscheidend die Zukunft der Luft- und Raumfahrt. Heute sind ihre Namen Symbole des technischen Fortschritts.

Glenn H. Curtiss wurde 1878 geboren. In der G. H. Curtiss Manufacturing Company fertigte und reparierte er Motorräder und Motoren. 1904 beauftragte Thomas Baldwin ihn, den Motor für sein Luftschiff *California Arrow* zu konstruieren. Das Projekt war erfolgreich und Baldwin von Curtiss' Motor so begeistert, dass er in New York eine Luftschifffabrik gründete. Bald orderte das US-Kriegsministerium ein Beobachtungs- luftschiff, das als *Baldwin 2* im Juli 1907 von der US Army als erstes militärisches Fluggerät in Dienst gestellt wurde.

Noch im selben Jahr wurde Curtiss Versuchsleiter der 1907 von Alexander G. Bell in Halifax gegründeten AEA (Aerial Experiment Association). In der AEA fanden sich flugbegeisterte Ingenieure zusammen, die zwar die Konstruktion eines Flugzeugs, aber keine Serienfertigung planten. Bereits 1908 stellten sie vier Flugzeuge vor: *Red Wing*, *White Wing*, *June Bug* und *Silver Dart*.

Nach ihren erfolgreichen Flügen im Jahr 1903 hatten die Brüder Wright nicht nur als exzellente Techniker, sondern auch als vorausschauende Kaufleute einige ihrer Kon-

Links: *1912. Samuel Franklin Cody hilft bei der Montage seines Flugzeugs.*
Oben: *Graf Ferdinand von Zeppelin.*

struktionen zum Patent angemeldet. Und sie glaubten, die AEA bei einer Patentverletzung ertappt zu haben. Als erste Motorflieger konnten die Wrights solche Vorwürfe praktisch auf jedes Flugzeug anwenden. Curtiss und die AEA klagten sie an, bei allen vier Modellen widerrechtlich das Konzept ihrer Querruderanlage verwendet zu haben. Allerdings sahen sich die Wrights durch *Red Wing* und *White Wing* nicht geschädigt, da sie nur als Versuchsflugzeuge dienten. Als Curtiss jedoch mit *June Bug* (Maikäfer) mit 386 Metern einen neuen amerikanischen Streckenrekord flog und einen vom *American Scientific Magazine* ausgeschriebenen Preis errang, hatte die AEA nach Ansicht der Wrights mit ihrem Gedankengut einen finanziellen Vorteil erworben. Der nachfolgende so

genannte „Wright-Patentkrieg" führte letztendlich dazu, dass sich die AEA zum 31. März 1909 auflöste. Nun tat sich Curtiss mit August Herring zusammen und baute im Auftrag der New York Aeronautical Society die *Golden Flyer* und verletzte, als er das erste Flugzeug an einen Privatkunden verkaufte, prompt wieder ein Wright-Patent. Orville Wright – Wilbur war im Vorjahr verstorben – siegte 1913 vor Gericht, aber Curtiss gab nicht auf: Er behauptete beharrlich, Langleys *Aerodrome A* wäre das erste Flugzeug gewesen und Wrights Patent deshalb ungültig. Der „Patent-Krieg" endete erst 1917 nach dem Eintritt der USA in den Ersten Weltkrieg, als die Vereinigung der US-Flugzeugbauer im Rahmen der Kriegsanstrengungen alle Patente zusammenwarf, während

Unten: 1911. Glenn Curtiss rollt mit seinem Amphibienflugzeug Triad *auf North Island in der Bucht von San Diego an Land.*

die britische Regierung für 20000 beziehungsweise 75000 Dollar sowohl die Wright- als auch die Curtiss-Patente erwarb.

Die Rechtsstreitigkeiten können nicht darüber hinwegtäuschen, dass Curtiss ein brillanter Konstrukteur war. 1909 errang er die Scientific American Trophy und siegte im Gordon-Bennett-Rennen, erhielt im Folgejahr erneut die Scientific American Trophy sowie 1912 die Collier Trophy für die Entwicklung des Wasserflugzeugs und 1913 für die Entwicklung des Flugboots. Dies waren beachtliche Leistungen, aber noch größeren Ruhm sollte Curtiss durch den Bau von Flugzeugen für das US-Militär – primär für die Marine – erwerben. Das Heer beschaffte zwar 1908 als erstes Flugzeug ein Wright-Modell; ein Jahr später folgte die Marine. Curtiss konzentrierte sich aber bei seiner Marketingstrategie auf die Belange der Marine und wählte zu Demonstrationszwecken

Kriegsschiffe als Start- und Landeplätze. Den Weg zum großen Geschäft ebnete sich Curtiss jedoch erst, als er der Marine 1910 anbot, beim Kauf seiner Maschinen Offiziere kostenlos zu Piloten auszubilden. Knapp sechs Monate später beschaffte die US Navy ihre ersten Curtiss-Flugzeuge.

Curtiss war längst ein Spezialist für Wasserflugzeuge. Am 26. Januar 1911 gelang ihm der erste „Wasserstart" mit einem herkömmlichen Druckpropellerflugzeug. Aber schon bei seinem zweiten Wasserflugzeug verwendete er den Zugpropeller, sodass der Motor bei Start und Wasserung nicht mehr durchnässt wurde. Eine Hauptrolle spielte Curtiss auch bei der Erfindung des Flugboots, dessen erstes Modell schlicht *Curtiss Flying Boat No. 1* hieß. Ihm folgte *Flying Boat No. 2*, das im Juli 1912 seinen Erstflug absolvierte. Curtiss-Flugzeuge waren bei der US Navy viele Jahrzehnte rund um den Globus im Einsatz.

Oben: *Eine von Pete Bowyer gebaute Replika von Curtiss'* June Bug. *Beachten Sie die gewölbten Flügel.*

Oben: *Ein Nachbau des Eindeckers Blériot XI.*

Unten: *Nach der ersten motorgetriebenen Überquerung des Ärmelkanals stieg die Nachfrage nach Blériots Flugzeugen erheblich. Dieses Exemplar diente dem britischen Royal Flying Corps in den ersten Monaten des Ersten Weltkriegs als Aufklärer.*

Oben rechts: *Vor seinem Kanalflug so gut wie unbekannt, wurde Blériot danach weltberühmt.*

„Da drüben!":
Louis Blériots Kanalflug

Einer der berühmtesten Piloten vor dem Ersten Weltkrieg war Louis
Blériot. Ihm glückte 1909 der erste Flug über den Ärmelkanal. Ein
Jahr vorher hatte Lord Northcliffe, Besitzer der Londoner *Daily Mail*,
10 000 Pfund als Preis für denjenigen ausgesetzt, dem als Erstem der
Flug über den Ärmelkanal gelang. Blériot, bereits ein anerkannter
Konstrukteur und Pilot, nahm die Herausforderung an.

Wie bei allen guten Geschichten hatte der Franzose einen Rivalen:
seinen in England erzogenen Landsmann Hubert Latham. Am 19. Juli
1909 wagte Latham als Erster den Flug. Mit seiner *Antoinette IV* in
Sangatte bei Calais gestartet, musste er schon nach knapp zehn Kilometern mit stehendem Motor
notwassern. Auch dies ein Beweis seines fliegerischen Könnens. Im Gleitflug heruntergegangen, setzte er
horizontal auf dem Wasser auf, schwang die Füße hoch, zündete sich eine Zigarette an und wartete auf
das ihn begleitende Torpedoboot. Er bestellte ein zweites Flugzeug nach Sangatte, um einen neuen
Versuch zu wagen. Während er wartete, betraten zwei Mitbewerber die Arena. Zuerst erschien der
Comte de Lambert. Er ließ in Wissant nahe Boulogne einen Wright-Doppeldecker vorbereiten, wurde
aber nicht sehr ernst genommen. Für Latham weitaus bedrohlicher schien Louis Blériot, der nicht weit
entfernt in Les Baraques, ebenfalls bei Calais, seinen Eindecker Blériot XI klarmachte. Beide – Latham
und Blériot – hatten am 24. Juli nach Dover fliegen wollen, wurden aber durch heftige Stürme am Start
gehindert. Am 25. Juli stand Blériot lange vor Sonnenaufgang auf und begann kurz nach vier Uhr mit
den Startvorbereitungen. Lathams Team wunderte sich über die Unruhe zu so früher Stunde und musste
verblüfft zuschauen, wie die Blériot XI um 4.41 Uhr Richtung England verschwand.

Vor dem Start stellte Blériot die berühmt gewordene Frage: „Wo liegt Dover?", und ein Techniker zeigte
mit dem Arm und rief: „Da drüben!" Dies war Navigation in ihrer ursprünglichsten Form, denn Blériot
hatte keinen Kompass an Bord. Als „Wegweiser" und Nothelfer lag der französische Zerstörer *Escopette*
ungefähr 16 Kilometer vor der Küste. Danach war Blériot auf sich selbst gestellt. Sein Flug war auf
40 Minuten ausgelegt. Aber schon nach der Hälfte der Zeit begann der luftgekühlte Motor zu
überhitzen. Glücklicherweise besorgte ein leichter Sprühregen die lebensnotwendige Kühlung, bevor

dann auch bald die englische
Küste aus dem Morgendunst
auftauchte. Er erkannte, dass er
zu weit nach Norden geraten
war und suchte den Landeplatz,
den ein französischer Journalist
mit einer Trikolore markieren
wollte. Starker Gegenwind ver-
hinderte einen großen Empfang, und Blériot landete in
North Fall Meadow bei Dover
Castle. Sein „Empfangskomitee"
war in keiner Weise dem
weltbewegenden Ereignis ange-
messen: Es bestand aus dem
Journalisten und einem verwirr-
ten Dorfpolizisten.

Oben: *1912. Curtiss' erstes erfolgreiches*
Flugboot in Hammondsport, New York.

William E. Boeing

William E. Boeing, Sohn eines Holzhändlers,
gründete 1916 die Boeing-Flugzeugwerke. Er
ging 1903 von der Yale University ab und trat in
die Fußstapfen seines Vaters. Seine große Liebe galt
jedoch der Fliegerei. Er besuchte zahlreiche Luft-
fahrtveranstaltungen und Flugtage – immer auf der
Suche nach einem Piloten, der ihn als Passagier
mitnehmen würde. Nachdem er 1914 zum ersten
Mal geflogen war, war er für den Rest seines Lebens von der Fliegerei besessen. Gemeinsam mit
seinem Freund George Conrad Westervelt nahm
er Flugstunden und begann mit der Konstruktion
seines ersten Flugzeugs. Diese B&W (Boeing &

Westervelt) war ein Schwimmerflugzeug. Am
15. Juli 1916 gründete Boeing die Pacific Aero
Products, die im folgenden Jahr in Boeing Airplane
Company umbenannt wurde.

Durch den Eintritt der USA in den Ersten
Weltkrieg expandierte seine Firma, und er baute
50 Wasserflugzeuge Model C für die US Navy.
Aber mit Ende des Krieges blieben die Bestel-
lungen aus, und William lebte vom Möbelbau.
1927 aber erhielt er die Luftpostlizenz für die
Strecke San Francisco–Chicago und gründete die
BAT (Boeing Air Transport). Vier Jahr später
schlossen sich BAT, National Air Transport, Varney
Air Lines und Pacific Air Transport zur United Air

Lines zusammen. Die US-Regierung jedoch
befürchtete ein Monopol, und 1934 erhielt William Boeing die Anordnung, seinen Konzern in
drei unabhängige Unternehmen aufzuteilen:
Boeing Airplane Company, United Aircraft Company und United Air Lines. Noch im selben Jahr
verkaufte William alle seine Firmenanteile.
Obwohl er als Berater der Firma verbunden blieb,
widmete er seine Zeit schon seit Mitte der
1930er-Jahre der Zucht von Vollblutpferden.

Donald Douglas

Während William E. Boeing ein brillanter
Geschäftsmann war, hatte Donald Wills Douglas

eine außergewöhnliche technische Begabung. Nach dreijähriger Ausbildung als Kadett verließ er die US-Marineakademie und wechselte zum MIT (Massachusetts Institute of Technology). Statt in vier Jahren beendete er seine Ingenieurausbildung in der Hälfte der Zeit, erst 20 Jahre alt. Seit er 1908 eine Flugvorführung von Orville Wright erlebt hatte, war auch er vom Flugbazillus befallen und arbeitete für einige Flugzeughersteller, unter anderem als Chefkonstrukteur bei Glenn Martin, einem anderen legendären Flugzeugbauer. Im März 1920 hatte Donald es satt, immer nur für andere zu konstruieren, und ging nach Kalifornien, weil ihm das Wetter dort für Testflüge ideal erschien. Er tat sich mit dem reichen und ehrgeizigen David R. Davis zusammen. Davis wollte fliegen und Douglas Flugzeuge bauen. Ihre Träume wurden mit 40 000 Dollar verwirklicht. Es war die *Cloudster*, die zwar nicht nonstop nach New York fliegen konnte, dafür aber fast ebenso viel Nutzlast befördern konnte wie ihr eigenes Gewicht. Die *Cloudster* wurde berühmt und sorgte für Bestellungen. Wie es bei neuen Flugzeugen

oft geht, waren Militärs die ersten Käufer. In diesem Fall die US Navy, die gleich drei Torpedobomber in Auftrag gab. Donald Douglas stand am Ruder, als sein Unternehmen in den folgenden Jahren auch auf dem Markt für Verkehrsflugzeuge mit Boeing konkurrierte, und erlebte noch den Eintritt ins Düsenzeitalter, bevor er 1967 in Rente ging. Bis zu seinem Tod 1981 blieb er Ehren-Vorstandsvorsitzender. Neben seiner technischen Begabung war er humorvoll und realistisch und zitierte gern: „Wenn die Konstruktionszeichnungen so schwer sind wie das Flugzeug, kann das Flugzeug fliegen."

Lockheed

Das dritte Unternehmen, das mit Boeing und Douglas in späteren Jahren im Wettbewerb der strahlgetriebenen Verkehrsflugzeuge konkurrieren konnte, war Lockheed. Allan Haines Loughead (1934 in Lockheed geändert) war der jüngste von drei flugbegeisterten Brüdern. Angeregt durch die 1909/10 vielbeachteten Bücher seines Bruders Victor *Vehicles of the Air* und *Aeroplane Designing for*

Amateurs, gründete er 1912 mit seinem Bruder Malcolm die Alco Hydro-Aeroplane Company und baute ein Schwimmerflugzeug. Mit diesem Model G boten sie Rundflüge über San Francisco an – aber kaum jemand war interessiert. Geld machten sie erst 1915 mit Rundflügen über der Weltausstellung, woraufhin sie 1916 die Loughead Aircraft Manufacturing Company gründeten. Erstes Ziel war der Bau des zehnsitzigen Flugbootes F-1. Ihre Arbeit lockte einen 21-jährigen begabten Technischen Zeichner an: John K. „Jack" Northrop, der zu einem der ganz Großen im Kreis der Flugzeugkonstrukteure und -bauer aufsteigen sollte.

Wirtschaftlich betrachtet, ging der Erste Weltkrieg für die Lougheads zu schnell zu Ende. Sie hatten weder die US Navy für ihre F-1, noch die US Army für die Landversion F-1A gewinnen können. Als der Flugzeugmarkt nach Kriegsende mit überschüssigen Maschinen aus Militärbeständen zu Spottpreisen überschwemmt wurde, bedeutete dies den wirtschaftlichen Ruin der Firma. Dennoch konstruierten Loughead und Northrop 1926 einen schnellen 7-sitzigen Kabinen-Eindecker. Finanziell unterstützt durch den Fabrikanten Frank S. Keeler gründeten sie im Dezember 1926 die Lockheed Aircraft Company und begannen mit dem Bau ihres Eindeckers. Die Vega hätte zu keinem günstigeren Zeitpunkt erscheinen können: Charles Lindbergh hatte im Mai 1927 den Atlantik überquert und dem Interesse an der Fliegerei enormen Auftrieb gegeben. Viele mutige Piloten, beispielsweise Amelia Earhart und Wiley Post, wählten die Vega für ihre Flüge.

Allan Lockheed, wie er sich seit 1934 nannte, schied 1929 aus dem Unternehmen aus. Bis zu seinem Tod 1969 unterhielt er zur Lockheed Aircraft Corporation nur informelle Kontakte.

Die Luftschiffe des Ferdinand Graf von Zeppelin

Wie so viele Fluggeräte wurde auch das Luftschiff zuerst als Waffe entwickelt. Obwohl rund um den Globus mit Luftschiffen experimentiert wurde,

gelang der entscheidende Durchbruch in Deutschland. Die 1874 erschienene Schrift des Generalpostmeisters Heinrich Stephan *Weltpost und Luftschiffahrt* sowie die erfolgreichen Fahrten des Luftschiffes *La France* weckten das Interesse des Berufsoffiziers Ferdinand Graf von Zeppelin. 1863 als Beobachter im amerikanischen Bürgerkrieg und im Deutsch-Französischen Krieg 1870/71 hatte er die militärische Verwendung von Ballons erlebt. Aus dem militärischen Dienst ausgeschieden, konzentrierte er sich ab 1890 ganz auf die Konstruktion eines Starrluftschiffs. Sein drei Jahre später erschienenes erstes Modell wurde von einer Militärkommission geprüft und wegen zu schwachem Antrieb (zwei 11-PS-Daimler-Motoren) für militärische Zwecke abgelehnt. Ein Mitglied der Militärkommission war Professor der Technischen Hochschule Berlin-Charlottenburg. Ihm wird die Idee zugeschrieben, den später als Zeppelin

Unten: Lougheads zehnsitziges Flugboot F-1 erreichte eine Höchstgeschwindigkeit von 135 km/h. Rechts: Zeitgenössische Darstellung des von Charles Renard und Arthur H. C. Krebs gebauten Luftschiffs La France. Mit ihm gelang 1884 die erste Zielfahrt.

bekannten Luftschiffen die unverwechselbare Zigarrenform zu geben.

Die beiden folgenden Zeppelin-Luftschiffe *LZ 1* und *LZ 2* waren nicht frei von Pannen. Erst *LZ 3* (*Luftschiff Zeppelin Nr. 3*) wurde ein voller Erfolg. 1907 legte *LZ 3* in zweistündiger Fahrt 97 km zurück. Dieser Durchbruch brachte Graf Zeppelin eine halbe Million Mark Unterstützung ein, die ihm den Bau des *LZ 4* ermöglichte, der 700 km zurücklegen und länger als 24 Stunden in der Luft bleiben sollte. Leider wurde *LZ 4* am 5. August 1908 von einer Sturmbö losgerissen und zerstört. Graf von Zeppelin stand vor dem Nichts.

Jedoch gelang es, die Öffentlichkeit für die Luftschiff-Idee zu begeistern. Eine Zeppelin-Stiftung sammelte in kürzester Zeit mehr als sechs Millionen Goldmark.

Graf von Zeppelin gründete in Friedrichshafen am Bodensee die Luftschiffbau Zeppelin GmbH und richtete sein Augenmerk auf den zivilen Linienverkehr mit Luftschiffen. Dass die Betriebssicherheit der Zeppeline noch zu wünschen übrig ließ, – mehr als die Hälfte war am Boden zerstört worden – schien niemanden zu interessieren. Deutschlands Großstädte wetteiferten um Aufnahme in das Zeppelin-Streckennetz und bauten

Unten: LZ 127 Graf Zeppelin *über dem Flughafen Tempelhof, Berlin.*

in Erwartung der Passagierfahrten riesige Luft-schiffhallen. Getragen von diesem Enthusiasmus wurde am 16. November 1909 die DELAG (Deut-sche Luftschiffahrt-Aktiengesellschaft) gegründet. Als erstes Passagierluftschiff stieg *LZ 7 Deutschland* am 22. Juni 1910 zur ersten Linienfahrt mit Passagieren auf. Bis zum Ausbruch des Ersten Weltkriegs beförderten Zeppeline rund 34 000 Pas-sagiere. Auch die deutsche Armee erkannte die Zeichen der Zeit und begann 1911 mit dem Aus-bau der 1901 formierten Luftschiffertruppe.

Graf von Zeppelin, Vater des zivilen Luftver-kehrs, starb am 8. März 1917 in Berlin. Sein Unternehmen überlebte den Ersten Weltkrieg, allerdings wurden dessen Aktivitäten durch die Bestimmungen des Versailler Vertrages stark eingeschränkt. Dennoch konnte die DELAG den *LZ 120 Bodensee* und den *LZ 121 Nordstern* bauen. Aber auch sie wurden von der Interalliierten Kontrollkommission der Siegermächte requiriert. Als dann auch noch die USA als Reparation ein Luftschiff forderten, stand die DELAG unter Lei-tung von Hugo Eckener vor dem Bankrott. Eckener entschied sich zum Bau eines „Repa-rationsschiffes" und rettete damit das Unter-nehmen. Der *LZ 126* (in den USA in *ZR III Los Angeles* umbenannt) hatte eine Gaskapazität von 71 990 m^3 und war mit fünf 350-PS-Maybach-Motoren ausgestattet. Am 12. Oktober 1924 stieg *LZ 126* zur Atlantiküberquerung auf und landete am 15. Oktober auf dem US-Marinestützpunkt Lakehurst. Nachdem 1926 die Beschränkungen

Oben: Von einer Fahrt in die USA zurückkehrend, landet die Graf Zeppelin *in Friedrichshafen am Bodensee.*

Die Katastrophe des *R 101*: Der Tag, an dem der Traum starb

Das britische Luftschiffministerium hatte die Entwicklung der deutschen Luftschiffe aufmerksam beobachtet und veranlasste 1924 ein dreijähriges Versuchsprogramm. Zwei große Starrluftschiffe sollten gebaut werden. Als *R 100* und *R 101* wurden sie bei der Vickers-Tochter Airship Guarantee beziehungsweise bei der Staatswerft Royal Airship Works in Cardington gefertigt. *R 101* war zuerst fahrbereit und erwies sich bei seiner Jungfernfahrt am 14. Oktober 1929 als zu schwer, die Hülle war nicht reißfest, es kam zu hohem Gasverlust und „saubere" Horizontalfahrten waren unmöglich. Auch das Antriebskonzept war missglückt: Die Dieselmotoren waren zu schwer und die Luftschrauben schwer steuerbar. Die Mängel mussten behoben werden, und man entschied, durch Einbau einer zusätzlichen Gaszelle das Gasvolumen zu erhöhen und die Stabilität zu verbessern. Eine spätere Probefahrt zeigte jedoch keinerlei Verbesserungen.

Weil privat gebaut schenkte die Öffentlichkeit dem *R 100* weniger Aufmerksamkeit. Unter seinen Konstrukteuren war auch der später als „Dambuster" bekannt gewordene Dr. Barnes Wallis. Auch *R 100* zeigte Mängel, die aber behebbar gewesen wären, und lieferte insgesamt gute Leistungen. Obschon *R 100* besser war, schien *R 101* bevorzugt zu werden. Dies wurde offensichtlich, als Luftfahrtminister Lord Thomson wissen ließ, er plane mit dem *R 101* Ende September 1930 eine Fahrt nach Indien. Trotz eindringlichen Hinweisen, dass R 101 nicht fahrtüchtig sei, blieb der Luftfahrtminister unnachgiebig.

Später als geplant stieg *R 101* am 4. Oktober zur Indienfahrt auf. An Bord 54 Besatzungsmitglieder und Passagiere – und ein Lufttüchtigkeitszertifikat! Nachdem schon über dem Ärmelkanal ein Motor repariert werden musste, kam es am folgenden Tag zur Katastrophe: Gegen 2.05 Uhr sank das buglastig gewordene Schiff bei Beauvais in Nordfrankreich plötzlich tiefer, konnte abgefangen werden, sackte wiederum durch, schlug auf den Boden und stand sofort in Flammen. Nur sechs Menschen überlebten das Inferno – Lord Thomson war nicht unter ihnen.

Die Katastrophe des *R 101* bedeutete das Ende des britischen Starrluftschiffprogramms.

Oben: *Die Fahrgasträume des* R 100 *waren geräumig und luxuriös. Luftschiffpassagiere erwarteten Komfort und Stil. Auf der Treppe Romanautor und* R–100-*Techniker Nevil Shute.*

Rechts: 8. August 1936. Auf der Fahrt nach Lakehurst überquert LZ 129 Hindenburg Manhattan mit dem Empire State Building.

Oben: Von der Regierung favorisiert und zu schnell in Dienst gestellt, endete das R 101 des britischen Luftfahrtministeriums in einer Katastrophe.

Oben: Die Trümmer des R 101 nach dem Absturz in Beauvais am 5. Oktober 1930.

für den Luftschiffbau aufgehoben worden waren, begannen die Arbeiten an einem noch größerem Luftschiff: dem *LZ 127 Graf Zeppelin*.

Graf Zeppelin und Hindenburg

Der *LZ 127 Graf Zeppelin* war der Stolz der 1935 gegründeten Deutsche Zeppelin Reederei GmbH. Mit den Flugzeugen auf den Transatlantikrouten konnte der *LZ 127* dennoch nicht konkurrieren. Mit seinen fünf 550-PS-Motoren erreichte er nur 115 km/h. Geschwindigkeit und Sicherheit mussten dringend verbessert werden. Heliumgas wurde Wasserstoffgas vorgezogen, weil es zwar auftriebsschwächer, dafür aber ungefährlicher war. Praktisch bedeutete dies, dass ein mit Heliumgas gefülltes Luftschiff von der Größe der *Graf Zeppelin* einige Tonnen weniger Nutzlast befördern konnte. Die Deutsche Zeppelin Reederei hoffte, das nötige Helium aus den USA beziehen zu können, und der Bau des Schiffes begann. Weil

Oben: *1936. LZ 129 Hindenburg an einem Anker-mast in Lakehurst.*
Links: *6. Mai 1937. Eines der berühmtesten Fotos des 20. Jahrhunderts: In Lakehurst geht LZ 129 Hindenburg in Flammen auf.*

das Helium aber nicht termingemäß geliefert wurde, musste der 245 m lange *LZ 129 Hindenburg* mit Wasserstoff gefüllt werden. Im Rahmen einer Werbekampagne erschienen *Graf Zeppelin* und *Hindenburg* im März 1936 gemeinsam über Berlin. Mit diesen beiden Riesen vereinbarten die Regierungen in Berlin und Washington einen Linienverkehr zwischen Frankfurt (Main) und dem Luftschiffhafen Lakehurst. Zwei amerikanische Luftschiffe sollten diese Flotte später verstärken.

Am 4. Mai 1937 verließ *LZ 129 Hindenburg* Frankfurt zum Flug über den Atlantik. Zwei Tage später erschien er über Lakehurst, erwartet von begeisterten Zuschauern. Ein drohendes Gewitter zwang

zur beschleunigten Landung. Die Ankertaue waren bereits abgeworfen, als ein Knall im Heck das Schiff erschütterte. Eine elektrische Entladung in der gewittrigen Atmosphäre hatte – vermutlich – das Wasserstoffgas entzündet und das Schiff sekundenschnell in ein Flammenmeer verwandelt. Zuerst krachte das Heck zu Boden, dann folgte langsam auch der Bug. Es grenzt an ein Wunder, dass von den 97 Menschen an Bord 62 überlebten. Nachdem eine deutsch-amerikanische Untersuchungskommission den Unfallhergang ermittelt hatte, verpflichteten sich die USA zur Lieferung des ungefährlichen Heliumgases an Deutschland. Nach dem „Anschluss" Österreichs an das Deutsche Reich 1938 stellten die USA die Lieferungen wieder ein.

Trotz der Lakehurst-Katastrophe war der Zeppelin eines der sichersten Verkehrsmittel. Dennoch sollte über ein halbes Jahrhundert vergehen, bis er wieder im Passagierverkehr erschien.

Goldene Jahre für Glücksritter und Abenteurer

Asse und Rekordjäger

Pioniere und Konstrukteure hatten bewiesen, dass man mit Flugzeugen und Luftschiffen fliegen und Geld verdienen kann. In der ersten Hälfte des 20. Jahrhunderts waren es jedoch die Rekordjäger und die Asse, die – in Krieg und Frieden – mit ihren Flugzeugen die Entwicklung der Luftfahrt vorantrieben.

Als 1914 der Erste Weltkrieg ausbrach, glaubten viele, der Konflikt wäre zu Weihnachten beendet. Außerdem war die Ansicht weit verbreitet, heldenhafte Kavallerieattacken würden den Krieg entscheiden. In diesem „Schlachtengemälde" störten Fluggeräte nur. Zu Beginn des Krieges gab es nur verschwommene Vorstellungen von der Entwicklung spezieller Jagdflugzeuge – anfangs dienten Flugzeuge nur als Aufklärer und Artilleriebeobachter.

Hatten sich feindliche Flieger bei ihren Begegnungen in den ersten Kriegswochen noch gegrüßt, so waren sie schon bald bemüht, den Gegner zu vernichten und zu verhindern, dass Aufklärungsergebnisse erbracht wurden. Während Bomben oder Handgranaten anfangs dem Gegner nur „lästig" sein sollten, flogen große Bomber bereits 1915 Angriffe gegen Flugplätze und Verkehrseinrichtungen. Diese Eskalation entwickelte sich aufgrund von Aktion und Reaktion, und der Prozess verlief recht planlos.

Links: Die Ikone einer Generation. Im Mai 1932 überquerte Amelia Earhart – als dritter Mensch überhaupt und in Bestzeit – als erste Frau mit ihrer Lockheed Vega im Alleinflug den Nordatlantik. Oben: Der 170 km/h schnelle Albatros C VII war eine exzellente Beobachtungsplattform. Albatros-Jagddoppeldecker verhalfen den ersten deutschen Kampffliegern 1916/17 zu großen Erfolgen.

Als die deutschen Armeen 1914 in Belgien und Frankreich vorstürmten, war Aufklärung aus der Luft für beide Seiten von unschätzbarer Bedeutung. Flugzeuge fotografierten feindliche Stellungen, dienten als „Augen" der Generalität und leiteten das Feuer der Artillerie. Entscheidend war, die Informationen schnellstmöglich den Hauptquartieren bekannt zu geben. Wurden anfangs noch Notizen über den eigenen Truppen abgeworfen, so dienten später Funkgeräte der Kommunikation.

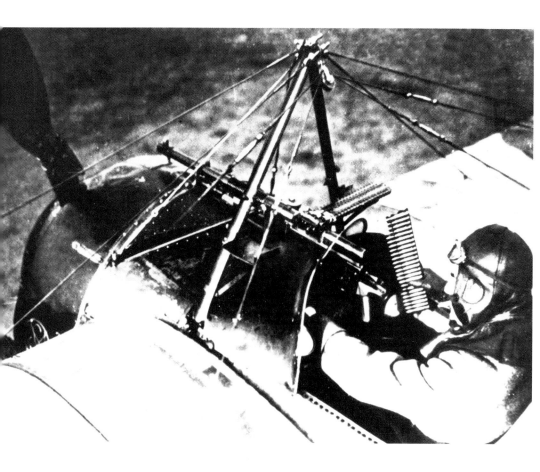

Oben: *Roland Garros flog einen Morane-Saulnier-Jagdeindecker mit Panzerblechen auf den Luftschraubenblättern. Die Panzerbleche schützten die Propeller vor den eigenen MG-Geschossen.*

Waffenprobleme

Die ersten Kampfflugzeuge waren Aufklärer, deren Besatzungen Pistolen oder Karabiner mitführten, um – mit wenig Aussicht auf Erfolg – ihre Gegner zu beschießen. Je unerbittlicher der Krieg wurde, umso dringlicher wurde gefordert, die in den Schützengräben so vernichtend wirkenden Maschinengewehre (MG) auch im Luftkampf einzusetzen. Allerdings waren optimale Leistungen aber nur dann zu erwarten, wenn das Schussfeld in Flugrichtung frei war und das MG vor dem Kopf des Piloten starr nach vorn eingebaut werden konnte, sodass er mit seinem Flugzeug zielen und den Abzugbügel betätigen konnte. Als Lösung boten sich drei Möglichkeiten: ein nach hinten

gerichteter Propeller als Druckpropeller hinter dem Schussfeld des MG, dessen ungenügende fliegerische Leistungsfähigkeit sich aber bald zeigte; ein auf dem Oberflügel eines Doppeldeckers montiertes MG; oder eines auf dem Rumpf – über der Motorhaube. Bei den letzten Alternativen ergaben sich jedoch schwer wiegende Probleme. Bei der MG-Position über dem Flügel musste der Pilot zum Schießen aufstehen und würde die Kontrolle über sein Flugzeug verlieren. Die Montage auf der Motorhaube war auf den ersten Blick die beste, für den Piloten jedoch lebensgefährlich: Beim Schießen würden die Geschosse den rotierenden Propeller förmlich absägen. Französische und deutsche Techniker näherten sich dem

Ganz oben: *Flugzeuge wie die Bristol F.2B wurden – wie Fords Model T – mit einem Huck-Starter in Betrieb gesetzt.*

Oben: *Die Fokker E II, Fokkers zweites Modell mit MG-Schussfolgeregler, war im Gegensatz zur E I mit einem stärkeren Motor ausgestattet.*

Problem auf verschiedenen Wegen: Morane-Saulnier montierte Panzerbleche an den Propellern, die alle nicht zwischen den Luftschrauben hindurchgehenden Geschosse ablenkten. Auf deutscher Seite entwickelte Anthony Fokker einen Regler, der die Schussfolge immer dann unterbrach, wenn ein Propellerblatt die Schusslinie der MG-Mündung passierte. Dieses Synchronisationsgetriebe wurde ab Ende 1915 zuerst in den

Eindeckern Fokker E I eingebaut. Der Jagdflieger war geboren!

Fliegerisch den Fokker-Eindeckern gleichwertig, waren die britischen und französischen Kampfflugzeuge den deutschen im Luftkampf nun fast hilflos ausgeliefert. Der Schussfolgeregler verlieh den Deutschen eine solche taktische Überlegenheit, dass ihre Gegner von der „Fokker-Geißel" sprachen. Auch bei Antrieb und Flugwerk

Sir Thomas Sopwith: Von der Tabloid zur Snipe

Wie Glenn Curtiss bei der US Navy, so diente Thomas Sopwith bei der Royal Navy. In erste Berührung mit der Fliegerei kam Thomas Octave Murdoch Sopwith 1910. In den folgenden Jahren gründete er eine Schule für Testpiloten und Flugschüler, wo viele der besten britischen Piloten ausgebildet wurden. Bei Kriegsausbruch 1914 existierte auf alliierter Seite keine Flugzeugindustrie. Diese Lücke erkennend, gründete Thomas Sopwith in Kingston-upon-Thames (Surrey) die Sopwith Aviation Company.

In den folgenden vier Kriegsjahren wurden bei Sopwith 16 verschiedene Flugzeugtypen serien-gefertigt – insgesamt rund 18 000 Exemplare. Sein erstes Modell, ein Jagdeinsitzer, entstand aus dem 1913 für Flugrennen gebauten Tabloid und war das erste Kampfflugzeug des Britischen Expeditionskorps in Frankreich und Belgien. Insgesamt wurden 40 Tabloid gebaut. Für das Rennen um den Schneider-Pokal von 1914 hatte Sopwith die Tabloid zur Sopwith Schneider „frisiert" und siegte mit 148 km/h – Weltrekord für Wasserflugzeuge. Die Schneider führte zur Sopwith Baby, die im November 1914 in Serie ging. Als Schwimmerflugzeug diente Baby den britischen Marinefliegern (RNAS) und bewährte sich im Kampf gegen deutsche Luftschiffe.

Im September 1916 kam die berühmte Pup an die Front. Als erster britischer Jagdeinsitzer erhielt sie ein MG mit Schussfolgeregler. Angetrieben von einem 80-PS-Motor war sie äußerst wendig und leicht zu handhaben und folglich ideal für die in der Entwicklung befindlichen Flugzeugträger. Sie blieb bis Ende 1917 im Einsatz und bewährte sich gegen ihren gefährlichsten Gegner, die Halberstadt D II, hauptsächlich dank ihrer überlegenen Manövrierfähigkeit. Inzwischen experimentierte auch Sopwith mit Dreideckerkonstruktionen und entwarf den Triplane mit kurzer Spannweite. Er erwies sich als sehr wendig und veranlasste Fokker zur Entwicklung des fast identischen Dr I. Nachfolger der Triplane war der vermutlich beste britische Jäger des Krieges: Camel. Er verdankte seinen Namen der höckerförmigen Form über den beiden synchronisierten und in die Motorhaube integrierten Maschinengewehren. Im Juli 1917 an die Front gelangt, sollen mit den insgesamt 5140 gebauten Exemplaren mehr als 1200 Feind-maschinen abgeschossen worden sein.

Als absolut kampfstärkster alliierter Jäger gilt jedoch die Snipe. Auch sie eine Sopwith-Konstruktion, war sie eine direkte Weiterentwicklung der Camel. Obwohl ihr 230 PS starker Bentley-Umlaufmotor nur unwesentlich stärker war, verlieh er der Snipe höhere Geschwindigkeit und Dienstgipfelhöhe. Während des Krieges wurden ungefähr 500 gebaut. Bis zu ihrer Ausmusterung 1927 beschaffte die Royal Air Force (RAF) weitere 1000 Exemplare.

Oben: *1. November 1919. Eine Camel hebt vom Deck des Flugzeugträgers* HMS Pegasus *ab.*
Unten: *Monaco 1914. Howard Pixton, Gewinner des Schneider-Pokals 1914, auf dem Schwimmer seiner Sopwith Tabloid.*

Oben: *Im Ersten Weltkrieg kamen rund 500 Snipe zum Einsatz. Sie galten als die besten alliierten Jäger an der Westfront.*
Links: *Die Camel F.1 war einer der besten Jäger des Ersten Weltkriegs und jedem Gegner ebenbürtig.*

Oben: *Als Fokkers Eindecker auf immer überlegenere Gegner (abgebildet ein Nachbau der Sopwith) stießen, reagierte Fokker mit dem Dreidecker Dr I.*

schritt die Entwicklung voran. Der Schweizer Birkigt schuf den Hispano-Suiza-Motor, bei dem die acht Zylinder v-förmig angeordnet waren. Die Kühlung erfolgte über einen runden Lufteinlass. Ausgestattet mit diesem Hochleistungsmotor gewannen die französischen SPAD-Jagdeinsitzer, deren Hauptserie S.VII rund 220 km/h erreichte, die Luftüberlegenheit zurück. Verbessert wurden auch die Starter. So war es bei Kriegsausbruch üblich, den 130 PS leistenden Motor der Avro 504K durch manuelles Drehen des Propellers zu starten. Als die Motorleistungen auf 200 bis 300 PS stiegen, waren Starts mit der Hand unmöglich, und Geräte wie der Huck-Starter aus Ford-Motoren wurden eingeführt. Bei der Flugwerkkonstruktion wurde offensichtlich, dass kurze Spannweiten gleichbedeutend waren mit größerer Wendigkeit und überlegenen Luftkampffähigkeiten. Aerodynamisch produzieren kurze Flügel proportionell geringeren Auftrieb. Die Briten lösten dieses Problem durch Einführung eines dritten Flügels und schufen den Sopwith-Dreidecker. Fokkers

Antwort folgte mit dem leistungsfähigeren Dreidecker Dr I (sprich „Dre").

Ihren technischen Gipfel erreichten die Flugzeuge im Ersten Weltkrieg mit der britischen Sopwith Snipe und dem deutschen Doppeldecker Fokker D VII. Diese beiden Jäger verkörperten alle im Verlauf des Krieges gewonnenen technischen Fortschritte und waren ebenbürtige Gegner über den Schlachtfeldern Frankreichs.

Die Asse

Der Begriff „Flieger-Ass" wurde in Frankreich auf jeden Piloten gemünzt, der fünf oder mehr Abschüsse errungen hatte. Ganz bewusst wurden die Flieger heroisiert, um die Öffentlichkeit von dem erstarrten Stellungskrieg abzulenken. Auch die Amerikaner verwendeten diese Bezeichnung. Im Gegensatz dazu waren jedoch die Briten der Ansicht, dass jede Hervorhebung eines Einzelnen über seine Kameraden dem Teamgeist schaden würde. Erstes Ass wurde der deutsche Oberleutnant Max Immelmann, der „Adler von Lille".

Mit seiner Fokker E I errang er 15 Luftsiege, bevor seine Maschine am 18. Juni 1916 auseinanderbrach und ihn in den Tod riss. Manfred von Richthofen, Deutschlands erfolgreichster Kampfflieger, war rücksichtslos gegen sich selbst und seine Gegner und nicht weniger aggressiv als der Brite Captain Albert Ball. Ball war berühmt für seine Frontalangriffe. Er flog eine französische Nieuport 17 mit einem auf dem Oberflügel lafettierten Lewis-MG. Er errang 47 Luftsiege und wurde am 6. Mai 1917 von Lothar von Richthofen (Bruder des berühmten Roten Barons) nach einem schweren Luftkampf tödlich abgeschossen. Erfolgreichste alliierte Asse waren der französische Capitaine René Fonck, der britische Major Edward „Mick" Mannock und der Amerikaner Captain Edward „Eddie" Rickenbacker. Fonck errang 75 Luftsiege, überlebte den Krieg und war einer der Konkurrenten von Charles Lindbergh bei der Atlantiküberquerung 1927. Mannock wurden 73 Luftsiege bestätigt. Um die Moral seiner unerfahrenen Kameraden zu heben, trieb er ihnen – wie der Jäger das Wild – einige Gegner direkt vor ihre Waffen. Keiner führte eine Staffel besser und

Links: Das britische Fliegerass Captain Albert Ball errang 47 Luftsiege, bevor er im Kampf mit Lothar von Richthofen am 6. Mai 1917 als Zwanzigjähriger den Tod fand. Unten: „Eddie" Rickenbacker im Sitz seiner SPAD. In weniger als einem Jahr errang Rickenbacker insgesamt 26 Luftsiege.

Oben: *Manfred von Richthofen, der berühmteste Jagdflieger des Ersten Weltkriegs.*

Manfred von Richthofen –
der Rote Baron

Ein Mann überragt alle Asse: Rittmeister Manfred von Richthofen, berühmt als *der rote Kampfflieger, le petit rouge* (der kleine Rote), *le diable rouge* (der rote Teufel) oder *The Red Baron* (der Rote Baron). Am 2. Mai 1892 als Sohn des Majors Albrecht von Richthofen geboren, war für Manfred die Offizierslaufbahn vorherbestimmt. Im Anschluss an seine Kadettenzeit trat er Ostern 1911 nach seinem Fähnrichexamen beim Ulanenregiment Nr. 1 ein und wurde im Herbst 1912 zum Leutnant befördert.

Nach Kriegsausbruch ist die Zeit der kühnen Kavallerieritte schnell vorüber. Als er die ersten Flieger über der Front sieht, packt ihn „ein ganz ungeheurer Schwindel". Er meldete sich zu den Fliegern und wird zum Beobachter ausgebildet. Zufällig lernt er Oswald Boelcke kennen und fasst den Entschluss, eine Fokker zu fliegen und „selbst den Knüppel zu führen". Boelcke gilt als Lehrmeister der deutschen Jagdflieger. Er schuf die Grundlagen für den Kampf in der Luft. Nach bestandener Prüfung kommt Richthofen im März 1916 als Flugzeugführer zum Kampfgeschwader 2. An der Ostfront holt Boelcke ihn in seine Jagdstaffel, und bald ist Richthofen sein bester Schüler. „Was Boelcke uns sagte, war uns ein Evangelium." Schon bevor er zu Boelcke kommt, hat Richthofen zwei Gegner abgeschossen. Da beide Feinde aber hinter den feindlichen Linien abstürzen, bleiben sie als Luftsiege unbestätigt. Erst am 17. September 1916 gelingt ihm der dritte Abschuss, der als sein erster offizieller gilt. Gut einen Monat später, am 28. Oktober, findet Boelcke,

Unten: *Diese Fokker Dr I mit der Seriennummer 152/17 gehörte zu Richthofens Jasta 11, deren Piloten Teile ihrer Maschinen als Erkennungszeichen ihrer Staffel rot anmalen ließen.*

nachdem er im Luftkampf mit Staffelkamerad Erwin Böhme zusammengestoßen war, den Tod.

Nach 16 bestätigten Luftsiegen wird Richthofen im Januar 1917 der Pour le mérite verliehen und zum Führer der Jagdstaffel 11 ernannt. Nun ist er der erfolgreichste lebende deutsche Jagdflieger. Wie er selbst sagte, kommt er aus irgendwelchen Gründen eines Tages auf den Gedanken, seine „Kiste" knallrot anpinseln zu lassen. Die deutschen Infanteristen in den Schützengräben begrüßen den roten Flieger begeistert, die Gegner sind weniger erfreut. Als die Engländer im April 1917 ein „Anti-Richthofen-Geschwader" aufstellen, lässt Richthofen seine ganze Staffel rot anstreichen.

Ende August 1917 wechselt Richthofen auf den neuen Fokker Dreidecker Dr I und erzielt am 1. September seinen 60. Abschuss. Obwohl er die meisten seiner Luftsiege mit anderen Typen erringt, blieb sein Name ganz besonders mit der Dr I verbunden.

Am 21. April 1918 kehrt die Jagdstaffel 11 ohne ihren verehrten Führer zurück. Im Kampf mit einem zahlenmäßig überlegenen Gegner vom

Oben: *Der Rote Baron im Führersitz. Richthofen fiel am 21. April 1918 im Kampf mit einer britischen Camel und stürzte hinter den alliierten Linien ab.*

Wind über feindliches Gebiet getrieben, ist er bei der Verfolgung von Lieutenant Wilfred May zufällig vor die Mündungen des Kanadiers Arthur „Roy" Brown geraten. Erst als seine Maschine getroffen wird, wendet Richthofen den Kopf und sinkt zusammen. Seine Kameraden beobachten, wie die Fokker zu Boden geht und unversehrt zu landen scheint. Noch immer streitet man, ob Richthofen Brown oder einer australischen Flugabwehrbatterie zum Opfer gefallen ist. Die Engländer bereiten ihrem gefallenen Gegner ein ehrenvolles Begräbnis. Ein Zeichen des Respekts für den mit 80 Luftsiegen erfolgreichsten Jagdflieger des Ersten Weltkriegs.

Oben: *Louis Béchereau und Marc Birkigt schufen die 222 km/h schnelle SPAD S.VII.*

Oben: *Wie ihre Vorläuferin, die zweimotorige Bolshoi Baltiski, war die russische Sikorsky Ilja Muromez als Zivilflugzeug gedacht. Aber schon im Frühjahr 1914 bestellte der Zar zehn und nach Kriegsausbruch weitere 32 Exemplare. Insgesamt wurden etwa 80 Maschinen fertig gestellt. Bemerkenswert sind die Leistungsfähigkeit und Stabilität dieses viermotorigen Bombers (auf dem Rumpf stehen zwei Männer!), dessen stärkste Version mit sieben MG bewaffnet war.*

niemand plante die Einsätze gründlicher als er. Er fiel im Juli 1918 durch die deutsche Flugabwehr. Obwohl die USA erst 1917 in den Krieg eintraten und Rickenbacker erst Anfang März 1918 Jagdflieger wurde, gelangen ihm bis Kriegsende 26 Abschüsse. Von 1938 bis 1963 Präsident der Eastern Airlines, war er im Zweiten Weltkrieg als Berater tätig.

Erste Bomber

1914/15 wurde den Strategen bewusst, dass sie die Einsätze der feindlichen Aufklärungs- und Kampfflugzeuge nur dann verhindern konnten, wenn sie deren Stützpunkte zerstörten. Zu Anfang des Krieges trugen Piloten und Beobachter lediglich Pistolen und Karabiner zur Selbstverteidigung bei einer Notlandung. Es folgte der nächste Schritt: Zur Unterstützung von Landoperationen wurden leichte Bomben geladen. Obwohl Bombenangriffe damals ohne Systematik und ohne nachhaltige Wirkung durchgeführt wurden, waren sie für die zukünftige Flugzeugentwicklung doch ein entscheidender Schritt.

Der erste spezielle Bomber – Bolshoi Baltiski B – wurde kurz vor Kriegsausbruch von Igor Sikorsky in Russland fertig gestellt. Ursprünglich

als Zivilflugzeug geplant, war er mit einer Höchstgeschwindigkeit von 85 km/h für Kampfeinsätze zu langsam. Nur ein halbes Dutzend wurden gebaut, von denen aber keiner an die Front gelangte. Als Weiterentwicklung gilt die noch mächtigere Ilja Muromez, deren Typ E bis zu 700 kg Bombenlast beförderte. Britische und französische Bomber waren entweder zu klein oder zu leistungsschwach. Unübertroffen waren die italienischen Caproni-Bomber. Gianni Caproni baute die besten Bomber, und seine Ca 46 war der Endpunkt jahrelanger Entwicklungsarbeit. Dieser dreimotorige Doppeldecker trug zwei auf Drehlafetten montierte MG und bis zu 500 kg Bombenlast bei Geschwindigkeiten bis zu 150 km/h. Außer in Italien wurden Capronis Bomber in Frankreich, Großbritannien und in den USA gefertigt.

Anfangs verwendete Deutschland ausschließlich Luftschiffe für Bombenangriffe. Als wichtigstes strategisches Ziel wählte die deutsche Oberste Heeresleitung London, und 1916 begannen die riesigen Schiffe ihre Angriffsfahrten. Bis in den Sommer gelang es weder Jägern noch Flak-Batterien einen Zeppelin vom Himmel zu holen. Dies änderte sich jedoch, als Explosiv- und

Ganz oben: *Bomber AEG G V/1918.*
Oben: *Die Gotha G V von 1917 trug 500 kg
Bomben und hatte 840 km Reichweite.*

Rechts: *Überall in der Werbung fand man die Gesichter der großen Flughelden: Hier sind Amelia Earhart und Wiley Post auf Sammelbildern der Zigarettenfirma Carreras abgebildet.*
Unten: *1919. Captain John Alcock und Lieutenant Arthur Whitten-Brown werden nach geglückter Atlantiküberquerung wie Helden gefeiert.*

AMELIA EARHART

LOCKHEED VEGA

WILEY POST

LOCKHEED VEGA

Brandgeschosse eingesetzt wurden, die das Wasserstoffgas in Brand setzten. Anfang Oktober 1916 führen die Deutschen ihre letzten Großangriffe auf London und verloren drei ihrer modernsten Marineluftschiffe. Obschon Zeppeline bis Kriegsende sporadisch immer wieder Angriffe führen, war das Luftschiff als strategische Waffe gescheitert.

Nun erhielt die Bomberwaffe wichtige Bedeutung, und bei AEG-Flugzeugbau entstand das Großflugzeug G IV, das die Alliierten Tag und Nacht nicht zur Ruhe kommen ließ. In Deutschland bauten drei Unternehmen strategische Bomber: Flugzeugbau Friedrichshafen, Zeppelin-Werke Staaken und die Gothaer Waggonfabrik. Als Nachfolger für die strategischen Luftschiffe entstanden nun Riesenflugzeuge, wie die R VI der Zeppelinwerke Staaken. Sie war mit sieben MG bestückt und trug fast 2000 kg Bombenlast. Am berühmtesten wurde jedoch der Gotha-Langstreckenbomber. Als gepanzertes Kampfflugzeug und Fernaufklärer vorgesehen, absolvierte der Prototyp seinen Erstflug am 27. Juli 1915. Insgesamt wurden 18 Exemplare als Bomber gebaut. London wurde von Großflugzeugen erstmals am 13. Juni 1917 angegriffen. Bis Kriegsende gingen viele der Riesenvögel bei unnötigen und schlecht geplanten Einsätzen an der Westfront verloren.

Die Rekordjäger

Das Flugzeug aus der Zeit der Brüder Wright ist in den heutigen Modellen kaum noch wiederzuerkennen. Diese Entwicklung wurde von Piloten und Konstrukteuren ermöglicht, die die Grenzen der Fliegerei immer weiter hinausschoben. Die Jagd nach Rekorden war eröffnet und damit der Weg frei für immer schnellere technische Fortschritte.

In den Jahren vor dem Ersten Weltkrieg bewunderten die Leute die Männer und Frauen, die in ihren fliegenden Kisten nach Ruhm trachteten. Aber auch nach den blutigen Jahren des Krieges waren Langstreckenflüge ins Unbekannte immer noch ein Spiel mit dem Leben.

Die Zeitung *Daily Mail*, einer der bedeutenden Förderer der Luftfahrt, hatte schon vor dem Ersten

Unten: *1919 überquerten Alcock und Brown den Nordatlantik in einer Vickers Vimy. Dieses Flugzeug ist heute im Londoner Science Museum ausgestellt.*

Harriet Quimby – die vergessene Heldin

Harriet Quimby erwarb als erste Amerikanerin eine Fluglizenz. 1875 in Michigan geboren, zog sie 1903 nach New York und arbeitete als Fotojournalistin. Als sie im Oktober 1910 über das International Aviation Tournament berichtete, wurde sie mit John und Matilde Moisant bekannt. John siegte bei diesem Luftrennen rund um die Freiheitsstatue und wurde zum amerikanischen Helden. Da die Wright-Brüder keine weiblichen Flugschüler akzeptierten, meldeten sich Harriet und Matilde in der von John und Alfred Moisant betriebenen Flugschule an. Nach bestandener Prüfung am 1. August 1911 war Harriet die erste amtlich bestätigte fliegende Amerikanerin.

Nachdem sie ihr Können bei zahlreichen Flugvorführungen demonstriert hatte, fasste sie den Entschluss, es Louis Blériot nachzutun und den Ärmelkanal in Gegenrichtung zu überqueren. Inkognito nach England gereist, kaufte sie in Dover eine Blériot XI. Am 16. April 1912 startete sie um 5.30 Uhr und landete um 6.29 Uhr bei dem 48 km südlich von Calais gelegenen Küstenstädtchen Hardelot. Unglücklicherweise beherrschte an diesem Tag die nur wenige Stunden vorher gesunkene Titanic die Schlagzeilen der Weltpresse, und so blieb ihre Tat von der breiten Öffentlichkeit fast unbemerkt. Harriets Siegesfeier beschränkte sich auf einen Champagner-Toast in Hardelot.

Zurück in den USA zeigte sie sich wieder als Kunstfliegerin, konnte nun aber pro Auftritt bis zu 100 000 Dollar fordern. So erschien sie am 1. Juli 1912 mit einem zweisitzigen Eindecker beim Third Annual Boston Aviation Meet und war einverstanden, einen Passagier an Bord zu nehmen. Wer mitfliegen durfte, wurde durch Werfen einer Münze entschieden. Sieger (über seinen Sohn) war der Veranstalter der Show, William Willard. Nach dem Start kippte das Flugzeug plötzlich heftig ab. Willard wurde aus dem Sitz geschleudert und stürzte zu Tode. Ohne das ausgleichende Gewicht des Passagiers konnte Harriet die Maschine nicht mehr beherrschen und wurde ebenfalls aus der Maschine geschleudert. Es gibt zahlreiche Theorien über die Unfallursache: Hatten sich die Steuerseile verheddert? Hatte sich Willard in seiner Begeisterung zu weit vorgebeugt, um mit Harriet zu sprechen, und dadurch die Maschine aus dem Gleichgewicht gebracht? Einige schieben die Schuld auf etwas, was gar nicht an Bord war – Sitzgurte hätten den Absturz vermutlich verhindern können! Eines ist jedoch sicher: In ihrer nur elfmonatigen Fliegerkarriere ebnete Harriet Quimby den Weg für andere Pilotinnen.

Oben: *Harriet Quimby (1875–1912) startet den Motor ihres Flugzeugs.*
Links: *Sie erwarb als erste Amerikanerin eine Fluglizenz. Als erste Frau überquerte sie den Ärmelkanal im Alleinflug.*

Weltkrieg Preise für Nonstop-Flüge über verschiedene Entfernungen ausgeschrieben:

Überquerung des Ärmelkanals	1000 Pfund
London–Manchester	10 000 Pfund
Luftrennen Round Britain	10 000 Pfund
Atlantiküberquerung	10 000 Pfund

Am 14. Juni 1919 starteten Captain John Alcock und Lieutenant Arthur Whitten-Brown auf der Jagd nach dem Transatlantik-Preis von Neufundland Richtung Osten. Ihre mit 3910 Litern Treibstoff beladene Vickers Vimy benötigte für die 3186 km bis Irland 16 Stunden und 27 Minuten und landete am 15. Juni in der Alten Welt.

Am 12. November 1919 starteten die Brüder Ross und Keith Smith von Großbritannien zum 18 175 km entfernten Australien. Sie landeten am 10. Dezember und kassierten 10 000 Pfund Preisgeld. Weitere Pionierflüge folgten. So gelang dem englischen Luftschiff R 34 nur zwei Wochen nach Alcock und Brown die doppelte Atlantiküberquerung, und in den folgenden Jahren öffneten Flieger Wege nach Südamerika, Südafrika und Asien. Nur ein Wagnis war noch nicht geglückt: der Alleinflug über den Nordatlantik.

Charles Lindbergh und die *Spirit of St. Louis*

Charles Lindbergh wurde 1902 in Detroit geboren und war von klein auf an allem und

jedem interessiert, was nur irgendwie mit Technik zu tun hatte. Er begann ein Ingenieurstudium, brach es jedoch vorzeitig ab, weil es ihm zu langweilig war, und ging 1922 nach Nebraska. Im folgenden Jahr kaufte er aus Militärbeständen eine Curtiss Jenny und „arbeitete" als Kunstflieger, posierte als „Wing Walker" im Flug auf Tragflächen und sprang mit dem Fallschirm ab. Seine Ausbildung bei der Fliegerschule des US Army Air Corps (USAAC) in San Antonio (Texas) absolvierte er 1925 als Klassenprimus. Er wurde Postflieger auf der Strecke Chicago–St. Louis.

Aber auch diese Aufgabe befriedigte ihn nicht, und er träumte davon, als Erster den Atlantik allein zu überqueren. Im Jahr 1919 hatte der französische Hotelier Raymond Orteig 25 000 Dollar für den ersten Alleinflug nonstop von New York nach Paris ausgesetzt. In den USA brach daraufhin ein „Atlantikfieber" aus, das auch Lindbergh befiel. René Fonck, das französische Flieger-Ass, hatte bereits 1926 einige erfolglose Versuche unternommen, während Lindbergh sich noch bei Geschäftsleuten um finanzielle Hilfe bemühte.

1927 lockte das Preisgeld von 25 000 Dollar weitere Herausforderer an. Charles Levine und Clarence Chamberlain wollten es mit ihrer *Columbia* wagen, Fonck machte seinen Sikorsky-Doppeldecker und Richard Byrd seine dreimotorige Fokker *America* klar. Letztendlich erschienen noch Noel Davis und Stanton Wooster. Lindbergh diktierte der Ryan Aeronautical Company das

Unten: Mai 1927. Ein Testflug der Spirit of St. Louis *über San Diego, Kalifornien.*

Links: *Der erste Alleinflug über den Atlantik. Charles Lindbergh und seine* Spirit of St. Louis.
Oben: *Lindbergh und die* Spirit of St. Louis *wurden bei der Landung in Le Bourget von Tausenden begeistert willkommen geheißen.*
Unten: *Byrds Fokker F.VII* America. *Byrd gelangte nicht nach Paris. Sein Versuch im Juni 1927 war missglückt, als sein Flugzeug vor der französischen Küste bei Ver-sur-Mer in dichtem Nebel notwassern musste.*

Konzept seines Flugzeugs. Man einigte sich auf einen Preis von 6000 Dollar ohne Triebwerk, und Ryan baute die *N-X-211 RYAN NYP* – allgemein bekannt als *Spirit of St. Louis*. Nach zwei Monaten und der Zahlung des Gesamtpreises von 10 580 Dollar war Lindbergh zum Atlantikflug bereit.

Lange vor Lindbergh waren seine Konkurrenten schon bei der Erprobung ihrer Maschinen. Bei Levine und Chamberlaine brach das Fahrwerk, Byrds *America* zeigte Konstruktionsfehler und verletzte drei Mann seines Teams, während Davis und Wooster bei einem Testflug den Tod fanden. Währenddessen starteten Charles Nungesser und François Coli mit ihrer *L'Oiseau blanc* in Gegenrichtung von Ost nach West. Sie erreichten nie ihr Ziel New York und blieben verschollen.

Da die *Spirit of St. Louis* als Einsitzer konzipiert war, musste Lindbergh auch Bordingenieur und

Navigator sein und für die Dauer des Fluges hellwach bleiben. Aber alle Vorzeichen stimmten, und er flog bei der Überführung von San Diego nach New York mit 21 Stunden und 20 Minuten einen neuen Geschwindigkeitsrekord.

Mit 2050 Litern Treibstoff und fünf Sandwiches rollte Lindbergh am 20. Mai 1927 in Roosevelt Field, New York, an den Start. Er hatte in den vergangenen Nächten kaum geschlafen. Nach riskantem Start – seine schwer beladene Maschine hüpfte knapp über die Telegrafenlinie am Ende der Piste – flog er anfangs in nur knapp drei Meter Höhe über den Wellen. Als er 33 Stunden und 30 Minuten später in Le Bourget bei Paris landete, war er ein Held. Wenige Tage später ging Lindbergh auf Europa-Tournee.

An Bord der *USS Memphis* nach New York zurückgekehrt, begrüßte ihn die Metropole mit

der bisher größten Konfettiparade. Der Kongress verlieh ihm die Verdienstmedaille, das USAAC ehrte ihn mit dem Fliegerkreuz und beförderte ihn zum Oberst. Er ging ein Vierteljahr auf eine Tournee durch die USA und warb für die Fliegerei. Sein Buch *Mein Flug über den Ozean* wurde ein Bestseller. Im Rahmen seiner Bemühungen um die Förderung des Luftfahrtgedankens in den USA unternahm er weitere spektakuläre Flüge, unter anderem in 27 Stunden 15 Minuten von Mexico City nach Washington D. C. In Mexiko lernte er auch seine spätere Frau Anne Morrow kennen.

Fliegen hieß für Lindbergh „vom Wein der Götter trinken". Mit seiner *Spirit of St. Louis* hatte er eine der größten Pioniertaten des 20. Jahrhunderts vollbracht. Dadurch überzeugte er alle von der Leistungsfähigkeit und Zuverlässigkeit der Flugzeuge, und die Aktien der noch jungen Flugzeugindustrie stiegen. Er diente Pan American World Airways als technischer Berater und hatte entscheidenden Anteil an der Gründung der Transcontinental and Western Air (TWA).

Charles Lindbergh verstarb am 26. August 1974 im Alter von 72 Jahren auf Hawaii. Seine *Spirit of St. Louis* fand einen Ehrenplatz im Smithsonian National Air and Space Museum in Washington.

Amelia Earhart

In den USA kaum weniger berühmt als Charles Lindbergh war Amelia Earhart. Nur ein Jahr nach seinem Alleinflug überquerte auch sie den Atlantik, allerdings nur als Fluggast in Commander Wilmer Stultz' Fokker-Schwimmerflugzeug F VIIb/3m *Friendship*. Amelia war mit ihrer „Rolle" als Passagier gar nicht zufrieden und setzte nun alles daran, ihrerseits den Atlantik im Alleinflug zu überqueren. Am 20. Mai 1932 war es so weit: In Harbor Grace, Neufundland, kletterte sie ins Cockpit ihrer knallroten Lockheed Vega. Die Vega war ein bewährtes Langstreckenflugzeug. Ihrer Pilotin sollte sie diesmal große Sorgen bereiten. Erst vier Stunden in der Luft, traten aus einem Leck im Auspuffkrümmer heiße Abgase aus, und Flammen leckten aus der Motorhaube. Kaum war diese Panne behoben, als Amelia ein Leck im Treibstoffsystem bemerkte, und dann fiel auch noch der Höhenmesser aus. Als sie – um nicht ins Meer zu stürzen – höher in die Wolken stieg, entstand im Auspuffkrümmer ein zweites Leck. Aber die Vega klapperte weiter Richtung Irland … Als sie unter sich Land erkannte, ging sie tiefer, um zur Orientierung einen Blick auf die Stadt Donegal zu werfen und dann weiter nordwärts Richtung Londonderry zu fliegen. Als sie dort

NR105W

THE
WINNIE MAE
OF OKLAHOMA

LOS ANGELES TO CHICAGO · 9 HRS 9 MIN 4 SEC · AUG 27 1930
AROUND THE WORLD · 8 DAYS 15 HRS 51 MIN · JUNE 23 TO JULY 1, 1931
AROUND THE WORLD · 7 DAYS 18 HRS 49 MIN · JULY 15 TO JULY 22, 1933

Unten: *21. Mai 1932. Amelia Earhart und ihr Flugzeug*
in Londonderry, Nordirland.
Ganz unten: *Amelias unverwechselbare knallrote Vega.*

nach dreizehneinhalb Stunden landete, hatte sie als dritter Mensch den Atlantik überflogen. Sie hatte es als erste Frau geschafft – und das in Rekordzeit!

Mit der Atlantiküberquerung gab sich Amelia nicht zufrieden. Bereits am 24. August 1932 startete sie wieder und flog in neuer Rekordzeit für Frauen in 19 Stunden und 5 Minuten nonstop 4023 km von Los Angeles nach Newark. Ihr Hunger nach Erfolg schien unstillbar. Am 11. und 12. Januar 1935 schaffte sie als erster Mensch im Alleinflug die riskante Strecke Honolulu–Oakland, Kalifornien. Mit 4023 km war dieser Überwasserflug länger als ihr Atlantikflug!

Es gab jedoch eine Strecke, die auch für Amelia zu lang war. Mit Hauptmann Fred Noonan startete sie am 21. Mai 1937 in Miami, um mit ihrer Lockheed Electra 10E die Erde zu umrunden. Schon waren mehr als 35 000 km zurückgelegt, als sie am 2. Juli von Neuguinea aus Richtung Howard Island, einer kleinen Pazifikinsel, starteten – und nie mehr gesehen wurden.

Längst war Amelia Earhart in den USA zu einem Idol der jungen Frauen geworden. Bei jeder sich bietenden Gelegenheit nutzte sie ihre Popularität, um die „Frauen aus dem Käfig ihres Geschlechts" herauszuholen.

Weltumrundungen

Als erstem Team glückte Wiley Post und seinem Navigator Harold Gatty mit der Lockheed Vega 5B *Winnie Mae* 1931 der Flug rund um den Globus. An jeder Art von Technik interessiert, arbeitete Post als junger Mann auf den Ölfeldern. Nachdem er durch einen Unfall sein linkes Auge verloren hatte, kaufte er mit der Versicherungssumme von 1800 Dollar sein erstes Flugzeug. 1928 wurde er von F. C. Hall, einem reichen Ölmagnaten, als Privatpilot engagiert. Hall kaufte eine Vega und taufte sie nach seiner Tochter *Winnie Mae*. Am 27. August 1930 siegte Post mit dieser Vega im Luftrennen Los Angeles–Chicago: sein erster großer Erfolg!

Am 23. Juni 1931 startete er mit seinem Navigator Harold Gatty um 16.55 Uhr vom New Yorker Roosevelt Field zur Weltumrundung. Zwischenlandungen waren geplant in Kanada, Großbritannien, Deutschland, der UdSSR, Alaska und Kanada. Nach Stopps in Großbritannien und Deutschland gerieten sie auf dem Flug nach Moskau über Ostpreußen in starken Regen. In der

sowjetischen Hauptstadt von der Osoaviachim (Organisation zur Unterstützung der Landesverteidigung, der Luftfahrt und der chemischen Industrie) herzlich empfangen und bewirtet, fanden die Flieger nur drei Stunden Schlaf. Da die Sowjets beim Betanken den Unterschied zwischen britischen und US-Gallonen nicht beachtet hatten, war die *Winnie Mae* am nächsten Tag zu schwer, und es dauerte lange, bis der überschüssige Treibstoff abgepumpt war. Weitere Schwierigkeiten folgten: Auf dem Flugfeld von Blagowjeschtschensk sanken Flugzeug und Insassen im Morast ein, und über dem Ochotskischen Meer zwang ein Sturm Post, bis auf 23 m über die See hinunterzugehen. In Alaska sackte die *Winnie Mae* wiederum beim Start auf sumpfigem Untergrund ab, wobei die Enden des Propellers verbogen wurden und wieder gerade gehämmert werden mussten. Als Gatty beim erneuten Startversuch den Propeller manuell anwarf, wurde er von einem Propellerflügel am Kopf getroffen. Übel zugerichtet, aber lebendig, kletterte er wieder ins Cockpit, und Post startete nun sicherheitshalber von einer befestigten Landstraße, statt von der unwegsamen Piste. Als sie am 1. Juli New York erreichten, wurden sie von zahlreichen Flugzeugen nach Roosevelt Field eskortiert und landeten nach acht Tagen, 15 Stunden und 51 Minuten. Zwei Jahre später stellte sich Post erneut dieser Herausforderung und legte die Strecke im Soloflug in nur sieben Tagen, 18 Stunden und 49 Minuten zurück.

Wie so viele der ersten Aviatiker kam auch Wiley Post bei einem Unfall ums Leben. Gemeinsam mit dem berühmten Humoristen Will Rogers erkundete er eine Flugstrecke zwischen der US-Westküste und der UdSSR. Als sie am 15. August 1935 von einem Fluss nahe Point Barrow, Alaska starteten, fiel der Motor aus, und sie stürzten ab. Die Witwe von Post willigte ein, die *Winnie Mae* dem Smithsonian National Air and Space Museum in Washington D. C. zu verkaufen.

Die militärischen Flieger-Asse und zivilen Rekordjäger haben entscheidend zur Entwicklung des Luftverkehrs beigetragen, das Interesse einer breiten Öffentlichkeit geweckt sowie Leistungsfähigkeit und Betriebssicherheit der Flugzeuge verbessert. Mit mutigen Pionierflügen wurden diese Frauen und Männer zu Vorbildern für die nachfolgenden Generationen.

Die Entwicklung des kommerziellen Luftverkehrs
Profit in den Wolken

Kaum hatte sich der Mensch in die Luft erhoben, als er auch schon nach Möglichkeiten suchte, den Globus zu umrunden und einen neuen Markt für Flugreisen zu erschließen. Der Aufbau sicherer und zuverlässiger Passagierliniendienste war eine völlig neue Herausforderung.

Links: Luftverkehrsgesellschaften öffneten all jenen die Welt, die sich ein Ticket leisten konnten. Den strahlenden Glanz und die Exklusivität dieser Ära verkörpern diese TWA-Stewardessen neben ihrer Boeing 307.
Oben: Geschäft oder Vergnügen? Airlines erschlossen fremde Kulturen oder boten ihren Kunden die Möglichkeit, auch im Ausland ihren Vergnügungen nachzugehen. Hier wird eine Golfausrüstung in eine Lockheed Electra der British Airways verladen.

Der erste Luftverkehrsdienst wurde am 1. Januar 1914 im US-Bundesstaat Florida eröffnet, als der St. Petersburg–Tampa Bay Airboat Service zwischen den beiden Städten einen Liniendienst einrichtete. Mit einem Benoist-Flugboot gelangte man in knapp 20 Minuten ans Ziel. Leider boten die kleinen Flugboote nur Platz für einen Passagier, und so ging das Unternehmen nach nur vier Monaten in Konkurs. Dennoch hatte dieses Experiment bewiesen, dass es einen Markt für Flugreisen gab.

Die ersten Fluggesellschaften wurden nach dem Ersten Weltkrieg geboren. In erster Linie, weil die im Krieg entwickelten stärkeren Triebwerke die Konstruktion größerer und leistungsfähigerer Flugzeuge ermöglichten.

Herz des aufstrebenden Luftverkehrs war Europa. Einige Fluglinien befassten sich primär mit inländischen oder regionalen Verbindungen. In Großbritannien baute George Thomas seine bereits im Oktober 1916 gegründete Aircraft Transport and Travel weiter aus und eröffnete am 25. August 1919 mit einer de Havilland DH.4A den internationalen Luftverkehr mit täglichen Verbindungen zwischen London und Paris.

Weitere Gesellschaften folgten. So entstanden in Großbritannien Handley Page Transport und S. Instone and Co. und in Frankreich die Compagnie des Messageries

Oben: *Erster Linieudienst. Mit einem kleinen zwei-*
sitzigen Flugboot Benoist Model 14 bediente der
St. Petersburg–Tampa Bay Airboat Service in Florida
die rund 30 km lange Verbindung zwischen
St. Petersburg und Tampa.
Rechts: *Sikorsky S-38, Pan American Airways'*
Arbeitspferd in Mittelamerika. Scherzhaft Flying
Duck *(fliegende Ente) genannt, hatte die S-38*
eine Reisegeschwindigkeit von 200 km/h.

Aériennes. Schon nach wenigen Jahren war Europa mit einem dichten Luftverkehrsnetz überzogen. Manchen Fluglinien war nur ein kurzes Leben beschieden, andere entwickelten sich zu bedeutenden international operierenden Unternehmen, wie Imperial Airways of Britain, Air France, Deutsche Lufthansa, KLM und Belgiens Sabena.

Die PanAm-Clipper

Jahrzehntelang eine der größten Fluglinien der Welt, können die Anfänge der Pan American World Airways (PanAm) nur als bescheiden bezeichnet werden. Ihren ersten Luftpostdienst eröffnete sie am 19. Oktober 1927 von Key West nach Havanna. Ermutigt durch den Erfolg, richtete PanAm 1929 ihren Blick nach Mittelamerika.

Es war der legendäre Charles Lindbergh, der im Auftrag der Fluglinie Strecken erkundete und – obwohl er Landflugzeuge bevorzugte – erkannte, dass diese Ziele mit Amphibienflugzeugen bedient werden müssten. Als „Arbeitspferd" für den neuen Markt wählte PanAm die Sikorsky S-38 und betrieb 38 dieser zweimotorigen, achtsitzigen Flugboote auf den mittelamerikanischen Strecken.

Weltberühmt wurde PanAm schließlich durch die Erschließung des Pazifiks. Ob transpazifische Flugdienste betrieben werden konnten, sollte ein am 16. April 1935 in Alameda, Kalifornien gestarteter Testflug zeigen, der nach 18 Stunden 37 Minuten vor Honolulu erfolgreich endete, und ein halbes Jahr später eröffnete PanAm den Dienst San Francisco–Manila.

Der Pazifik wurde zum Geburtsort der Clipper, benannt nach den schnellen, im 18. Jahrhundert gebauten Transatlantik-Seglern. PanAm betrieb drei Modelle dieser Langstreckenflugboote im Pazifik: Martin M-130, Sikorsky S-42 und Boeing 314. Die M-130 *China Clipper* eröffnete den Luftpostdienst San Francisco–Manila und die S-42 *Samoa Clipper* im Dezember 1937 den Post- und Frachtdienst Honolulu–Auckland, Neuseeland. Tragischerweise stürzte die *Samoa Clipper* im Januar 1938 ab, wobei alle sieben Besatzungsmitglieder getötet wurden.

Entscheidend für die Luftverkehrsgesellschaften waren aber immer noch die Nordatlantikdienste. Mit der Auslieferung der ersten neuen Boeing 314 an PanAm am 24. Februar 1939 in Baltimore hatte

Links: *Die Ära der Clipper. Das
Flugboot Martin M-130* China
Clipper *operierte vom Ende der
1930er- bis in die 1940er-Jahre auf
der Luftpoststrecke San Francisco–
Manila.*

ein neues Zeitalter begonnen. Am 3. März taufte Eleanor Roosevelt das Flugboot *Yankee Clipper*.

Eigentlich sollte *Yankee Clipper* Post, elf Besatzungsmitglieder und zehn Passagiere befördern. Im März und April 1939 flog *Yankee Clipper* von Baltimore zu den Azoren, nach Lissabon, Bordeaux, Marseille und Southampton und kehrte über Lissabon und die Azoren zurück. Den Luftpost-Atlantikdienst eröffnete PanAm am 20. Mai 1939:

Captain A. E. LaPorte startete in Baltimore und erreichte nach 26 Stunden und 54 Minuten Lissabon und kehrte nach Port Washington zurück. Der Postdienst Port Washington–Marseille wurde am 28. Juni 1939 eröffnet, und nur zwei Tage später beförderte *Dixie Clipper* erstmals Passagiere von New York nach Southampton.

Schnell erlangten die Clipper einen legendären Ruf. Die Passagierversionen der Boeing 314 boten

Oben: *Nachdem die Boeing 314 Yankee Clipper den Postdienst über den Nordatlantik eröffnet hatte, begann* Dixie Clipper *mit der Passagierbeförderung.*
Vorige Seite oben: *Die PanAm-Clipper beherrschten bis Mitte der 1940er-Jahre die Pazifik- und Atlantikrouten.*
Vorige Seite unten: *Dieses Foto enthüllt die aerodynamisch günstige Konstruktion der Boeing 314. Die zweite Boeing 314 wurde als* California Clipper *in Dienst gestellt und als eine der letzten ausgemustert.*

auf den Tagverbindungen 74 und bei Nachtflügen mit Liegesitzen 40 Fluggästen Platz. Ein einfacher Flugschein kostete 375 Dollar beziehungsweise als Hin- und Rückflugticket stolze 675 Dollar, was nach heutigem Wert etwa 4000 beziehungsweise 7500 Dollar entspricht. Nach etwas mehr als einem Vierteljahr zwang der Ausbruch des Zweiten Weltkriegs zur Einstellung der Transatlantikdienste. Im Verlauf des Krieges requirierten die US-Luftwaffe und US-Marine fünf Boeing-Clipper.

Europa fliegt nach Süden

Während die amerikanischen Luftverkehrsgesellschaften ihre Streckennetze über dem Nordatlantik und Pazifik einrichteten, richteten die Europäer ihren Blick auf die südliche Hemisphäre. In Großbritannien wurden Langstreckenflugzeuge

konstruiert, um schnelle Verbindungen zu den Mitgliedern des Empire und ehemaligen Überseebesitzungen knüpfen zu können. In den Jahren zwischen den Weltkriegen veröffentlichte das britische Luftfahrtministerium eine Ausschreibung für ein modernes viermotoriges Langstreckenflugboot. Short Brothers reagierte mit der S.23 beziehungsweise Flugbooten der Empire-Klasse, die bei 800 km Reichweite zwei Tonnen Luftpost oder 17 Passagiere befördern konnten. Nachdem London Imperial Airways mit der Luftpostbeförderung betraut hatte, kaufte die Fluglinie 42 Flugboote der Empire-Klasse. Im August 1938 eröffnete eine Short S.23 den Linienluftpostverkehr Southampton–Sydney.

Auch Frankreich richtete den Blick nach Süden, und René Couzinet entwickelte sein wohl bekanntestes Flugzeug – die Couzinet 71. Obwohl dieser dreimotorige Tiefdecker nicht leicht zu handhaben war, glückte 1933 die Atlantiküberquerung, und am 28. Mai 1934 wurde der Südamerika-Linienluftpostdienst von Toulouse nach Brasilien über Senegal eröffnet.

Durch die Bestimmungen des Versailler Vertrags von 1919 beim Flugzeugbau eingeschränkt, bauten die Deutschen bei der Entwicklung des internationalen Luftverkehrs auf ihre Erfahrungen im Luftschiffbau, obwohl auch deren Leistungsfähigkeit vertragsgemäß erheblich gemindert war. Erst als 1926 die Beschränkungen aufgehoben wurden, konnten die wohl berühmtesten Luftschiffe gebaut werden: *Graf Zeppelin* (LZ 127) und *Hindenburg* (LZ 129). Mit ihnen errichtete Deutschland einen regelmäßigen Linienverkehr nach Südamerika. Am 18. Mai 1930 verließ LZ 127 Friedrichshafen zu einer Testfahrt nach Rio de Janeiro. Ab März 1932 wurde diese Fahrt als Liniendienst betrieben, und zwar mit monatlich einer Hin- und Rückfahrt nach Recife (Brasilien). Während die mächtigen Luftschiffe den Atlantik überquerten, operierten Dorniers Flugboote in anderen Weltregionen. Landflugzeuge beförderten die Passagiere bis zu den Anlegern der Wasserflugzeuge, wo sie an Bord der Flugboote gingen und ihre Südamerikareise fortsetzten. Erst mit der Dornier Do 26 erschien ein Flugboot, das ganz auf Nonstop-Atlantikflüge abgestimmt war. Ihre vier Triebwerke waren in Tandem-Anordnung eingebaut, und sie konnte per Katapult von einem Schiff gestartet und luftbetankt werden. Der Ausbruch des Zweiten Weltkriegs beendete Dorniers Südatlantikpostdienste nach nur 18 Überquerungen. 1939 von der Luftwaffe requiriert gelangten die Do 26 zur „Trans Ozean-Staffel" und wurden unter anderem zur Versorgung Narviks eingesetzt.

Natürlich wollten die Europäer auch auf dem Nordatlantik regelmäßige Passagierdienste einrichten. Diese Bemühungen begannen unmittelbar nach Ende des Ersten Weltkriegs. Es war 1919, als der Italiener Gianni Caproni seine Ca 60 als Großverkehrsflugzeug der Zukunft präsentierte. Caproni prahlte, dieses achtmotorige, als Dreidecker ausgelegte Flugboot könne 100 Passagiere über den Atlantik befördern. Bei zwei Testflügen erwiesen sich die Triebwerke als zu schwach, und es kam nur zu einigen „Luftsprüngen" auf einem See. Beim zweiten Test stürzte der Prototyp ins Wasser und verbrannte, bevor er wieder repariert werden konnte, in einem Schuppen. Damit endete Capronis Traum vom Amerikaflug.

Die Deutschen überquerten den Nordatlantik mit den unterschiedlichsten Flugzeugtypen und bauten sie in größerer Zahl als Briten und Franzosen. Zweifellos beruhten die deutschen Aktivitäten auf Plänen, die bis in den Ersten Weltkrieg zurückreichten, und Überlegungen, die USA mit Riesenbombern anzugreifen. So kann es nicht verwundern, dass Dorniers millionenschwere Projekte für große Verkehrsflugboote – und speziell für die Do X – bis 1919 zurückreichten und schon lange vor Hitler und Göring finanziell durch das Reich abgesichert waren. Mit seinen außergewöhnlichen Maßen und Gewichten sprengte das zwölfmotorige „Flugschiff" Do X alle Vorstellungen. Am 12. Juli 1929 lief die erste Do X vom Stapel und absolvierte auf dem Bodensee zufriedenstellende Tests. Der eigentliche Jungfernflug erfolgte drei Tage später, und am 21. Oktober startete „das fliegende Schiff" mit insgesamt 169 Personen zu einem Rundflug – ein Rekord, der mehr als zwei Jahrzehnte Bestand hatte. Umgerüstet auf Curtiss-Motoren (12 x 660 PS!) absolvierte die Do X 1930/31 erfolgreiche Fernflüge innerhalb

Unten: Trotz außergewöhnlicher Leistungsfähigkeit und zahlreicher Weltrekorde fand die Do X wegen zu hohem Kraftstoffverbrauch keine zivilen Käufer.

Rechts: Dornier Do 26. Deutlich ist die wegweisende Tandem-Anordnung der Motoren mit Zug- und Druckpropellern ersichtlich. Die Fronttriebwerke trieben die Zugpropeller direkt an, während bei den Druckpropellern ein Fernwellenantrieb eingesetzt wurde. Damit die hinteren Luftschrauben (Druckpropeller) vor Spritzwasser geschützt waren, ließen sich ihre Fernwellen mittels elektrisch betätigter Spindeln um 400 mm nach oben schwenken.

Unten rechts: Gianni Caproni konstruierte die Ca 60, um bis zu 100 Passagiere über den Atlantik befördern zu können. Beim zweiten Testflug ins Wasser gestürzt und schwer beschädigt, fiel der riesige Dreidecker später einem Feuer zum Opfer. Capronis Traum vom Atlantikflug blieb unerfüllt.

Rechts: *Das Original. Auf Dorniers Wal-Klasse (Foto) beruhten die Do 18 und alle anderen erfolgreichen deutschen Flugboote.*

Europas und nach Südamerika sowie 1932 nach New York. Von der Entwicklung der Langstrecken-Verkehrsflugzeuge überholt, verschwand die Do X 1936 im Berliner Luftfahrt-Museum. Dennoch hat sie die weitere Entwicklung der deutschen Flug-boote entscheidend beeinflusst.

Die zweimotorige Do 18 entstand als Nach-folger der Wal-Klasse. Als Postflugzeug konzipiert und von der Kriegsmarine als hochseetüchtiger Fernaufklärer und Seenotretter eingesetzt, wurden bis Sommer 1940 177 Maschinen gebaut.

Elegantestes und auffälligstes deutsches Ver-kehrsflugzeug der Vorkriegszeit war die Focke-Wulf Fw 200 Condor (Erstflug: 27. Juli 1937). Mit ihrer Reichweite von 6500 km war sie der einzige Airliner, der 25 Passagiere nonstop von Berlin nach New York befördern konnte. Die FW 200 erwies sich als außerordentlich leistungsfähig und diente nach Kriegsausbruch „militarisiert" als See-Fernaufklärer und Auge der deutschen U-Boote bei der Jagd auf alliierte Geleitzüge sowie zur Seezielbekämpfung.

Am 10. Januar 1935 startete die französische sechsmotorige Latécoère 521 zum Jungfernflug. Fast exakt ein Jahr später wurde das Flugboot in Florida von einem Hurricane überrascht und sank. Geborgen und wieder flugtüchtig, glückten mehrere Nonstopflüge über den Süd- und Nord-atlantik. Im riesigen Rumpf der Laté 521 fanden 30 Passagiere Platz.

Imperial Airways betrieb ihre Nordatlantik-dienste von Großbritannien nach Neufundland via Irland mit Empire-Flugbooten. Bei einer Reich-weite von nur 1300 km musste die Empire im Flug durch umgerüstete Bomber Handley Page Harrow betankt werden. Der im August 1939 eröffnete Dienst Southampton–New York wurde nach Kriegsausbruch wieder eingestellt.

Als 1939 der Krieg ausbrach, hatte der technische Fortschritt den Globus erschlossen und schnellere Flugverbindungen geschaffen.

Oben: *Die Latécoère 521 bot 30 Passagieren auf zwei Decks Komfort und Luxus. Das über dem Bug angeordnete Panorama-Deck gewährte eine einzigartige Aussicht in Flugrichtung.*

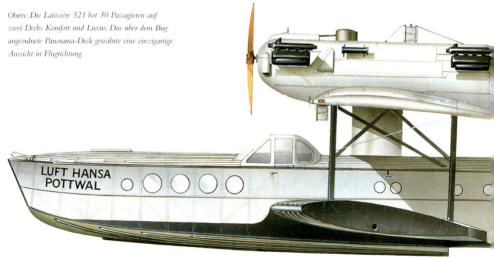

Oben: *Prototyp der Focke-Wulf Condor auf dem Floyd Bennett Field. Am
10./11. August 1938 hatte die Fw 200 V 1 D-ACON mit 24 Stunden
und 57 Minuten die Strecke Berlin–New York in Rekordzeit nonstop
zurückgelegt.*
Unten: *Zwischen den Weltkriegen baute Dornier Deutschlands erfolgreichste
Flugboote. Die Lufthansa betrieb die hier abgebildete Do R 4 Nas Pottwal auf
ihrem nördlichen Streckennetz. In den ersten Jahren des Zweiten Weltkriegs
diente der Pottwal als bewaffneter Fernaufklärer.*

Flugzeugentwicklungen zwischen den Weltkriegen

Auf der Grundlage immer stärkerer Triebwerke konzentrierten sich die Konstrukteure in den Jahren zwischen den Weltkriegen auf modernere und leistungsfähigere Flugzeuge. Während Flugzeugbauer auf dem europäischen Kontinent in den 1920er-Jahren Eindecker erprobten, blieben die Briten dem Doppeldeckerkonzept treu. Anfangs unterschieden sich die Leistungsdaten kaum. So erreichte die viermotorige britische Handley Page HP.42 eine Reisegeschwindigkeit von 160 km/h, während das damals größte europäische Landflugzeug nur 180 km/h erreichte, obwohl diese deutsche Junkers G-38 ce mit insgesamt 3200 PS exakt 1000 PS stärker war als die HP.42.

Oben: *Die Briten trennten sich nur schwer vom Doppeldecker. Schließlich musste aber auch die Handley Page HP.42 als der Welt größter Doppeldecker vor den Eindeckerkonstruktionen vom europäischen Kontinent kapitulieren.*

Die Abkehr vom Doppeldecker begann Anfang der 1930er-Jahre, als viele Konstrukteure und Techniker bei den Rennen um den Schneider-Pokal die Überlegenheit der Eindecker demonstrierten. So siegte 1927 die Supermarine S. 5 mit über 450 km/h und war somit 70 Prozent schneller als die meisten damaligen Jagdflugzeuge! Als 1936 eine S.6 mit 529,5 km/h siegte, holte sie den Schneider-Pokal für immer nach Großbritannien. Gestützt auf diese Erfahrungen konstruierte Supermarine später ihr berühmtestes Flugzeug – die Spitfire.

Als zweite wichtige Innovation der damaligen Zeit gilt die Entwicklung des Ganzmetall-Verkehrsflugzeugs. Als Erstes erschien der Ford-Schulterdecker Trimotor. Rumpf- und Flügelhaut waren fast ganz aus Wellblech gebaut. Das ver-

wendete Duraluminium war leicht wie Aluminium, aber doppelt so fest. Ihren Spitznamen *Tin Goose* (Blechgans) erhielt die Trimotor, weil angeblich ihre drei Motoren wie Gänse schrien. Die bei Ford zwischen 1925 und 1933 für zivile Betreiber gebauten 197 Trimotor operierten als Post- und Fracht- oder als 17-sitzige Passagierflugzeuge. Mit dem Ford-Emblem vermittelte die *Tin Goose* Zuverlässigkeit. Sie war das erste Passagierflugzeug, dessen Gäste von Flugbegleiterinnen bewirtet wurden. Obwohl die Serienfertigung 1933 endete, hat eine *Tin Goose* bis heute überlebt und dient dem Kalamazoo Air Zoo für Rundflüge.

Bordservice
Die ersten acht Flugbegleiterinnen wurden 1930 von Boeing Air Transport, der Vorläuferin der

Unten: Die achtsitzige 4-AT war die erste von Ford gebaute Trimotor. Eine militärische Version, die C-4, wurde im Zweiten Weltkrieg als Truppentransporter eingesetzt. Von der 4-AT und ihren Versionen wurden insgesamt 80 Exemplare gefertigt.

United Airlines, angeheuert. Andere Fluglinien folgten, und so entstand der neue Beruf der „Flugbegleiterin". Sie servierten nicht nur Imbiss und Getränke, sondern prüften auch die Flugscheine, brachten das Handgepäck ihrer Gäste an Bord und hielten die Kabine sauber.

Die Auswahlkriterien für Flugbegleiterinnen waren streng. Verlangt wurde nicht nur eine Ausbildung als Krankenschwester. Sie mussten ledig, 20 bis 26 Jahre alt, nicht größer als 1,63 m und nicht schwerer als 53,5 kg sein.

Die ersten Airliner

Der sich stürmisch entwickelnde Flugzeugmarkt bescherte der *Tin Goose* ein nur kurzes Leben. Nur

Rechts: Im Wettbewerb mit den Boeing 247 der United Airlines baute Douglas eine neue Serie von Verkehrsflugzeugen für TWA. Die DC-2 (Foto) war die Vorläuferin der berühmten DC-3. Der damit ausbrechende Konkurrenzkampf im Flugzeugbau sollte ein halbes Jahrhundert dauern.

Unten: Wie ein Blick in die Boeing 247 zeigt, entsprach die Kabinenausstattung schon damals den Erwartungen, wie wir sie heute kennen. Damals war die 247 für größtmöglichen Komfort berühmt.

vier Jahre nach Einführung der Ford Trimotor erschien 1933 mit der Boeing 247 ein wegweisendes Modell, die Vorläuferin der modernen amerikanischen Verkehrsflugzeuge.

Verglichen mit der zweimotorigen Model 247 wirkten nicht nur die Trimotor, sondern alle noch eingesetzten Doppeldecker wie wahre Dinosaurier. Dieser Ganzmetall-Tiefdecker verfügte über Autopilot, Einziehfahrwerk und erhielt als erstes Flugzeug Flügelklappen sowie Enteisungsausrüstung und Verstell-Luftschrauben. Selbst nach Ausfall eines ihrer 550 PS starken Sternmotoren Pratt & Whitney Wasp konnte sie mit voller Nutzlast ihre Reiseflughöhe halten. Ihren zehn Passagieren stand eine Flugbegleiterin zur Verfügung, die Kabine war schallgedämpft, und es gab eine Bordtoilette, individuelle Belüftung und Temperatur-

regelung. Das erste echte Verkehrsflugzeug war geboren.

TWA konnte mit den Boeing 247 der United Airlines nicht konkurrieren, wandte sich deshalb an Douglas und forderte eine gleichwertige Maschine. Die DC-1, die Einzelanfertigung eines zweimotorigen Verkehrsflugzeugs, hob am 1. Juli 1933 zum Jungfernflug ab, und nur wenig später folgte das Serienmodell DC-2. Ein wirklich großer Wurf gelang aber erst am 17. Dezember 1935, als der „Schlafwagen" Douglas Sleeper Transport (DST) beziehungsweise DC-3 aus der Montagehalle rollte. In der breiten Kabine der DC-3 genossen 21 Passagiere einen bisher unbekannten Komfort, während die DST mit 14 paarweise angeordneten Etagen-Schlafkojen ausgestattet war. Die DC-3 war ein überwältigender

Unten: Eine Douglas DC-3 der PCA (Pennsylvania Central Airlines) Ende der 1940er-Jahre.

Erfolg, dominierte die Zivilluftfahrt und wurde zum berühmtesten Verkehrsflugzeug der Welt. 1938 beherrschte sie 95 Prozent des US-Inlandflugnetzes. Im Folgejahr diente sie 30 Fluglinien weltweit und wickelte rund 90 Prozent des Weltluftverkehrs ab. Bei Ausbruch des Zweiten Weltkriegs waren ungefähr 450 DC-3 an zivile Betreiber verkauft worden.

London und Washington forderten von Douglas „militarisierte" DC-3 zum Transport von Truppen und Ausrüstung. In Gestalt der C-47 Skytrain, C-53 Skytrooper und RAF Dakota bewährte sich die DC-3 in Nordafrika, der Normandie, Birma, am Himalaja und bei Arnheim. Nach 1945 flog sie als Transporter während der Berliner Luftbrücke und im Vietnamkrieg als Schlachtflugzeug AC-47 (*Spooky* und *Puff the Magic Dragon*).

Für den zivilen Bedarf wurden insgesamt 803 DC-3 gefertigt, mehr als 10 123 für militärische Verwendung und weitere 2700 unter sowjetischer Lizenz als Lisunow Li-2. Mit der Showa L2D

Tabby gab es sogar eine japanische Version. Diese Produktionszahlen haben die DC-3 nicht nur unsterblich gemacht, sondern sind auch Beweis für Zuverlässigkeit und Vielseitigkeit. Noch Mitte der 1990er-Jahre flogen ungefähr 400 DC-3 und C-47 in 44 Ländern rund um den Globus.

Über dem Wetter

Boeing reagierte auf die DC-3 mit einem bahnbrechenden Konzept. TWA-Pilot Tommy Tomlinson hatte erkundet, dass ein Verkehrsflugzeug in über 4000 m Höhe ruhig und unbelästigt durch Turbulenzen „über dem Wetter" fliegen konnte. Flüge in großen Höhen würden nicht nur von den Passagieren als komfortabel empfunden werden, sondern auch den Treibstoffverbrauch reduzieren. Man schätzt, dass Tomlinson mehr Stunden über 9000 m Höhe zugebracht hat, als alle Piloten dieser Jahre zusammengenommen, und so war es nicht verwunderlich, dass seine Anregungen ernst genommen wurden. Eines der größten Probleme

Oben: Als Antwort auf die DC-3 konstruierte Boeing die Model 307 Stratoliner. Als erstes Verkehrsflugzeug mit klimatisierter Druckkabine ausgestattet, konnte sie sehr hoch steigen und Schlechtwetterzonen überfliegen.

beim Fliegen in großen Höhen war der geringe Luftdruck. So ist beispielsweise der Luftdruck auf dem Gipfel des Mount Everest (8844 m) rund ein Drittel geringer als in Meereshöhe. Mit abnehmendem Luftdruck sinkt auch der Sauerstoffgehalt. In zu großer Höhe kann das menschliche Gehirn folglich nicht mehr ausreichend mit Sauerstoff versorgt werden. Hinzu kamen extrem tiefe Temperaturen, sodass für sehr hoch fliegende Verkehrsflugzeuge druckbelüftete und klimatisierte Kabinen unabdingbar waren. Das Ergebnis von Tomlinsons Anregungen war die Boeing 307 Stratoliner. Dank der Druckkabine operierte sie höher als alle anderen damaligen Verkehrsflugzeuge.

Die Stratoliner absolvierte ihren Erstflug am 31. Dezember 1938 und wurde von TWA im Juli 1940 auf dem transkontinentalen Streckennetz eingesetzt. Mit 13 Stunden und 40 Minuten war sie von Los Angeles nach Newark zwei Stunden schneller als die DC-3. PanAm kaufte drei Stratoliner für ihre Südamerikadienste, TWA insgesamt fünf und Howard Hughes eine.

Navigation hält Schritt

Bei den ersten, in Minuten statt Kilometern gemessenen Flügen benötigte man kaum Landkarten, Navigationskenntnisse oder technische Hilfsmittel. Als aber kontinentale und interkontinentale Flugstrecken eröffnet wurden und immer mehr Flugzeuge am Himmel erschienen, wurden Navigationssysteme benötigt.

Tagflüge waren nicht schwierig, weil Piloten sich an markanten Geländepunkten orientieren und Straßen und Eisenbahnlinien folgen konnten.

Um sich auch nachts sicher orientieren zu können, wurden in den USA in den 1920er-Jahren Kennzeichnungsleuchtfeuer installiert. Den Anfang machte das US Army Air Corps 1923 mit Drehfeuern auf den 129 Kilometern zwischen Columbus und Dayton. Ein Jahr später übernahm die Post dieses System und ließ im Rahmen ihrer transkontinentalen Luftpostlinien die Flugroute Chicago–Cheyenne „befeuern". Die Strecken wurden so eingerichtet, dass die Piloten an einer Küste bei Tageslicht starteten, sich nachts an der Befeuerung orientierten und schließlich wieder bei Tageslicht an der anderen Küste landeten. Die Drehfeuer bestanden aus einem 15,50 m hohen Turm und einem Generatorschuppen. Auf dem Turm installiert waren ein auf 64 Kilometer

Oben: *Lockheed 14-N2. 1938 umrundete Hughes mit dieser speziell für ihn* Super Electra *mit einer Durchschnittsgeschwindigkeit von 332 km*

Oben: *Die* Spruce Goose *bei ihrem einzigen Flug. Obwohl nur eine Minute in der Luft, war dies ihr Eintritt in die Luftfahrtgeschichte.*

Der exzentrische Pionier

Howard Hughes wurde als Sohn eines Glücksritters und Ölsuchers in Houston, Texas, geboren. Sein Vater verdiente mit seinem Monopol für Erdöl-Bohrköpfe Millionen. Nach dem Tod seiner Eltern erbte Howard 1924 das Unternehmen. Finanziell sorgenfrei versuchte er sich als Filmproduzent und Regisseur sowie als Flugzeugkonstrukteur.

Während die meisten seiner Filme floppten (nur *Hell's Angels* schaffte es zur Oscar-Nominierung), war Howard als Flugzeugkonstrukteur und Rekordflieger erfolgreich. Gemeinsam mit Dick Palmer entwickelte er die Hughes H-1 Special und flog am 13. September 1935 über die 3-km-Distanz mit 567,115 km/h einen neuen Geschwindigkeitsweltrekord. Am 17. Januar 1937 folgte der Rekordflug Los Angeles–New York City in 7 Stunden und 28 Minuten. Dann stellte sich Howard der größten Herausforderung und umrundete 1938 den Globus mit einer Lockheed 14 in 91 Stunden.

Mit Ausbruch des Zweiten Weltkriegs wendete sich das Blatt. Während andere Unternehmen in unbegrenzter Zahl Kampfflugzeuge bauten, konnte Hughes nur den Prototyp des Fernaufklärers XF-11 (mit dem er 1946 verunglückte) und das Flugboot *Spruce Goose* (Fichtengans) anbieten.

Die gigantische *Spruce Goose* erhielt ihren Spitznamen, weil zum Bau keine strategisch wichtigen Werkstoffe verwendet werden durften. Der Name „Fichtengans" ist irreführend, weil größtenteils Birkenholz verarbeitet wurde. Mit Howard Hughes am Steuer startete die *Spruce Goose*, offiziell H-4 Hercules, am 2. November 1947 in Long Beach zu ihrem einzigen Flug. Obwohl sie nur rund 20 m Höhe und 130 km/h erreichte und nach nur einer Minute wieder wasserte, hatte Hughes bewiesen, dass sein Monster flugtauglich war. Heute ist die H-4 im Evergreen Aviation Museum ausgestellt.

Infolge seiner Drogenabhängigkeit veränderte sich Hughes' Persönlichkeit. Er zog sich aus der Öffentlichkeit zurück und machte geschäftlich große Verluste. Seit dem Absturz mit der XF-11 medikamentenabhängig und von paranoiden Wahnvorstellungen heimgesucht, erlitt er 1958 einen Nervenzusammenbruch und lebte nur noch in abgedunkelten Hotelzimmern in Beverly Hills und Las Vegas.

Als Hughes 1973 mit der Aufnahme in die Aviation Hall of Fame geehrt wurde, ließ er sich bei der feierlichen Zeremonie durch ein Besatzungsmitglied seines Rund-um-die-Welt-Fluges von 1938 vertreten.

Am 5. April 1976 starb Howard Hughes wie er lebte: an Bord eines Krankentransportflugzeugs auf dem Flug von Acapulco nach Houston an Nierenversagen.

Unten: *Auf der Basis der P-38 Lightning und der älteren D-2 konstruiert, erreichte die XF-11 als Hochgeschwindigkeitsaufklärer bis zu 724 km/h.*

Oben: *In den Anfangsjahren des Luftverkehrs brauchte der Pilot nur befeuerten Flugstrecken zu folgen. Mit wachsenden Entfernungen wurde der Navigator/ Funker ein wichtiges Besatzungsmitglied.*
Rechts: *Funknavigationshilfen sind weitaus zuverlässiger als manuell berechnete Standortbestimmungen, erfordern aber auch erfahrene Navigatoren. Hier setzt der Navigator einer Boeing 314 seinen Kurs mithilfe eines Sextanten ab.*

sichtbares Drehfeuer (1 Million Kerzenstärke) sowie zwei Kursfeuer. Jeder Generatorschuppen hatte sein spezielles Kennzeichen, was aber nur bei Tageslicht erkennbar war. Mitte 1925 war die Transkontinentalstrecke bereits von Rock Spring bis New York befeuert.

1926 genehmigte der US-Kongress das Lufthandelsgesetz und legte Entwicklung und Sicherheit im Luftverkehr in die Verantwortung der US-Regierung. Noch im August wurde unter William P. MacCracken Jr. im Wirtschaftsministerium der Fachbereich „Luftfahrt" geschaffen. Bis dahin war das Postministerium für Flugstrecken und -plätze zuständig gewesen. Ab Juli 1927 ließ MacCracken die befeuerten Transkontinentalstrecken weiter ausbauen, die zu diesem Zeitpunkt nicht nur Leuchtfeuer, sondern auch 95 Ausweichflugplätze und 17 Funkstationen umfassten.

Fernfunkfeuer waren der nächste Schritt. In den 1920er-Jahren führte die US-Regierung das Vierkursfunkfeuer ein. Dieses einfache, aber geniale System umfasste einen Sender mit zwei rechtwinklig einander zugeordneten Rahmenantennen. Eine Antenne strahlte im Morsealphabet „A" und die andere „N" aus. War der Pilot auf korrektem Kurs, also exakt zwischen den beiden Antennen, hörte er einen ununterbrochenen Ton. Empfing er stattdessen aber den Morsebuchstaben „A" oder „N", so war er abgewichen und musste seine Maschine wieder auf Kurs bringen. Bei Kriegsende 1945 waren in den USA ungefähr 200 dieser Vierkursfunkfeuer in Betrieb. Seit den 1920er-Jahren wurden aber auch ähnliche Funkfeuersysteme eingeführt, die aber nur begrenzt einsatzfähig und bei schlechtem Wetter störanfällig waren.

Ab Ende der 1940er-Jahre wurde das Vierkursfunkfeuer durch zahlreiche andere Funknavigationshilfsmittel abgelöst. Standardisiert wurde 1949 das VOR-Drehfunkfeuer als UKW-Navigationshilfe für den Kurz- und Mittelstreckenbereich. Das VOR sendet gleichzeitig zwei Signale. Während eines dieser Signale nach allen Richtungen konstant ist, rotiert das zweite. Die VOR-Anlage im Flugzeug empfängt beide Signale, misst die Zeitdifferenz und interpretiert als Ergebnis eine Standlinie von der Bodenstation aus gesehen. Die Position des Flugzeugs wird durch den Schnittpunkt zweier Standlinien markiert. Die Signale der VOR-Bodenstationen für den Landeanflug deckten 25 nautische Meilen (46,4 km), Stationen für Flugzeuge auf einer Höhe unter 5482 m mehr als 40 nautische Meilen (74,2 km) und für jene zwischen 5482 und 18 276 m sogar 200 nautische Meilen (371,2 km).

Als Alcock und Brown 1919 den Atlantik überquerten, war an solche Navigationshilfen nicht einmal im Traum zu denken. Sie mussten ihre Positionen mit Kompass und Sextant bestimmen. Verglichen mit den Führerräumen der Flugzeuge in den 1920er- und 1930er-Jahren war die Vickers Vimy eine sehr schlichte Maschine. Aber schon bei Kriegsausbruch 1939 gehörten Blindfluginstrumente mit Wendezeiger, Fahrtmesser, Feinhöhenmesser, Variometer, Kurskreisel und Kreiselhorizont zur Standardausrüstung. Unter den zahlreich entstehenden Blindflugschulen hielt Imperial Airways mit Ausbildungsplätzen in Croydon und Southampton eine führende Position.

Flughäfen entstehen

Den ersten Flugzeugen genügte eine kleine ebene Rasenfläche für Start und Landung. Als Pisten

dienten deshalb anfangs häufig Pferderennbahnen
oder Golfplätze, und die Flugzeuge lockten
manchmal mehr Zuschauer an, als sonst auf diesen
Sportstätten erschienen. Die ersten Flughäfen, die
diesen Namen wirklich verdienten, wurden ab
1910 in Deutschland für Luftschiffe eingerichtet.
Aber schon 1912 gab es in den USA ungefähr 20
auf Wiesen und Sportplätzen entstandene Flughäfen. Weitere sieben Jahre später besaßen Atlantic
City, Tucson und Albany städtische Flughäfen.

Die ersten Pisten mit hartem Belag wurden
1928 in den USA gebaut, und bis heute wird
darüber gestritten, welcher Flughafen die erste
erhielt: Newark oder Henry Fords Werksflugplatz
in Dearborn (Michigan). Jedenfalls führte die
sprunghafte Entwicklung des Luftverkehrs dazu,
dass befestigte, 400 bis 900 m lange Pisten in den
1930er-Jahren keine Seltenheit mehr waren.

Anfangs wurden die Flughäfen auch deshalb wie
Bahnhöfe gebaut, weil man hoffte, den Passagieren
mit diesem gewohnten Bild die Angst vor dem
Fliegen zu nehmen. Einige Fluglinien bauten eigene Flughäfen dort, wo sie ihre Passagiere fanden.
So schuf PanAm mit Pan American Field in Florida den ersten internationalen Flughafen.

Der erste große europäische Flughafen – und
Vorbild für andere weltweit – war Tempelhof in
Berlin. Ausgebaut 1938, war er eines der größten
Gebäude der Welt. Der Warteraum war 100 x 50 m
groß und der Hangar 1600 m lang. Tempelhof
zählte jährlich rund 300 000 Fluggäste, und 100 000
zahlende Zuschauer bestaunten die Flugzeuge.

Flugsicherung

Unter dem Eindruck der rapiden Fortschritte im
Luftfahrtwesen wurde der bisherige Fachbereich
„Luftfahrt" im US-Wirtschaftsministerium 1934 in
„Lufthandel" umbenannt. Der Fachbereich über-
wachte den Aufbau der Flugsicherungszentren,
bevor er 1936 die Leitung der US-Flugsicherung
übernahm. Waren im Landeanflug befindliche
Flugzeuge früher einfach von dem Personal, das

sich gerade auf dem Flugfeld befand, mit Flaggen und Lichtsignalen eingewiesen worden, so wurden die Piloten nun mittels Funk auf die Landepiste dirigiert. Ein erster mit Funk ausgerüsteter Flugleitungsturm wurde 1930 in Cleveland gebaut. Das Instrumentenlandesystem (ILS) – ein bodengestütztes System, mit dem die Flugzeuge in einem Winkel von drei Grad über Funk zur Landebahn geführt wurden – wurde in den 1950er-Jahren eingeführt. Bei schlechten Wetterverhältnissen können Piloten mittels ILS auch „blind" landen.

1938 musste das Wirtschaftsministerium seine Zuständigkeit an die neugegründete, selbstständige zivile Luftfahrtbehörde der USA, Civil Aero-

nautics Authority, abtreten. Nur zwei Jahre später wurde die „Authority" reorganisiert, und zwar in CAA (Civil Aeronautics Administration), verantwortlich für Sicherheit, ATC (Air Traffic Control), verantwortlich für Flugsicherung, und CAB (Civil Aeronautics Board) als Aufsichtsbehörde für die Zivilluftfahrt. CAB war zuständig für die Genehmigung von Luftverkehrslinien und Luftfahrttarifen und verantwortlich für die Untersuchung von Unfällen.

Das Zeitalter der Fluggesellschaften war angebrochen und ging dank moderner Technologie, Navigationshilfsmitteln und visionärer Konstrukteure einer viel versprechenden Zukunft entgegen.

Rechts: *Mit Einführung der Lockheed Constellation (Foto New York 1956) schien die Erde sehr viel kleiner geworden zu sein.*
Unten: *Eine Boeing 247 der United Air Lines. Nach Kriegsende 1945 brach für die führenden Fluglinien und Flugzeugbauer ein wahrhaft goldenes Zeitalter an.*
Ganz unten: *Flughafen Berlin-Tempelhof (Foto 1938) diente anderen Flughäfen als Vorbild.*

Luftstreitkräfte im Zweiten Weltkrieg

Luftkrieg

Es geschah im Spanischen Bürgerkrieg, als der entsetzten Welt am 26. April 1937 die Schrecken des Luftkriegs vor Augen geführt wurden. Bomber der Legion Condor vernichteten Guernica, töteten mehr als ein Drittel der Bevölkerung und zerstörten die Stadt zu 70 Prozent. Es war der Auftakt zum verheerendsten Konflikt in der Geschichte der Menschheit.

Links: Ein RAF-Bomber Short Stirling wird mit Bomben beladen. 1941 eingeführt, stand er später im Schatten der Avro Lancaster. Dennoch bewährte sich die Stirling an der Front.
Oben: Fünf Jahre Luftkrieg hinterließen überall in Europa rauchende Trümmer, Millionen tote und verletzte Menschen sowie zerstörte Industrien und Städte.

Zwei Jahre später überfiel die Wehrmacht Polen. Am ersten Tag des Krieges, dem 1. September 1939, ließen 366 deutsche Kampfflugzeuge – darunter Sturzkampfbomber (Stuka) Junkers Ju 87 und 100 Bomber Heinkel He 111 – Tod und Vernichtung auf strategische und taktische Ziele herabregnen. Die Masse der polnischen Flugzeuge wurde am Boden zerstört, was aufstieg, abgeschossen. Die antiquierten polnischen Kampfflugzeuge hatten der modernen deutschen Luftwaffe nichts entgegenzusetzen.

Als Großbritannien Deutschland am 3. September den Krieg erklärte, umfasste die Bomberflotte der Royal Air Force (RAF) je zehn Staffeln Vickers Wellington und Handley Page Hampden sowie neun Staffeln Armstrong Whitworth Whitley. Als erste RAF-Bomber sollten Wellington Deutschland angreifen. Es geschah am 18. Dezember 1939, als 24 Wellington der 9., 37. und 149. Squadron deutsche Kriegsschiffe in ihren Häfen angriffen – die Hälfte der Bomber kehrte nicht zurück.

Oben rechts: *Bristol Beaufighter*
über der englischen Küste.
Unten rechts: *Das eindrucksvolle*
Foto einer RAF Handley Page
Hampden. Dieser viersitzige
Bomber diente auch als Torpedo-
bomber und Minenleger.
Unten: *Vickers Wellington*
der RAF-Waffenschule. Die
Wellington war von dem legen-
dären Flugzeugkonstrukteur
Barnes Wallis entworfen worden.

Weiter nördlich verteidigte sich Finnland gegen eine sowjetische Übermacht. Am 30. November griff die Rote Armee mit mehr als 1000 Kampf-flugzeugen an. Darunter waren Schnellbomber Tupolew SB-2, mittlere Bomber Iljuschin DB-3, schwere Bomber Tupolew TB-3 und Jäger Polikar-pow I-16. Die Finnen konnten dieser Übermacht nur 114 Flugzeuge entgegensetzen; antiquierte Fokker D.XXI und Jäger Bristol Bulldog, leichte Bomber Junkers K.43 sowie Schwimmflugzeuge Blackburn Ripon. Trotz heldenhaftem Widerstand erlag Finnland der Übermacht und musste am 12. März 1940 einen Waffenstillstand schließen.

Vier Tage später griff die Luftwaffe die Orkney-Inseln an. Als Vergeltung bombardierten britische Whitley und Hampden einen deutschen Seeflie-gerstützpunkt auf Sylt. Währenddessen kam es zwischen Briten und Deutschen zum Wettlauf nach Skandinavien. Unter dem Decknamen *Weser-*

übung begannen die Deutschen am 9. April 1940 mit der Besetzung dänischer und norwegischer Häfen und Flugplätze. Nur wenige Stunden vor Eintreffen der britischen Flotte besetzten deutsche Gebirgsjäger den nordnorwegischen Erzhafen Narvik und behaupteten sich gegen überlegene Angriffe. Britische Landungen in Mittelnorwegen blieben erfolglos.

Die deutsche Luftüberlegenheit über Norwegen war erdrückend und konnte auch von der RAF nicht ausgeglichen werden, deren Maschinen bis zur Grenze ihrer Reichweite von Nordschottland aus operierten. In den folgenden Kriegsjahren be-drohten Langstreckenbomber Fw 200 Condor von ihren Operationsbasen in Trondheim und Stavan-ger die alliierten Seewege. Nachdem auch die französische Atlantikküste in deutscher Hand war, griffen auch Heinkel He 177 alliierte Schiffe mit Torpedos, Bomben und später mit den draht-

Links: Focke-Wulf Fw 200 Condor.
Diese viermotorige Maschine diente
als Transporter, lenkte als Fernauf-
klärer U-Boote gegen alliierte
Geleitzüge und versenkte Schiffe
in der Schlacht im Atlantik.
Oben: Messerschmitt Bf 109.
Eines der besten Jagdflugzeuge
des Zweiten Weltkriegs.

gelenkten Flugkörpern Hs-293A an. Dieser Lenkwaffe fiel am 27. August 1943 die britische Korvette *HMS Egret* zum Opfer.

Sturm im Westen

Nach der Kapitulation Dänemarks und Norwegens richtete Hitler den Blick auf Frankreich. Deutsche Panzer stießen am 10. Mai 1940 überraschend, blitzschnell und unaufhaltsam durch Luxemburg und Südbelgien auf die französische Kanalküste vor. Während die Panzer rollten, griffen mehr als 4000 deutsche Kampfflugzeuge an: Stukas, Bomber Junkers Ju 88, Dornier Do 17, Heinkel He 111 sowie die Messerschmitt-Jäger Bf 109 und Bf 110. Deutschen Fallschirmjägern und Luftlandetruppen gelang es, weit hinter der Front liegende strategisch wichtige Positionen zu besetzen und bis zum Eintreffen der Heeresverbände zu halten. Die Lage der belgischen, französischen und niederländischen Luftstreitkräfte – von insgesamt rund 2330 Flugzeugen waren zwei Drittel veraltet – war hoffnungslos, und die Briten hielten die Masse ihrer Jäger zurück. Stattdessen eröffnete die RAF ihre Bombenangriffe gegen das Ruhrgebiet.

Als Belgien am 26. Mai kapitulierte, standen 400 000 Briten und Franzosen in Dünkirchen mit dem Rücken zum Meer. Doch die deutschen Panzer wurden auf Befehl Hitlers angehalten. Entgegen Görings vollmundigen Zusagen gelang es seiner Luftwaffe nicht, die umzingelten Alliierten zu zerschlagen, sich gegen nun massiert angreifende britische Jäger (Spitfire, Hurricane, Defiant, Blenheim) zu behaupten und den Rücktransport von rund 336 000 Soldaten nach Großbritannien zu verhindern. Die Briten mussten fast ihre gesamte Ausrüstung zurücklassen, hatten aber den Kern ihrer Armeen gerettet. Etwa 40 000 Franzosen blieben zurück und kapitulierten am 4. Juni. Am 14. fiel Paris und am 22. musste Frankreich einem Waffenstillstand zustimmen.

Luftschlacht um England

Nach dem Sieg im Westen lag für Hitler der Gedanke nahe, in England zu landen. Voraussetzung für einen erfolgreichen Sprung über den Kanal (Unternehmen *Seelöwe*) war die deutsche Luftherrschaft über der englischen Südostküste. Am *Adlertag* (13. August 1940) begann die bisher größte Luftschlacht der Geschichte. Göring hatte fast 3000 Flugzeuge zum Angriff versammelt; darunter 1300 Bomber, 280 Stuka Ju 87 sowie 790 Jäger (Bf 109, Bf 110). Die RAF konnte dieser

Armada nur 640 Jäger (Hurricane, Spitfire) entgegenwerfen. Gestützt auf ihr Radarsystem, ortete die britische Luftverteidigung die Angreifer jedoch so frühzeitig, dass sie ihre Kräfte an den Schwerpunkten konzentrieren konnte. Die Deutschen erlitten schwere Verluste, und bald beschwerten sich die Jagdflieger bei Göring, dass sie mit ihren schnellen Maschinen schwerfällige Bomber eskortieren mussten und ihnen zu wenig Zeit zur Bekämpfung der britischen Jäger blieb. Da die meisten Luftkämpfe über England stattfanden, gerieten abgeschossene deutsche Piloten unweigerlich in Gefangenschaft. Steigende Verluste ließen Hitler das Unternehmen *Seelöwe* auf das nächste Frühjahr verschieben. Er befahl, ab September 1940 London anzugreifen. Rückschauend verdankt die britische Jagdwaffe diesem Zielwechsel ihre Rettung und den Sieg, weil sie Zeit fand, sich von den Schlägen gegen ihre Flugplätze zu erholen.

Schlüsselstellungen

Links oben: *Polen 1939. Eine Heinkel He 111 bombardiert Warschau.*
Links unten: *Exilpolen formierten in der RAF eigene Staffeln im Kampf gegen die Luftwaffe.*
Unten: *Torpedobomber Fairey Swordfish hatten entscheidenden Anteil an der Versenkung des Schlachtschiffs Bismarck.*

Im November änderte die Luftwaffe erneut ihre Strategie. Nun nahm sie Industrie- und Hafenstädte ins Visier. Ziel war die Zerstörung des britischen Wirtschaftspotenzials, der Versorgung und Energiezentren. Am Abend des 14. November starteten 449 Flugzeuge gegen Coventry. Sie entfachten ein Flammenmeer, in dem über 1100 Menschen getötet oder verletzt wurden. Ähnliches geschah in London, Southampton, Bristol, Plymouth und Liverpool. Bis Mai 1941 fanden 40 553 Menschen durch Bombenangriffe den Tod.

Währenddessen kämpften die britischen Marineflieger im Mittelmeerraum. Mussolini hatte am 10. Juni 1940 England den Krieg erklärt. In der Nacht des 11./12. November griffen 21 Torpedobomber Fairey Swordfish die italienische Flotte in Tarent an und versenkten drei Schlachtschiffe.

Griechenland und Balkan

England hatte nach dem italienischen Angriff auf Griechenland 1940 ein Expeditionskorps und fünf Jagdstaffeln dorthin verlegt. Im April 1941 griff Deutschland Jugoslawien an und kam den Italienern in Griechenland zu Hilfe. Bis zum 11. Mai 1941 wurden die Griechen niedergeworfen. Nur noch Kreta war in britischer Hand. Am 20. Mai begann die Eroberung der Insel durch einen Massenabsprung deutscher Fallschirmjäger.

Technische Verbesserungen

Der Sieg in der Luftschlacht um England hatte die Moral der RAF gestärkt. 1941 wurden 71 Jagdstaffeln mit der verbesserten Spitfire Mk VC ausge-

rüstet. Die Jagdbomberverbände erhielten Hurricane Mk IIC, die Bombenlasten bis 454 kg tragen konnten. Im Atlantik forcierten RAF-Seeaufklärer die Jagd auf deutsche U-Boote, die eine große Bedrohung der britischen Geleitzüge darstellten. Mit Seeraumüberwachungsradar (ASV) ausgestattete Whitley-Bomber und Catalina-Flugboote konnten aufgetauchte U-Boote nachts und bei Schlechtwetter orten. Dank der großen Reichweite dieser Flugboote war nun eine bessere Überwachung der Schifffahrtswege möglich.

Unternehmen Barbarossa

Am 22. Juni 1941 griff Hitler die UdSSR an. Unter dem Decknamen *Unternehmen Barbarossa*

Unten: Auch beim Angriff auf den italienischen Hafen Tarent im November 1940 spielten Swordfish eine entscheidende Rolle. Eine Kampfgruppe von 21 Swordfish versenkte drei italienische Schlachtschiffe.

Links: Als die Deutschen am 22. Juni 1941 die UdSSR angriffen, waren die sowjetischen Flugzeuge – beispielsweise diese Polikarpow I-153 – den Maschinen der Achsenmächte weit unterlegen.
Oben: Möglicherweise das beste Jagdflugzeug des Zweiten Weltkriegs. Die von Reginald J. Mitchell konstruierte Supermarine Spitfire erhielt am 16. Oktober 1939 ihre Feuertaufe, als die RAF über der schottischen Rosyth Naval Base zwei Junkers Ju 88 abschoss.

drangen drei Heeresgruppen (Nord, Mitte, Süd) gleich am ersten Tag 80 Kilometer tief in die sowjetischen Stellungen ein. Aus der Luft wurden die Heeresgruppen unterstützt durch 200 Stukas, 500 Bomber Ju 88, He 111 und Do 17 sowie 600 Jäger Bf 109E/F. Nur wenige stellten sich der Luftwaffe entgegen. Nach glaubwürdigen Angaben wurden am ersten Tag des Feldzugs 1811 sowjetische Maschinen zerstört, davon 1489 am Boden. Damit war der Weg für Bombenangriffe auf Moskau frei.

Trotz arktischem Frost und starken Ausfällen an Menschen und Material standen die deutschen Divisionen Anfang Dezember vor Moskau. Am 5. Dezember schritt Marschall Schukow mit sibirischen Divisionen zum Gegenangriff und drängte die geschwächten Deutschen zurück. Da der Luftwaffe Fernbomber fehlten, waren Angriffe gegen sowjetische Rüstungszentren unmöglich. So konnten die Sowjets im Hinterland unbehelligt Flugzeuge bauen: Jäger LaGG-3, MiG-3, Jakowlew Jak-1, Schlachtflieger Iljuschin Il-2 Schturmowik und Bomber Il-4. Aber auch die Luftwaffe verbesserte ihre Schlagkraft mit kampf- und leistungsgesteigerten Do 217, He 111 und Ju 88.

Krieg im Pazifik

Nach jahrelang eskalierenden Konfrontationen und militärischem Wettrüsten im Pazifikraum

Erich „Bubi" Hartmann: Das Ass der Asse

Erich Hartmann ist der erfolgreichste Jagdflieger der Geschichte. Im Oktober 1942 an die Front gelangt, errang er 352 Luftsiege mit seiner Bf 109. Geheimnis seines Erfolgs war die Angriffsmethode: „Den Gegner erfassen; entscheiden, ob man ihn angreifen und überraschen kann, und sofort nach dem Angriff abdrehen; oder wenn er einen entdeckt, bevor man angreifen kann, macht man eine Pause – wartet, zieht weg und vermeidet den Kampf mit einem Gegner, der weiß, dass man da ist." Wenn „Bubi" angriff, schoss er auf kürzeste Distanz mit vernichtender Wirkung.

Am 25. August 1944 erhielt Oberleutnant Hartmann als siebter Soldat der Wehrmacht die höchste Tapferkeitsauszeichnung: die Brillanten zum Eichenlaub mit Schwertern zum Ritterkreuz des Eisernen Kreuzes.

In der sowjetischen Kriegsgefangenschaft wurde er zu 25 Jahren Zwangsarbeit verurteilt (1995 vom russischen Hauptmilitärstaatsanwalt rehabilitiert!). 1955 zurückgekehrt, wurde er Kommodore des JG 71 *Richthofen*. Als Inspekteur der Kampffliegerverbände schied er 1970 aus dem aktiven Dienst aus. Erich Hartmann starb 1993.

Rechts: *Erich Hartmann, der erfolgreichste Jagdflieger der Geschichte, im Gespräch mit Gerhard Barkhorn. Barkhorn errang 301 Luftsiege.*

Oben links: *Eines der berühmtesten Flugzeuge der Ostfront war das sowjetische Schlachtflugzeug Iljuschin Il-2 Schturmowik. Im Erdkampf gefürchtet, war es für Jäger eine leichte Beute.*
Oben: *Flugdeck eines japanischen Flugzeugträgers im Pazifik: Ein Torpedobomber Nakajima B5N Kate startet.*

drängte Japans aggressiver Nationalismus zur Entscheidung. Unentdeckt versammelten die Japaner im November 1941 sechs Flugzeugträger, dazu Schlachtschiffe, Kreuzer, Zerstörer und Tanker, und überfielen am 7. Dezember 1941 mit 350 Trägerflugzeugen die amerikanische Pazifikflotte in Pearl Harbor. Um 6 Uhr erfolgte der erste Angriff mit Sturzkampfbombern Aichi D3A1, Bombern Nakajima B5N2 und Jägern Mitsubishi A6M2 Zero. Um 7.15 Uhr griffen D3A1, B5N2 und A6M2 als zweite Angriffswelle an. Als der Tag zu Ende ging, waren die Schlachtschiffe *Arizona* und *Oklahoma* versenkt, *Nevada*, *West Virginia*, *California*, *Tennessee*, *Maryland* und *Pennsylvania* beschädigt. Ebenfalls zerstört wurden zahlreiche andere Kriegsschiffe, sechs Flugboote Catalina und 42 Flugzeuge der United States Army Air Force

(USAAF). Mehr als 3500 US-Soldaten waren getötet oder verwundet. Gemäß dem „Dreimächtepakt" erklärte Deutschland den USA am 11. Dezember den Krieg. Ebenfalls am 7. Dezember landeten die Japaner an der malaysischen Küste gegen schwachen Widerstand der wenigen britischen Blenheim, Lockheed Hudson und Vickers Vildebeest. Drei Tage später griffen Flugzeuge der japanischen Marine britische Schiffe vor Malaysia an und versenkten das Schlachtschiff *Prince of Wales* und den Schlachtkreuzer *Repulse*. Mit dieser Niederlage war die schlachtentscheidende Aufgabe der großen Kriegsschiffe im Pazifik ausgespielt. Ihre Rolle übernahmen Kampfflugzeuge und Flugzeugträger. Der Vormarsch der Japaner in Malaysia war nicht aufzuhalten, und am 15. Februar 1942 kapitulierte die britische Garnison in Singapur.

Links: 7. Dezember 1941.
Brennende US-Kriegsschiffe in
Pearl Harbor (Oahu, Hawaii).
Mit ihrem Überfall war der
japanischen Marine einer der
verwegensten Luftangriffe der
Geschichte geglückt.

Rechts: *Handley Page Halifax der No. 35 Squadron. Erstmals über Deutschland erschienen die viermotorigen Halifax am 12./13. März 1941 bei einem Angriff auf Hamburg.*

Verstärkter Bombenkrieg

Vom brennenden Coventry sprang das Feuer über auf die deutschen Städte. Churchill unterstellte Arthur Harris das Bomberkommando. Harris vertrat die Überzeugung, allein eine Flächenbombardierung würde Deutschland zur Kapitulation zwingen. Er beschleunigte die Indienststellung der viermotorigen Avro Lancaster, eine Weiterentwicklung der zweimotorigen Manchester, und forderte moderne Navigationsmittel und präzise Bombenzielgeräte.

Ab Mai 1942 versammelten sich immer mehr Boeing B-17 Flying Fortress und Consolidated B-24 Liberator in Ostengland. In „Arbeitsteilung" mit der RAF flog die USAAF Tagangriffe mit Pulks schwerbewaffneter Bomber, während die RAF Nachtangriffe bevorzugte. Ihre Feuertaufe erhielten die Lancaster in der Nacht des 10./11. März 1942, als sie bitteres Leid nach Hamborn und Duisburg trugen und außerhalb Essens 74 Menschen töteten. Die britischen Navigationsgeräte waren sehr ungenau. Als Ziele wurden deshalb bevorzugt Städte ausgewählt, die an der Küste, an Flüssen oder Seen lagen und nachts leicht zu erkennen waren.

Rückschläge zur See

Nach Pearl Harbor dürstete die US-Pazifikflotte nach Revanche, hielt aber auch Angriffe auf Kalifornien für möglich. Man mobilisierte die letzten Kräfte und ließ sogar den alten Flugzeugträger *Langley* in See stechen. Am 28. Februar 1942 lag die *Langley* vor Java und wollte 32 Jäger Curtiss P-40E Warhawk absetzen, als sie von den Japanern überrascht und versenkt wurde. Am folgenden Tag landeten die Japaner an der Nordküste Javas. Weiter südlich stießen die japanischen Träger *Akagi* und *Kaga* gegen Port Darwin in Nordaustralien vor, wo ihre Flugzeuge am 19. Februar 1942 den Hafen stark beschädigten, je zwei australische und amerikanische Kriegsschiffe und ein Dutzend Handelsschiffe versenkten und in der Stadt schwere Schäden anrichteten.

Schlacht im Korallenmeer

Zum ersten größeren Zusammentreffen der japanischen und amerikanischen Flotte kam es am 7. und 8. Mai 1942 in der Schlacht im Korallenmeer, nordöstlich von Australien. Es war die erste Seeschlacht, bei der keine der beiden Flotten die gegnerischen Schiffe zu Gesicht bekam. An Bord

Doolittle: Bomben in die „aufgehende Sonne"

Als Vergeltung für Pearl Harbor beschlossen die Amerikaner, in einer kühnen Aktion das „Land der aufgehenden Sonne" anzugreifen. Kopf des geplanten Angriffs war Lieutenant Colonel Jimmy Doolittle. Am 18. April 1942 waren 16 North American B-25 Mitchell an Bord der *Hornet* startklar. Nie zuvor waren Angriffe mit trägergestützten zweimotorigen Bombern gewagt worden. Entscheidend bei dieser Operation war der Rückflug. Denn die *Hornet* stand rund 1300 km vor der japanischen Küste, sodass die B-25 nach dem Angriff unmöglich zurückkehren konnten, sondern versuchen mussten, Flugplätze im verbündeten China zu erreichen.

Ab 8 Uhr wurden die Bomber startklar gemacht. Während die Vorbereitungen liefen, entdeckte ein amerikanischer Aufklärer ein japanisches Fischerboot. Aus Furcht, die Fischer könnten das Unternehmen verraten, wurde ihr Schiff unverzüglich versenkt. Auf dem Flugdeck der *Hornet* hörten die Bomberbesatzungen den Befehl von Vice Admiral William F. Halsey: „Army pilots, man your planes!" Um 9.20 Uhr waren die B-25 unterwegs. Alle gelangten zu ihren Zielen und warfen ihre Bomben auf Öltanks, Fabriken und militärische Anlagen bei Tokio, Yokohama und Nagoya. Wegen schlechten Wetters war die Überraschung perfekt. Die japanische Luftabwehr bekam die tief fliegenden B-25 nicht einmal zu Gesicht. Fast alle Bomber gelangten sicher nach China, wo ihre Besatzungen entweder absprangen oder notlandeten. Ein Bomber landete versehentlich in der sowjetischen Hafenstadt Wladiwostok, wo seine Besatzung prompt festgenommen wurde. Zwei B-25 landeten auf japanisch besetztem Gebiet, wo ihre Besatzungen – als Kriegsverbrecher verurteilt – hingerichtet wurden.

Waren die angerichteten Schäden auch nur gering, so waren sie jedoch Balsam für die Herzen der amerikanischen Öffentlichkeit. Groß war die psychologische Wirkung auf die Moral der Japaner. Ihr Glaube an die Unverwundbarkeit ihres Mutterlands war zutiefst erschüttert, und ihre Führung sah sich gezwungen, zwei Jagdfliegerverbände zum Heimatschutz abzustellen.

Links: *Start einer North American B-25 Mitchell vom Flugdeck der* Hornet.
Oben: *Mitchell in enger Formation an Deck der* Hornet. *Nach dem Befehl „Army pilots, man your planes" nahmen ihre Besatzungen Kurs auf Japan. Japanische Angriffe gegen das amerikanische Festland mit Ballonbomben und einzelnen Wasserflugzeugen scheiterten.*

Oben: *Der berühmteste japanische Jäger des Zweiten Weltkriegs: Mitsubishi A6M3 Zero. Dieses Jagdflugzeug wurde beim Angriff auf Pearl Harbor und danach bis zum Kriegsende im Pazifik eingesetzt.* Unten: *Startklar! Sturzkampfbomber Douglas SBD Dauntless auf dem Flugdeck der* Yorktown. Folgende Seite: *Avro Lancaster der RAF. Letzte Einsatzbesprechung und Einweisung der Besatzung durch den Piloten.*

der japanischen Träger *Shokagu*, *Zuikaku* und *Shoho* standen insgesamt 267 B5N, D3A und A6M, dazu kamen Landflugzeuge aus Rabaul in Papua-Neuguinea. Auf amerikanischer Seite standen 103 Kampfflugzeuge bereit, darunter Torpedobomber Douglas TBD Devastator, Sturzkampfbomber Douglas SBD Dauntless sowie die Jäger vom Typ Grumman Wildcat der Träger *Lexington* und *Yorktown*. Die Fliegergruppe der *Yorktown* versenkte die *Shoho*, während die *Lexington* durch Luftangriffe so schwer beschädigt wurde, dass sie – nachdem die Besatzung von Bord gegangen war – von dem Zerstörer *Phelps* mit Torpedos versenkt werden musste. Da auch die *Yorktown* Treffer er-

halten hatte, verfügte die US-Pazifikflotte nur noch über die Träger *Enterprise* und *Hornet*. Trotzdem war der japanische Vorstoß auf Port Moresby abgewehrt. Es wäre für die Japaner eine ideale Basis für die Invasion Australiens gewesen.

In Europa hatte „Bomber" Harris inzwischen zum ersten Flächenbombardement gerüstet. Der Vollmond stand am Himmel, als in der Nacht des 30. Mai 1942 – von Norden her dem Rhein folgend – 1046 britische Bomber Köln angriffen. Dieser erste Tausendbomberangriff (Operation *Millennium*) dauerte 90 Minuten, entfachte 1700 Großbrände und forderte 480 Tote und 5000 Verletzte. Harris verlor 40 Bomber.

Midway

Im Pazifik trat Amerika zur Entscheidungsschlacht an. Die Japaner wollten die strategisch wichtige Insel Midway in ihre Verteidigungslinie einfügen, die sich von den Aleuten über Wake sowie die Marshall- und Gilbert-Inseln erstreckte. Midway hätte aber nicht nur das japanische Frühwarnnetz verstärkt, sondern wäre auch der ideale Ausgangspunkt für Operationen gegen Hawaii gewesen.

Aber die Amerikaner hatten den japanischen Funkcode entschlüsselt. Sie erkannten, dass Admiral Isoroku Yamamoto seine Flugzeugträger *Akagi*, *Kaga*, *Hiryu*, *Soryu* und *Junyo* gemeinsam mit zahlreichen leichteren Trägern, Schlachtschiffen, Zerstörern und Geleitschiffen in Stellung brachte und entschlossen sich zum Angriff. *Enterprise*, *Hornet* und *Yorktown* erwarteten den Gegner mit 203 Jägern, Torpedo- und Sturzkampfbombern; weitere landgestützte Kampfflugzeuge lauerten auf Midway. In Kenntnis der feindlichen Strategie überraschte die US Navy die Japaner. Ihre Flugzeuge versenkten *Soryu* und *Kaga* am 4. Juni und beschädigten *Hiryu* und *Akagi* so schwer, dass auch sie am nächsten Tag sanken.

Beflügelt durch ihren Sieg, landeten die Amerikaner am 7. August 1942 auf Guadalcanal, einer Insel der Salomonengruppe. Unmittelbar nach der Eroberung der Insel wurde der Flugplatz instand gesetzt, sodass Jäger des US Marine Corps vom Typ F4F Wildcat die Luftdeckung übernahmen und die japanischen Luftangriffe abwehrten.

Rückschläge über Europa

Gedrängt durch Stalins Forderung nach einer zweiten Front, suchten die Alliierten ein Einfallstor nach Europa. Am 19. August unterstützten 24 US-Bomber sowie britische Spitfire, Blenheim und Boston einen Landeversuch beiderseits des Kanal-

städtchens Dieppe. Durchgeführt wurde dieser von zwei kanadischen Brigaden und wenigen Briten, Amerikanern und gaullistischen Einheiten. Während die leichten Bomber die deutsche Abwehr niederhielten, bombardierten B-17 den nächstgelegenen Luftwaffenflugplatz in Abbeville. Da die Pläne der Küstenbefestigungen verraten waren, konnten die Kanadier zwar anlanden, wurden aber bis zum Mittag völlig aufgerieben. Nur Reste flüchteten auf die Schiffe. Zurück ließen sie 4350 Mann tot und gefangen und 33 Landungsfahrzeuge; 106 alliierte Flugzeuge waren abgeschossen worden. Auf deutscher Seite als großer Sieg gefeiert, bagatellisierten die Alliierten das Unternehmen als „etwas größer angelegten Handstreich" zur Erkundung der Abwehrmaßnahmen.

Nordafrika

Im Juni 1942 war Erwin Rommels Afrikakorps den weichenden Briten auf den Versen. Tobruk wurde genommen und die ägyptische Grenze

überschritten. Aber die Offensive über mehr als 650 km bei ständiger Feindberührung, großer Hitze, Verlusten durch britische Luftangriffe, Wassermangel und ausbleibendem Nachschub brachten Deutsche und Italiener vor der britischen Stellung bei El Alamein (100 km westlich von Alexandria) zum Stehen. Während die Briten ihre Position ständig verstärkten (schließlich standen 700 britische Panzer 90 deutschen gegenüber), übernahm General Bernard Montgomery den Befehl über die britische 8. Armee. Nachdem die RAF die Luftherrschaft errungen hatte, trat Montgomery nach verheerendem Trommelfeuer in der Nacht des 23./24. Oktober 1942 zum Angriff an. Unterstützung flogen sechs Staffeln Wellington und britische und südafrikanische Hurricane Mk IIC, die Jagd auf Rommels wenige Panzer machten. Am 4. November gab Rommel den Befehl zum Rückzug. Unter wechselvollen Kämpfen und ohne ausreichenden Nachschub wich das Afrikakorps nach Tunesien zurück und

kapitulierte (auch von Westen durch in Marokko und Algerien gelandete US-Truppen bedrängt) am 12. Mai 1943.

Massierte Luftmacht

Im Oktober 1942 fand die Schlacht bei den südöstlich Guadalcanal gelegenen Santa-Cruz-Inseln statt. Der Flugzeugträger *Zuiho* wurde von Dauntless der *Enterprise* getroffen, während die *Shokaku* schwer beschädigt wurde. Die US Navy verlor 74 Flugzeuge und die *Hornet*. Damit blieb den Amerikanern die *Enterprise* als einziger Träger im Pazifik.

Am 1. November gingen US Marines bei Cape Torokina an der Südküste von Bougainville an Land, unterstützt von B-24, die die Flugplätze Kabili und Kara bombardierten. Ebenfalls zum Einsatz gelangten P-40 Kittyhawk, P-39 Airacobra und P-38 Lightning. Später erschienen die neuen Träger *Essex* und *Bunker Hill* mit 200 Flugzeugen. Am 20. November begann die Eroberung der Gilbert-Inseln mit der Besetzung von Tawara und des Makin-Atolls. Es war der Tag, als auf Bougainville der letzte japanische Widerstand gebrochen wurde. Der November 1942 sah die bisher größte Konzentration trägergestützter Kampfflugzeuge. Dann begann das „Inselspringen", wodurch die

Links: Britische Soldaten grüßen ihren Kameraden in der Luft. Die alliierten Flieger trugen entscheidend zum Sieg in den Wüsten Nordafrikas bei. Oft formierten Jagdbomber über dem Kampfgebiet „cab ranks". Bei dieser speziellen Technik der Luftunterstützung flogen sie weite Kreise und warteten auf Anforderung der Bodentruppen zur Bekämpfung eines bestimmten Zielobjekts.

Unten: Haifischrachen wie bei diesen Curtiss P-40 waren als Dekoration für Kampfflugzeuge sehr beliebt.

Amerikaner – sich auf die strategisch wichtigsten Inseln konzentrierend – bis Ende 1944 die pazifische Inselwelt zurückeroberten.

Deutsche Verluste

Während die Japaner im Pazifik zurückgedrängt wurden, gerieten die Deutschen an der Ostfront in Bedrängnis. Im Herbst 1942 hatte die 6. Armee Stalingrad angegriffen, gegen heftigen Widerstand aber nicht einnehmen können. Am 23. November schlugen die Sowjets zurück, überrollten rumänische und italienische Truppen an den Flanken, schlossen die Stadt ein und drängten die deutsche Front zurück. Da an Entsatz vorerst nicht zu denken war, sollten die Eingeschlossenen aus der Luft versorgt werden. Ungünstiges Wetter, unzureichende Flugfelder, Flak und sowjetische Jäger bedrohten die schwerfälligen Transporter bei Start und Landung. Trotz katastrophaler Verluste flogen die Transporter fast Tag und Nacht – den benötig-

ten Nachschub konnten sie aber nicht herbeischaffen. Am 2. Februar 1943 erlosch der letzte deutsche Widerstand.

Am 27. Januar 1943 hatte die USAAF mit 91 fliegenden Festungen den ersten schweren Tagesangriff auf Wilhelmshaven geflogen und einen neuen Abschnitt des Luftkriegs eröffnet. Am 13. April 1943 erhielten amerikanische Republic P-47 Thunderbolt beim Angriff auf Ziele bei St. Omer ihre Feuertaufe. Bis Ende 1943 hatten USAAF und RAF auf den Flugplätzen in Großbritannien insgesamt 2200 Spitfire, Hurricane, Hawker Typhoon, P-38 und North American Mustang versammelt.

Entschlossen, das Ruhrgebiet als deutsches Rüstungszentrum zu zerstören, kamen Harris und seine Spezialisten auf den Gedanken, zur Vernichtung nicht nur Feuer, sondern auch Wasser einzusetzen. So starteten in der Nacht vom 16. auf den 17. Mai 1943 19 speziell konzipierte Lancaster zum Angriff

Links: Flying Fortress der USAAF. Diese auch von der RAF eingesetzten Bomber waren mit dreizehn 12,7-mm-MGs bestückt und konnten bis zu 7983 kg Bomben abwerfen.

Rechts oben: Eine Lancaster mit der speziell zur Zerstörung deutscher Talsperren entwickelten Bombe (auch bouncing bomb *genannt). Unter dem Decknamen* Upkeep *von Barnes Wallis entwickelt, sollte sie im Rahmen der* Operation Chastise *die Talsperren an Möhne, Eder und Sorpe zerstören und durch die erwarteten Flutwellen von neun Metern Scheitelhöhe das Ruhrgebiet, seine Industrie und Bevölkerung vernichtend treffen. Da der Angriff auf die Sorpetalsperre missglückte und die Mauern an Möhne und Eder nicht gleichzeitig brachen, blieb die Katastrophe aus.*

Rechts unten: Wing Commander Guy Gibson leitete den Angriff gegen die deutschen Talsperren und warf am 16. Mai 1943 die erste Bombe gegen die Möhnetalsperre. Hier begutachtet er die angerichteten Schäden.

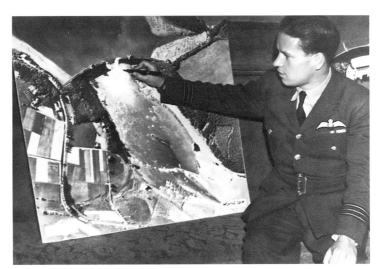

gegen die Möhne-, Eder- und Sorpetalsperre. Unter ihren Rümpfen trugen sie 4196 kg schwere Spezialminen, die aus geringer Flughöhe auf die Wasseroberfläche abgeworfen wurden, flach über die Schutznetze hüpften, an der Sperrmauer hinabsanken und in zwölf Metern Tiefe explodierten, was die Stoßkraft ihrer Druckwelle um ein Vielfaches steigerte. An Möhne und Eder barsten die Dämme. Der Flutwelle fielen Hunderte zum Opfer. Trotzdem blieb ein Desaster im Ruhrgebiet aus. Acht Lancaster gingen verloren.

Immer mehr Langstreckenbomber B-24 Liberator griffen in die Schlacht im Atlantik ein. Die alliierten Schiffsverluste sanken von 827 024 Tonnen im November 1942 auf 132 080 Tonnen im zweiten Halbjahr 1943. Zur Geleitzugsicherung wurden Kampfflugzeuge auf Island stationiert.

Kursk

Im Februar 1943 hatten die Sowjets bei Kursk einen Keil in die deutsche Front getrieben. Zur Beseitigung dieses stark befestigten Frontbogens

griffen die Deutschen unter dem Decknamen *Unternehmen Zitadelle* am 5. Juli 1943 die Flanken des Keils mit starken Panzerverbänden an. Unterstützt wurde die Offensive von Sturzkampfbombern und stark bewaffneten Panzerjägern Henschel Hs 129. Dennoch liefen sich die Angreifer nach anfänglichen Erfolgen fest. Unter dem Feuerschutz von 20 000 Artilleriegeschützen traten die Sowjets zum Gegenstoß an und warfen über 3000 Panzer in die Schlacht. Die Kämpfe um Kursk gelten als die größte Panzerschlacht der Geschichte. Als die Sowjets am 11. Juli bei Orel in die deutsche Front einbrachen, war *Unternehmen Zitadelle* gescheitert. Bei den schwersten Luft-

kämpfen über dem Kursker Frontbogen (5. und 8. Juli) sollen insgesamt 566 sowjetische und 854 deutsche Maschinen zerstört worden sein.

Die Schlinge wird enger

Am 10. Juli 1943 landeten die Alliierten auf Sizilien. Für die Luftdeckung hatte Air Chief Marshal Sir Arthur Tedder 104 Staffeln Spitfire, Beaufighter, Hurricane, Mosquito, P 38 und P 51 sowie 95 Bomberstaffeln mit Boston, A-30 Baltimore, Mitchell, B-26 Marauder, Blenheim, Halifax, B-17 und B-24 zusammengezogen. Als Transporter dienten Halifax, Armstrong Whitworth Albemarle und DC-3 Dakota.

Links: *Nordatlantik 1944. Eine RAF Consolidated B-24 Liberator fliegt Geleitschutz gegen deutsche U-Boote.*

Oben: *Ursprünglich als Bomber konstruiert, diente die Armstrong Whitworth Albemarle hauptsächlich als Spezialtransporter.*

Unten: *Eine RAF Lancaster hat ihren Waffenschacht geöffnet. Sie konnte eine Bombenlast von bis zu 6350 kg tragen.*

Die immer intensiveren Bombenangriffe gegen das Reichsgebiet zwangen die Luftwaffenführung, viele Jägerverbände aus Italien und von der Ostfront zur Reichsverteidigung in die Heimat zu verlegen. Darüber hinaus wurden die Piloten der Stukas zur Verteidigung des deutschen Luftraums auf Jäger umgeschult. Auch sollten Nachtangriffe gegen Eisenbahnverbindungen den sowjetischen Nachschub stören – erfolglos.

Nach ihren Erfolgen in Nordafrika sollte die britische 8. Armee unter dem Schutz britischer und amerikanischer Bomber von Sizilien aus die Straße von Messina überqueren. Am 9. September landeten amerikanische Truppen bei Salerno. Unter dem Eindruck der Niederlagen und der alliierten Luftangriffe erlahmte der italienische Widerstand. Die faschistische Herrschaft brach zusammen, und die neue Regierung verkündete am 8. September einen Waffenstillstand.

Jenseits der Alpen griff Harris in der Nacht vom 18. auf den 19. November mit 400 Bombern Berlin an, während ein ähnlich schwerer Angriff gegen Mannheim geflogen wurde. Es war das erste Mal, dass die RAF in einer Nacht zwei Groß-

Rechts: Sowjetischer Jäger Jakowlew Jak-9D.
Unten: Die Junkers Ju 88 war eines der vielseitig verwendbarsten Kampfflugzeuge und zur Mitte des Zweiten Weltkriegs der wichtigste deutsche taktische Bomber.
Gegenüberliegende Seite: Grumman F4F Wildcat der US Navy. Dieses Flugzeug kam an allen Fronten im Pazifik und auch in Nordafrika zum Einsatz.

angriffe gegen das Reich durchführte. Oberstes Ziel von RAF und USAAF war die Zerstörung der deutschen Treibstoffversorgung. Wenn die Deutschen die Ölfelder in Ungarn aufgeben mussten und ihre Raffinerien in Deutschland zerstört wurden, musste ihr Widerstand in absehbarer Zeit zusammenbrechen.

Hitlers „Festung Europa" wankte. Im Süden hatten die Alliierten in Italien Fuß gefasst, während sich die Sowjets unaufhaltsam der Reichsgrenze näherten. Die Heeresgruppe Nord musste in der zweiten Januarhälfte 1944 starkem sowjetischem Druck weichen und die Belagerung Leningrads lösen. Die Luftwaffe stand auf verlorenem Posten. Die sowjetische Übermacht wurde immer erdrückender, und auch Fliegerasse wie Heinz Schmidt

und Max Stotz konnten trotz 173 beziehungsweise 189 Luftsiegen nichts ändern und erlagen Jägern vom Typ Jak 9 und La-5FN.

Nach ihren verhältnismäßig leichten Erfolgen in Süditalien erlebten die Alliierten südlich von Rom einen Rückschlag. Durch die Landung bei Anzio sollte die sich quer über den italienischen Stiefel erstreckende deutsche Front überflügelt und zum Rückzug gezwungen werden. Am Vortag der für den 22. Januar 1944 geplanten Landung hatten die Alliierten durch Angriffe gegen deutsche Feldflugplätze in Mittelitalien die deutsche Aufklärungstätigkeit praktisch ausgeschaltet. So konnten rund 30 000 amerikanische und britische Soldaten fast ohne Gegenwehr an Land gehen. Statt entschlossen weiter vorzustoßen, wurden sie dann

allerdings in einem engen Brückenkopf zusam-
mengedrängt und von Do 217 und Ju 88 bombardiert. Da sie in dem im Zentrum der deutschen
Front gelegenen Benediktinerkloster Monte
Cassino deutsche Artilleriebeobachter vermuteten,
legten Flying Fortress das einzigartige Kulturdenk-
mal in Schutt und Asche. Erst nach dem Bom-
benangriff setzten sich deutsche Fallschirmjäger in
den Klostertrümmern fest und lieferten den
Alliierten eine der blutigsten Schlachten des
Zweiten Weltkriegs. Erst Mitte Mai konnten die
Alliierten beiderseits Monte Cassinos durchbrechen. Erst dann traten die Amerikaner in Anzio
zum Angriff an, und am 4. Juni war Rom befreit.

Operation Flintlock

Im Pazifik richtete sich die nächste größere
Operation gegen die Marshall-Inseln. Unter dem
Decknamen *Operation Flintlock* griffen Träger-
kampfgruppen mit Wildcat und F6F Hellcat am
31. Januar 1944 befestigte Stellungen und Flugplätze an. Ziel des Unternehmens waren jedoch
die Atolle Kwajalein und Namur. In sechstägiger
Schlacht zerstörten die Amerikaner 150 japanische
Flugzeuge bei 49 eigenen Verlusten. Der folgende
Angriff richtete sich gegen den Stützpunkt Truk
auf den Karolinen. Als US-Marineflieger über

Truk erschienen, fanden sie Dutzende japanischer
Flugzeuge friedensmäßig abgestellt und vernichteten 150 am Boden. Getroffen wurden außerdem
30 Handelsschiffe, ein Kreuzer und drei Zerstörer.
Langsam sank die Qualität der japanischen Flieger.
Zu hoch war der Blutzoll ihrer erfahrenen Piloten,
und der Nachwuchs gelangte nur unzureichend
ausgebildet an die Front. An diesem Niedergang
konnten auch kampfwertgesteigerte Maschinen
wie die Jagdbomber A6M5 Zeke, Sturzkampfbomber D4Y3 Judy und Torpedobomber B6N1
Jill nichts mehr ändern.

Am 1. Juni 1944 erhielt das 58th Very Heavy
Bombardment Wing mit der B-29 Superfortress
das fortschrittlichste Flugzeug des Zweiten Weltkriegs. Angetrieben von vier Triebwerken mit je
2232 PS erreichte der Bomber in 7620 m Höhe
eine Höchstgeschwindigkeit von 576 km/h. Insgesamt 3970 B-29 wurden bei Boeing, Bell und
Martin gefertigt. Mit ihrer enormen Reichweite
für den pazifischen Kriegsschauplatz ideal geeignet, trugen B-29 Tod und Verderben nach Japan.

D-Day

Nur wenige Tage später, am 6. Juni, stand auf der
anderen Seite des Globus die größte Landungs-
streitmacht, die die Welt jemals gesehen hatte,

Links: *Eine Boeing B-29 Superfortress auf einem Flugfeld im Pazifikraum.*
Unten: *6. Juni 1944. D-Day. Eine Spitfire der RAF No. 453 Squadron.*
Die schwarzen und weißen Streifen an Rumpf und Flügeln kennzeichneten
alle an der Landung Operation Overlord *beteiligten alliierten Flugzeuge.*

bereit. Unter dem Decknamen *Operation Overlord* gingen 145 000 alliierte Soldaten in der Normandie an Land. Um die Deutschen bis zur letzten Minute über das Landungsgebiet im Ungewissen zu lassen, war ein groß angelegtes Ablenkungsmanöver gestartet worden. In der Nacht auf den 6. Juni warfen Lancaster der 617. Squadron über dem Kanal Abertausende dünne Aluminiumstreifen ab. Diese *Windows* genannten Täuschkörper bildeten dichte, große Wolken, die – langsam mit dem Wind Richtung Frankreich treibend – den deutschen Radargeräten eine sich annähernde Invasionsflotte vorgaukelten. Da Halifax- und Stirling-Bomber ähnliche Einsätze vor Boulogne flogen, wurden die Deutschen völlig verwirrt.

Als sich die Landungsflotte nachts der französischen Küste näherte, setzten amerikanische Transportflugzeuge, unter anderem DC-3 des 11th Troop Carrier Command, US-Fallschirmjäger im Hinterland ab. Währenddessen sprangen 4310 britische Fallschirmjäger aus Stirling, Halifax, Albemarle und Dakota in die Nacht über der Normandie und schleppten 100 Lastensegler zu ihren Einsatzorten: Brücken und Straßenkreuzungen weit hinter der deutschen Front. Auf dem Papier verfügte die deutsche Luftwaffe zwar noch über 500 einsatzbereite Kampfflugzeuge. Von Januar bis Anfang Juni 1944 war ihre Zahl jedoch durch Angriffe auf ihre Flugplätze um mehr als 25 Prozent geschrumpft. Nachschub fehlte, weil die Alliierten parallel zu ihren Landungsvorbereitungen die deutsche Flugzeugindustrie zerbombten.

Lange bevor die Landungsoperationen anliefen wurden strategisch wichtige Brücken zerstört, um die Heranführung deutscher Verstärkungen zu behindern. Ebenso wurden alle bis 200 km im Hinterland gelegenen deutschen Flugfelder bombardiert. Die alliierte Luftüberlegenheit war erdrückend: 15 Staffeln schützten die Invasionsflotte, 54 die Strände, 33 Jagdstaffeln eskortierten

Links: *Die Moral der Invasions-
truppen war außerordentlich hoch.
Siegesgewiss bemalten sie ihre
Flugzeuge mit Sprüchen wie „Der
Kanal konnte euch aufhalten, uns
nicht" und „Jetzt sind wir an der
Reihe".*
Rechts: *Eine USAAF Martin
B-26 mit schwarz-weißen
Invasionsstreifen.*
Unten: *Mit langer Rauchfahne
stürzt ein japanisches Kampfflug-
zeug brennend ab. Sein Angriff auf*
USS Kitkun Bay *war missglückt.*

Die Entwicklung des Strahltriebwerks

Frank Whittle wurde 1907 in Coventry geboren und 1923 Kadett im RAF-College in Cranwell. Im Rahmen seines Studiums wurde er mit dem damals schwierigsten technischen Problem konfrontiert: Flugzeuge waren in großen Höhen schneller und leistungsfähiger, aber die zeitgenössischen Kolbenmotoren waren abhängig von den Luftmengen, die sie verbrauchten. Je höher sie flogen, desto dünner wurde die Luft und umso schwächer ihre Leistung. 1929 präsentierte Whittle seine Vorstellungen von einem Strahltriebwerk. Sein Triebwerk saugte Luft an, die von einem Verdichter komprimiert wurde. Die verdichtete Luft strömte in eine Brennkammer, in der ihr Kraftstoff beigemischt und verbrannt wurde. Die mit hoher Geschwindigkeit durch eine Düse ausströmenden Abgase trieben das Flugzeug voran. Whittle ließ sich dieses Konzept 1930 patentieren, aber das Luftfahrtministerium zeigte sich unbeeindruckt. 1935 begann Whittle mit detaillierten Entwürfen für seine Versuchstriebwerke *Whittle Unit* (WU), und dann änderten sich die Dinge rasch: R. D. Williams, ehemaliger Cranwell-Kadett, beschaffte Bankkredite, und Whittle gründete die Firma Power Jets Ltd. Unter dem Eindruck der deutschen Aufrüstung interessierte sich das Luftfahrtministerium schließlich doch für Whittles noch nicht ausgereiftes Triebwerk. Beim ersten Testlauf eines WU im April 1937 geriet das Triebwerk außer Kontrolle. Eine Neukonstruktion mit zehn Brennkammern brachte einige Verbesserungen, konnte das Problem aber nicht wirklich lösen, und auch der zweite Testlauf 1938 missglückte.

Die britischen Sorgen, Deutsche könnten als Erste ein strahlgetriebenes Flugzeug in die Luft bringen, waren keineswegs unbegründet. Hans-Joachim Pabst von Ohain hatte am Physikalischen Institut der Universität Göttingen ein Strahltriebwerk mit Zentrifugalverdichter entwickelt. Sein Professor machte Ernst Heinkel auf diese beeindruckende Idee aufmerksam. Von Heinkel unterstützt, entwarf Ohain einen Versuchsapparat, den er 1934 auf eigene Kosten in einer Autoreparatur-Werkstatt bauen ließ. In dieser

Unten: Die Gloster E.28/39, das erste britische Strahlflugzeug, hier in Farnborough 1945.

Werkstatt arbeitete Max Hahn. Er unterstützte Ohain und empfahl einige technische Vereinfachungen. Am 15. April 1936 engagierte Heinkel Ohain sowie Hahn, und so entstand in Heinkels „Abteilung Sonderentwicklung II" bis Ende 1937 das He S 2, ein mit Wasserstoff arbeitendes Versuchstriebwerk. Technisch verbessert, leistete ein He S 3A im Frühjahr 1938 fast 450 kp Schub, und im Sommer begann die Flugerprobung unter dem Rumpf einer He 118. Den Jungfernflug mit dem ersten Turbinenstrahlflugzeug der Welt, der He 178, absolvierte Erich Warsitz am 27. August 1939.

Von solchen Erfolgen träumte Whittle nur, konnte allerdings bis Ende 1939 viele grundsätzliche Probleme lösen. Schließlich beauftragte das Luftfahrtministerium ihn und die Firma Gloster am 3. Februar 1940 gemäß der Spezifikation E.28/39 mit dem Bau eines Strahlflugzeugs, das am 15. Mai 1941 an den Start rollte. Bei dem nur 17 Minuten dauernden Erstflug erreichte RAF-Testpilot Sayer 545 km/h und später sogar 724 km/h. Die Gloster E.28/39 war also nicht viel schneller als ein Kolbentriebflugzeug. Das Luftfahrtministerium forderte deshalb mit der Spezifikation F.9/40 einen zweistrahligen Jäger. Da Whittles Unternehmen Power Jets für die Triebwerk-Serienfertigung zu klein war, wurden andere Firmen mit dem Bau beauftragt. Power Jets sollte sich nur noch mit Forschung sowie Entwicklung beschäftigen und wurde schließlich verstaatlicht. Frank Whittle ging – wie von der RAF befohlen – aus gesundheitlichen Gründen in den Ruhestand.

1946 wurde Whittle für sein Lebenswerk mit dem „Inventor Award" ausgezeichnet. Uneigennützig wie er war teilte er das Preisgeld von 10 000 Pfund mit seinen ehemaligen Mitarbeitern. Obschon 1948 geadelt, fand er mehr Anerkennung in den USA und erhielt 1976 eine Professur an der US Marine-Akademie in Annapolis. Am 9. August 1996 starb Sir Frank Whittle in Baltimore, Maryland.

Oben: *Einer der ersten zwölf Prototypen der zweistrahligen Gloster Meteor.*
Unten: *Die Gloster Meteor sollte ursprünglich Thunderbolt heißen, was allerdings zu Verwechslungen mit der amerikanischen Republic P-47 geführt hätte.*

die Bomber und Lastenseglerformationen, weitere 33 griffen Ziele im Hinterland an und nochmals 36 flogen Luftunterstützung über den Kampfzonen der Infanterie. Ohne die Bombardements der Luftstreitkräfte wäre die Invasion in der Normandie sehr viel schwieriger gewesen.

Die Achse zerbröckelt

Während in Europa um die Normandie gerungen wurde, entbrannte im Pazifik die Schlacht in der Philippinen-See. Am 12. Juni griffen weit über 200 Hellcat und Avenger die Japaner auf Saipan, Tinian und Guam an, schossen gleich am ersten Vormittag 81 Flugzeuge ab und vernichteten 29 am Boden. Nachdem japanische Flottenverbände vertrieben waren, gingen US Marines auf Saipan an Land. Am 20. Juni griffen mehr als 200 US-Kampffflugzeuge japanische Flottenverbände an, versenkten die Träger *Hiyo*, *Shokaku* sowie *Taiho* und beschädigten *Junyo*, *Zuikaku* und *Chiyoda*.

Nachdem den Amerikanern am 31. Juli an der Invasionsfront ein Durchbruch gelungen war, verloren die Deutschen in den folgenden Wochen

Frankreich und große Teile Belgiens. Den alliierten Bodentruppen folgten die Flieger. Immer häufiger erschienen ihre Bomber und Jäger über dem Reichsgebiet. Doch trotz schwerster Bombenschläge erreichte die dezentralisierte deutsche Kriegsproduktion 1944 ihren Höchststand, und bahnbrechende Neuerungen wie der Strahljäger Me 262 und der Raketenjäger Me 163 gelangten zur Serienreife. Aber trotz spektakulärer Erfolge konnten auch sie die alliierten Bomber nicht abwehren und die Niederlage abwenden. Der Treibstoffmangel war dramatisch, und für die Ausbildung der Nachwuchspiloten blieb kaum Zeit. Ab 1944 beherrschten alliierte Bomber und Langstreckenjäger den Himmel über Deutschland. Hitlers Reich sank in Trümmer.

Feuersturm

Anfang 1945 gab es in Deutschland praktisch keine strategisch wichtigen Luftziele mehr. Dies konnte Harris jedoch nicht dazu bewegen, die nächtlichen Flächenangriffe gegen deutsche Städte einzuschränken oder gar zu beenden. Als Symbol

Oben: Geistiger Vater des als Projekt X entwickelten raketengetriebenen Abfangjägers Messerschmitt Me 163 Komet war Dr. Alexander Lippisch.

Links: Messerschmitt-Testpilot Fritz Wendel auf dem Flügel der Me 262 V3. Am 18. Juli 1942 glückte Wendel der Erstflug mit Turbo-Luft-Strahltriebwerken Jumo 004 A.

dieser sinnlosen Angriffe gegen die Zivilbevölkerung gilt Dresden. Im Februar 1945 waren dort neben 640 000 Einwohnern mindestens 200 000 Flüchtlinge. Die Flak war an die Ostfront abgezogen worden. In der Nacht vom 13. auf den 14. Februar entfachten 550 Lancaster einen Feuersturm. Am folgenden Tag warfen 450 Flying Fortress Sprengbomben ab, die Begleitjäger griffen mit Bordwaffen an. Mindestens 130 000 Menschen fanden den Tod. Wie man einen Feuersturm entfacht hatten die Alliierten schon früher demonstriert, in der letzten Juliwoche 1943 in Hamburg unter dem Decknamen *Operation Gomorrha*. Bei vier Großangriffen hatte Harris mehr als 3000 Bomber eingesetzt. In der Feuersbrunst fanden mehr als 30 000 Menschen – meist Frauen und Kinder – den Tod. Fast die ganze Stadt sank in Trümmer.

Der Todesstoß

Je mehr sich die Rote Armee der deutschen Grenze näherte, umso erbitterter wurde der deutsche Widerstand. Im Süden eröffneten die Sowjets mit zwei Armeegruppen und mehr als 1700 Kampfflugzeugen die Offensive gegen Rumänien, das am 23./24. August 1944 die Waffen streckte.

Im Winter 1944/45 formierten sich die Sowjets zur entscheidenden Offensive gegen Ostpreußen

und Polen. Am 12. Januar 1945 gegen Ostpreußen anstürmend, fanden sie in Königsberg hartnäckigen Widerstand. Fünf Tage später eroberten sie Warschau. Im Westen überschritten die Alliierten den Rhein, und am 7. März nahm die 1. US-Armee Köln. Am 13. April erreichte die Rote Armee Wien. Die letzte große Schlacht auf dem europäischen Kriegsschauplatz entbrannte am 16. April mit dem sowjetischen Stoß gegen Berlin. Während sich am 25. April der Ring um Berlin schloss, reichten sich bei Torgau an der Elbe Amerikaner und Sowjets die Hand. Das Schicksal der Achse war besiegelt. Am 28. April erschossen italienische Partisanen Mussolini, zwei Tage später beging Hitler im Bunker unter der Reichskanzlei Selbstmord, und wiederum zwei Tage später schwiegen in Berlin die Waffen. Am 7. Mai unterschrieb Generaloberst Jodl in Reims die bedingungslose Kapitulation der deutschen Wehrmacht.

Götterdämmerung im Pazifik

Während in Europa die Waffen schwiegen, gingen die Kampfhandlungen im Pazifik weiter. Unter dem Kommando von General Douglas McArthur griffen US-Truppen die Philippinen an und landeten am 9. Januar 1945 60 000 Mann auf Luzon.

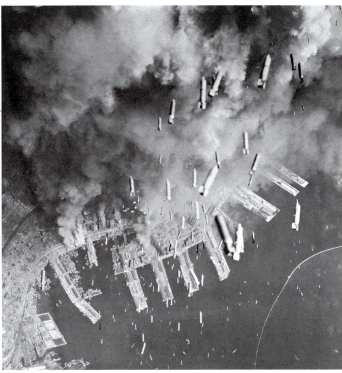

Oben: *5. Juni 1945. Die japanische Stadt Kobe im Bombenhagel.*
Links: *Berlin liegt in Trümmern. Dieses Foto entstand im Mai 1945 nach der Eroberung durch die Sowjets.*

Die 262 000 Japaner der Garnison leisteten erbitterten Widerstand. Und dann erschien eine neue, jeder westlich geprägten Mentalität widersprechende Waffe: *Kamikaze*. Zum Selbstmord entschlossene japanische Piloten versenkten den Begleitträger *Ommaney Bay* und beschädigten die *Kitkun Bay* und *Kadashan Bay* so schwer, dass sie sich zurückziehen mussten. Als Manila am 4. März fiel, waren mehr als 40 000 GIs gefallen und 360 amerikanische Flugzeuge verloren gegangen.

Die Hoffnungen des japanischen Oberkommandos auf eine siegreiche Fortführung des Kampfes oder einen ehrenvollen Frieden erhielten am 20. Januar 1945 einen kräftigen Dämpfer. Generalmajor Curtis E. Le May übernahm die Führung des USAAF Bomber Command. Gestützt auf seine in Europa gewonnenen Erfahrungen mit Feuerstürmen befahl LeMay, die auf Guam und Tinian stationierten B-29 für Nachtangriffe gegen japanische Großstädte mit Brandbomben zu beladen. Um eine möglichst große Bombenlast mitführen zu können, wurde die Abwehrbewaffnung der Bomber auf ein Mindestmaß reduziert.

Die Probe aufs Exempel versuchte LeMay in der Nacht auf den 10. März 1945 mit 334 B-29. Kurz vor Mitternacht fielen die ersten Brandbomben auf Tokio. Von starkem Wind angefacht, breitete sich ein riesiger Flächenbrand aus und legte mehr als 25 Quadratkilometer in Asche. Man schätzt, dass zwischen 80 000 und 200 000 Zivilisten den Tod fanden. In den folgenden Nächten folgten ähnliche Brandangriffe gegen Nagoya, Osaka und Kobe. Danach lagen große Gebiete der vier wichtigsten japanischen Großstädte in Schutt und Asche. Der bis dahin schwerste Brandangriff traf am 25./26. Mai erneut Tokio und verheerte mehr als 90 Quadratkilometer, womit die B-29 rund 50 Prozent der Stadt verwüstet hatten.

Am 14. März 1945 waren die US-Truppen stark genug zum Angriff gegen Iwo Jima. Nach heftigen und blutigen Kämpfen brachte die 10. US-Armee – unterstützt von 16 Flugzeugträgern – die strategisch wichtige, als „Sprungbrett" gegen das japanische Festland ideale Insel in ihren Besitz. Am 23. März leiteten Luftangriffe den Angriff gegen Okinawa ein. Mehr als 1000 Flugzeuge waren an Bord von 13 schnellen, sechs leichten und 19 Begleitträgern herangeführt worden. Die Landungsoperation, die bisher größte im Pazifikkrieg, begann am 1. April 1945.

Der Zusammenbruch

Am 6. April verließ das gigantische japanische Schlachtschiff *Yamato* seinen Hafen. In einem verzweifelten Selbstmordangriff zur See sollte es der amerikanischen Invasionsflotte vor Okinawa möglichst schwere Verluste zufügen, bevor es zweifellos von amerikanischen Kriegsschiffen und Kampfflugzeugen versenkt werden würde. Sein Auslaufen war jedoch von einer Martin PBM Mariner beobachtet worden. Der Aufklärer folgte

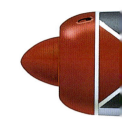

Unten: 1945. Irgendwo in Japan wartet eine Bomberbesatzung auf den Einsatzbefehl. Im Hintergrund ihr Bomber, eine Mitsubishi G4M Betty.

Oben: *Der soujetische leichte Jäger La-7 erreichte 680 km/h Höchstgeschwindigkeit.*

Unten: *6. August 1945. Der brodelnde Atompilz 6000 Meter über Hiroshima.*

Glückliches Kokura – unglückliches Nagasaki

Die B-29 mit der Seriennummer 44-27297 wurde am 19. April 1945 bei der 393rd Bomb Squadron in Dienst gestellt. Später kam sie zur 509th Composite Group und wurde nach ihrem Piloten Frederick C. Bock *Bock's Car* getauft. Bei einigen Testflügen wurde ein orangefarbenes Objekt namens *Pumpkin* (Kürbis) abgeworfen.

Am 9. August wurde *Pumpkin* gegen *Fat Man* ausgetauscht. *Fat Man* war auf Plutoniumbasis konstruiert und sollte als dritte Atombombe der Geschichte zur Explosion gelangen. Nach dem Start bemerkte die Besatzung, dass ein Kraftstoffwählhebel gebrochen war und sie den Inhalt eines Tanks nicht verbrauchen konnte. Es waren 272 kg totes Gewicht, die die Reichweite der B-29 beeinträchtigten.

Nach dem Start wurden die Zünderschaltkreise geschlossen und die Bombe scharf gemacht. Ziel war die Stadt Kokura. Die Wirkung der Bombe sollte fotografiert werden, und *Bock's Car* musste sich mit einem Bildaufklärer treffen. Am vereinbarten Treffpunkt angekommen, kurvte Bock 40 Minuten lang, bis seine Besatzung die Kameraden schließlich über sich entdeckte.

Als *Bock's Car* über Kokura eintraf, lag die Stadt unter dichten Wolken, und so wich *Bock's Car* nach Nagasaki aus. Hauptmann Kermit Beahan, der Bombenschütze, dirigierte die B-29 zum Zielanflug und klinkte die 4536 kg schwere Bombe aus. Sie explodierte um 11.02 Uhr in 500 m Höhe. Ihre Sprengkraft von 21 Kilotonnen tötete 40553 Menschen sofort und verletzte weitere 60000.

Oben: Bock's Car *warf die Atombombe auf Nagasaki.* Links: Bock's Car *klinkte* Fat Man *über dem Ziel aus. Die Bombe wog 4536 kg und hatte 1,50 m Durchmesser.*

und meldete ihren Kurs. Angegriffen von 280 Trägerflugzeugen – darunter 98 Torpedobombern Avenger – wurde sie von zehn Torpedos und fünf Bomben getroffen. Als sie sank, riss sie 2498 Besatzungsmitglieder in den Tod.

In Birma ging die 26. Indische Division in einer amphibischen Operation an Land und befreite am 2. Mai Rangun. Obwohl krank und hungernd versuchten zahlreiche im Hinterland abgeschnittene Japaner, über den Sittang im Osten Birmas zu entkommen. Zehn Tage lang griff die RAF in über 3000 Einsätzen die Japaner an und warf rund 680 000 kg Bomben ab. Ende Juli waren die japanischen Truppen in Birma geschlagen.

Am 16. Juli explodierte die gefährlichste je von Menschenhand geschaffene Waffe auf einem Testgelände bei Alamogordo, New Mexico. Diese Plutoniumbombe (Deckname *Gadget*) hatte eine Sprengkraft von 20 320 Tonnen TNT und war im Rahmen des *Manhattan Project* (nach dem Hauptbüro im New Yorker Stadtteil Manhattan benannt) entwickelt worden.

Keinen Monat später, am 6. August um 8.15 Uhr, detonierte *Little Boy*, die erste Atombombe, über der japanischen Stadt Hiroshima. Sie wurde von *Enola Gay*, einer speziell für den Atombombenabwurf modifizierten und nach der Mutter ihres Piloten Colonel Paul Tibbets benannten B-29 abgeworfen. *Little Boy* explodierte 580 m über der Aioi-Brücke. Die freigesetzte Energie von 15 Kilotonnen (das entspricht 15 000 Tonnen TNT) tötete schlagartig rund 75 000 Menschen – Hunderttausende starben bis auf den heutigen Tag an Folgeschäden der atomaren Verstrahlung. Nach Abwurf einer zweiten Atombombe auf Nagasaki kapitulierte Japan am 14. August. So endete der blutigste Konflikt der Menschheitsgeschichte mit einem vernichtenden Luftangriff. Die Atombombe beendete ein dramatisches Kapitel in der Geschichte der Menschheit, eröffnete aber gleichzeitig ein neues Zeitalter. War das Flugzeug im Zweiten Weltkrieg wichtig gewesen, so erhielt es im Kalten Krieg eine entscheidende Bedeutung.

Unten: Hiroshima nach dem Abwurf der Atombombe, die – bis auf den heutigen Tag – ungefähr 300 000 Menschen das Leben kostete.

Der Weg zum modernen Verkehrsflugzeug

Vom Propeller zum Strahltriebwerk

Nach dem Zweiten Weltkrieg erlebte die Zivilluftfahrt einen
ungeahnten Aufschwung. Jets machten den Flugbetrieb wirtschaftlicher und halbierten die Flugzeiten. Das neue Zeitalter
begann mit der 500 km/h schnellen Constellation und erreichte
seinen vorläufigen Höhepunkt mit der Concorde.

Links: Mit mehr als 4000 Maschi-
nen weltweit im Einsatz ist die
Boeing 737 eines der beliebtesten
und erfolgreichsten Verkehrsflugzeuge
aller Zeiten.
Oben: Schon auf den ersten Blick
ist unübersehbar, dass die Boeing
Stratocruiser aus dem Bomber B-29
Superfortress entwickelt wurde.

In den Kriegsjahren waren bahnbrechende technische Fortschritte erzielt worden. In den
USA, wo der technische Fortschritt besonders weit gediehen war, vollzog sich die Übernahme der militärischen Technologie in die kommerzielle Luftfahrt am reibungslosesten.
Die beim Bau von Langstreckenbombern mit Druckkabine und starken Triebwerken
gewonnenen Erfahrungen machten es den Flugzeugbauern leicht, ihre Produktions-
stätten nach Kriegsende für kommerzielle Aufgaben zu nutzen. Schon 1946 übernahm
TWA ihre erste Lockheed Constellation, und Boeings Modell 377 Stratocruiser war
eigentlich nur eine vergrößerte B-29.

Die ersten Nachkriegsjahre waren die Blütezeit der propellergetriebenen Verkehrsflugzeuge (Propliner). Im Februar 1946 eröffneten PanAm und TWA ihre Transatlantikdienste. In Großbritannien, wo British Overseas Airways Corporation (BOAC)
Flugboote betrieb, wurde offensichtlich, dass man damit den US-Fluglinien nicht die
Stirn bieten konnte. Während propellergetriebene britische Landflugzeuge wie das
Frachtflugzeug Bristol Type 170 auf Kurzstrecken flogen, kauften die größeren Fluglinien in den USA ein, wo die BOAC Constellations und Stratocruisers orderte. Aber
obwohl die späteren Versionen der Constellation und die DC-7 erstklassige Flugzeuge
waren, repräsentierten sie paradoxerweise den Anfang vom Ende der Propliner.

Oben: *Die Douglas DC-7 war eines der leistungsfähigsten, aber auch eines der letzten Propeller-Passagierflugzeuge.*

Während die Fluggäste immer höhere Anforderungen an ein Verkehrsflugzeug stellten, waren Leistungssteigerungen mit der vorhandenen Technik unmöglich. Die Propliner erreichten die Grenzen ihrer Leistungsfähigkeit. Um größere Flughöhen zu erreichen, war in den 1920er- und 1930er-Jahren der kompressorunterstützte Motor entwickelt worden. Aber auch dieser stieß in rund 12 000 m Höhe an seine Grenzen. Selbst bei Kolbenmotoren mit einer Leistung von 3000 PS blieb die Geschwindigkeit auf ungefähr 800 km/h begrenzt. Was die Konstrukteure brauchten, war eine neue Triebwerktechnik.

Anbruch der Jet-Ära

Gegen Ende des Zweiten Weltkriegs hatten die deutschen Heinkel He 178, Messerschmitt Me 262 sowie die britische Gloster Meteor die Vorzüge der Strahlantriebtechnik demonstriert. Nach Kriegsende dauerte es nicht lange, bis auch die Fluggesellschaften diese Technologie zu nutzen suchten. In Großbritannien tat de Havilland den entscheidenden Schritt, als der Prototyp der Comet am 27. Juli 1949 zum Erstflug startete. Bei de Havilland hatten die Planungen für ein Düsenverkehrsflugzeug schon im Februar 1945 begonnen. Im August 1946 einigte man sich auf das vierstrahlige, für 36 Passagiere ausgelegte Konzept der Comet Mk 1, und im Januar 1947 bestellte das Ministerium für Beschaffung zwei Prototypen. BOAC orderte acht und British South American Airways sechs Mk 1. Am 2. Mai 1952 eröffnete BOAC den Comet-Dienst zwischen London und Johannesburg. Mit ihrer Reisegeschwindigkeit von 725 km/h halbier-

Ganz oben: *Flugzeuge wie dieser Frachter Bristol Type 170 der Silver-City-Fluglinie dienten noch längere Zeit auf Kurzstrecken.*
Oben: *Lockheed Super Constellation der KLM.*

te die Comet auf dieser Strecke die Flugzeit. Mit den Varianten Mk 1A und Mk 2 wurde Großbritannien zum führenden Hersteller von Düsenverkehrsflugzeugen weltweit. Aber 1954 stürzten drei Comet aus unerklärlichen Gründen ab. Alle Bestellungen für Mk 2 wurden storniert, und alle Mk 1 und Mk 2 erhielten Startverbot. Im Dienst blieben nur die Mk 1A der kanadischen Luftwaffe.

Die Untersuchungskommission fand heraus, dass die Rümpfe infolge von Materialermüdung der Druckkabine auseinandergebrochen waren. Mit diesen Erkenntnissen wurde die Konstruktion überarbeitet und der Prototyp der Mk 3 zur Mk 4 weiterentwickelt. Nur zwei Monate nach Veröffentlichung des Unfallberichts bestellte BOAC 19 144-sitzige Mk 4 und eröffnete am 4. Oktober 1958 ihren Dienst London–New York.

Obwohl Bestellungen aus aller Welt eingingen, erholte sich die Comet nie ganz von den Unfällen.

De Havilland war deshalb sehr erfreut, als Capitol Airlines vier Mk 4 und zehn Mk 4A in Auftrag gab. Aber Capitol geriet in finanzielle Schwierigkeiten. 1961 von United Airlines geschluckt, stornierten die Amerikaner die Bestellung. Die Mk 4A ging nie in Serie. Allerdings glaubte de Havilland, es gäbe Bedarf für die verbesserten, 850 km/h schnellen Mk 4B/C. Gebaut wurden dann aber nur insgesamt 74 Mk 4, Mk 4B und Mk 4C. BOAC stellte ihren letzten Comet-Dienst 1965 ein, und de Havilland nutzte die Comet als Basismodell für den Seeaufklärer Nimrod. Obwohl bei der Konstruktion der Comet nicht alles glatt ging, hatte de Havilland dennoch bewiesen, dass dem Düsenflugzeug die Zukunft gehörte.

Die Boeing 707

Anfang der 1950er-Jahre investierte Boeing rund 16 Millionen Dollar in die Entwicklung des Tan-

Oben: *Wartung der Druck- und Belüftungsanlage sowie der Triebwerke einer de Havilland Comet Mk 1 auf dem Londoner Flughafen.*

Oben: *De Havilland baute als erstes Unternehmen
Düsenverkehrsflugzeuge in Serie. Dieses Foto zeigt die
aerodynamisch günstig gestaltete, elegante Konstruktion
der Comet Mk 4C.*

Links: *Die Comet Mk 4C –
de Havillands Meisterstück! Leider
wurden nur 74 Exemplare der Mk
4-Varianten gebaut. Viele dienten
im Nahen und Mittleren Osten,
wie beispielsweise diese Maschine
der Sudan Airways.*

Oben: *Die Vickers Viscount war das erste Verkehrsflugzeug mit Propellerturbinenluftstrahltriebwerk (PTL). Leistungsmäßig lagen diese Turboprop-Triebwerke zwischen Kolbenmotoren und den Jets der neuen Generation.*

Rechts oben: *Vickers konstruierte die 139-sitzige Vanguard, die 151-sitzige VC-10 und die 163-sitzige Super VC-10 (Foto) und festigte damit seinen Anspruch auf die Führungsposition in der britischen Luftfahrtindustrie.*

Rechts unten: *Für schwerste Frachten konstruiert war der Riesentransporter Antonow An-22 mit Turboprop-Antrieb. Im Oktober 1967 errang die An-22 vierzehn Nutzlast-Höhenrekorde. Der Laderaum bietet drei Busse oder 15 bis 20 Traktoren Platz.*

kers Model 707, der später auch als Basis für ein Verkehrsflugzeug dienen sollte. Der Prototyp Dash-80 wurde am 14. Mai 1954 der Öffentlichkeit präsentiert und absolvierte am 15. Juli seinen Erstflug. Am 1. September vergab die USAF ihren ersten Auftrag über 29 KC-135A Stratotanker.

Boeing intensivierte die Bemühungen um ein Verkehrsflugzeug und schuf mit der 707 den ersten amerikanischen Jetliner. Die erste 707 flog am 20. September 1957 und erhielt ein Jahr später die Musterzulassung. Erstkunde wurde PanAm mit 20 Model 707, die im Oktober 1958 den Dienst New York–London aufnahmen. Die 707 war komfortabel mit je drei Sitzen links und rechts vom Mittelgang. Sie wurde in verschiedenen Varianten angeboten; unter anderem als umrüstbare Combi für Passagier-/Frachtbeförderung und reiner Frachter. Als erstes wirkliches Langstreckenmodell gilt die 707-320 Intercontinental. Von PanAm am 26. August 1959 auf den Transatlantikdiensten eingeführt war sie für 189 Passagiere bestuhlt. Einschließlich der militärischen Versionen wurden 878 Model 707 und 154 720 (kleiner und leichter für Kurz- und Mittelstrecken) gefertigt.

Die europäischen Turboprops

Noch tobte der Zweite Weltkrieg, als sich Britanniens Luftfahrtindustrie für den zivilen Luftverkehr rüstete und Ende der 1940er-Jahre den Turboprop Vickers Viscount entwickelte. Ein Propellerturbinenluftstrahltriebwerk (PTL) funktioniert ähnlich wie ein Düsentriebwerk, gibt allerdings die meiste Leistung als Wellenleistung an eine Luftschraube ab. Ein PTL ist leistungsfähiger als ein Kolbenmotor und verbraucht nicht so viel

Kraftstoff wie ein Jet in niedrigen Geschwindigkeitsbereichen. Am 16. Juli 1948 absolvierte die Viscount den Jungfernflug und startete am 29. Juli 1950 in den Farben der British European Airways (BEA) zum ersten Linienflug nach Paris. Ausgelegt für 47 bis 60 Passagiere, wurde die Viscount 700 als erstes britisches Verkehrsflugzeug in großer Zahl für den US-Markt gebaut; allein Capitol Airlines erwarb 60. Auch andere britische Flugzeugbauer drängten auf den Turboprop-Markt. Stärkste Konkurrentin war die 74-sitzige, für Kurzstrecken konzipierte Bristol Britannia und die kleinere Kurzstreckenmaschine Handley Page Herald, deren Prototyp im März 1958 folgte. Um mit der Britannia konkurrieren zu können, entwickelte Vickers – gestützt auf Forderungskataloge der BEA und Trans-Canada Air Lines – die 139-sitzige Vanguard (1961 bei BEA in Dienst gestellt). Der zweite Konkurrent war die 151-sitzige, ab 1964 im Passagierdienst eingesetzte VC-10, aus der im folgenden Jahr die Super VC-10 hervorging.

Auf dem US-Markt machten die britischen Turboprop-Airliner keinen allzu großen Eindruck, und die amerikanischen Flugzeugbauer sahen in Vickers und Bristol keine Bedrohung. Beech, Convair und Fairchild bauten zwar Turboprops für Kurz- und Mittelstrecken, hatten in ihrer Angebotspalette aber nichts, was für profitable Transatlantikdienste geeignet gewesen wäre. Stattdessen erschienen neue PTL-Konstruktionen bei Antonow und Fokker; Antonow baute das größte und Fokker das erfolgreichste Modell.

Während sich die Genossen bei Tupolew auf Düsenflugzeuge konzentrierten, konstruierte Antonow eine Serie erfolgreicher Turboprops; darunter die 1965 vorgestellte An-22. Dank ihrer

Länge von 57,8 m ist die An-22 heute noch der größte Turboprop-Frachter. Neben 29 Passagieren kann sie eine Nutzlast von 80 000 kg befördern. Eine geplante 724-sitzige Passagierversion wurde nicht verwirklicht. 1967 bei Aeroflot in Dienst gestellt, errang die An-22 vierzehn Nutzlast-Höhenrekorde, wobei sie unter anderem mit 100 018 kg Nutzlast eine Höhe von 7848 m erreichte. 66 An-22 wurden gebaut.

Anfang der 1950er-Jahre plante Fokker die F.27 Friendship als Nachfolgerin der DC-3. Gemäß einer Vereinbarung mit Fairchild wurde die Friendship als F-27 in den USA lizenzgefertigt. Der Prototyp der F.27 absolvierte seinen Erstflug am 24. November 1955 und das erste seriengefertigte Exemplar am 23. März 1956. Erster Betreiber der F.27 wurde Aer Lingus. Es folgte eine Familie verschiedener Versionen, von denen heute noch mehr als 200 Exemplare im Dienst sind. Fokker baute 579 F.27 Friendship und Fairchild 207 F-27.

Die goldene Zeit der Jetliner

Während die Entwicklung des Strahltriebwerks weiterging und Turbojets ihre führende Position vor den Turboprops bewahrten, erschien die französische SNCASE (Société Nationale de Constructions Aéronautiques du Sud-Est) mit einem außergewöhnlichen Konzept. Im Oktober 1951 forderte die französische Regierung die Flugzeugindustrie auf, Entwürfe für ein Düsenverkehrsflugzeug einzureichen. Die offizielle Ausschreibung nannte weder die Anzahl noch die Art der Triebwerke. Im März 1952 waren noch drei Entwürfe in der engeren Wahl: die zweimotorige HD.32 von Avions Hurel-Dubois, die X-210 von SNCASE mit drei heckinstallierten Jets und die vierstrahlige SO 60 der SNCASO (Société Nationale de Constructions Aéronautiques du Sud-Ouest). Nachdem Rolls-Royce sein Strahltriebwerk Avon zum schubstärkeren R.A.16 weiterentwickelt

Unten: Dank ihrer Reichweite von 11 000 km kann die An-22 eine riesige Nutzlast zu fast jedem Punkt der Erde transportieren. Hier ist eine An-22 mit Hilfsgütern für Erdbebenopfer in Georgien gelandet.

hatte, verzichtete SNCASE auf das zentral angeordnete dritte Triebwerk, behielt jedoch die beiden am Heckrumpf angeordneten Triebwerke bei. Im Juli 1952 erneut präsentiert, wurde das SNCASE-Konzept im September für das nun Caravelle genannte Flugzeug angenommen.

Triebwerkanordnungen am Heck waren damals nicht alltäglich. Konstrukteure hatten sich daran gewöhnt, Triebwerke an den Flügeln zu montieren und nahmen kaum zur Kenntnis, dass vieles dafür sprach, Triebwerke am Rumpf zu montieren. Flügel ohne Triebwerke waren aerodynamisch günstiger, rumpfinstallierte Triebwerke konnten die am Rumpf entlangfließende Luft einfacher ansaugen und waren folglich leistungsfähiger. Die räumliche Trennung von den Flügeltanks senkten die Brandgefahr, und der Lärmpegel in der Kabine konnte wesentlich reduziert werden.

Nach dem erfolgreichen Erstflug der Caravelle am 27. Mai 1955 bestellte Air France Anfang 1956 zwölf Maschinen. Die Grundversion Caravelle I ging Ende des Jahres in Serie. Zum 1. März 1957 fusionierten SNCASE und SNCASO zur Sud-Aviation und lieferten 1959 Caravelle I an Air France und SAS. Durch Umrüstung auf zwei Rolls-Royce Avon RA 29 Mk 526 entstand die verbesserte IA, von der Finnair im Februar 1960 drei Exemplare einführte. Ende 1960 waren insgesamt 105 Caravelle I, IA, III und VII bestellt. Besonders beliebt war jedoch die neue Entwicklungsreihe VI. Die VI N startete am 10. September 1961 zum Erstflug, und United Airlines erteilte mit 20 VI R die größte Einzelbestellung für eine Variante.

Die Caravelle erhielt auch ein automatisches Landesystem. Als die erste automatische Landung

Braniff International: Der texanische Trendsetter

In einer Zeit, als die führenden Airlines strahlgetriebene Verkehrsflugzeuge in Dienst stellten, bot eine Fluglinie ihren Gästen etwas ganz Besonderes. Im Juni 1928 gründeten die Brüder Paul Revere und Thomas E. Braniff unter dem Firmennamen Paul R. Braniff Inc einen Flugdienst zwischen Oklahoma City und Tuba. Nachdem ihre Firma schon im Folgejahr mit Aviation Corporation fusionieren musste, gründeten die Brüder 1930 ihre eigene, selbstständige Fluglinie: Braniff Airways Inc. Sie waren erfolgreich und wurden mit der Luftpostbeförderung von Chicago nach Dallas betraut. 1936 verkaufte Paul seine Firmenanteile an seinen Bruder, und im Juni 1942 verlegte Thomas die Hauptverwaltung der Braniff Airways Inc nach Dallas.

In den 1940er-Jahren dehnte Braniff sein Streckennetz nach Mittelamerika und in die Karibik aus, erwarb Aerovias Braniff für seinen Mexikodienst und erhielt später weitere Verkehrsrechte in der Karibik sowie in Mittel- und Südamerika. Seit 1948 firmiert das Unternehmen als Braniff International. Vier Jahre später schluckte sie Mid-Continent Airlines und erweiterte die Zahl ihrer Strecken von 38 auf 70.

Im Januar 1954 fand Thomas Braniff bei einem Flugzeugabsturz den Tod. Sein Nachfolger Beard steuerte Braniff International durch stürmische Jahre. Mit Boeing 707 wurde im April 1960 ein Jet-Liniendienst zwischen den USA und Lateinamerika eröffnet.

Troy Post von Greatamerica Corporation und drei Braniff-Aktionäre übernahmen im Juli 1964 mit insgesamt 57,5 Prozent die Aktienmajorität und begannen, die Airline zu modernisieren. Bereits im März des folgenden Jahres übernahm Braniff die erste BAC One-Eleven, und Jack Tinker, Chef der Werbeagentur „Jack Tinker and Partners", sowie der Modeschöpfer Emilio Pucci wurden beauftragt, Braniff ein zeitgemäßes Erscheinungsbild zu geben. Später kam der Künstler Alexander Calder hinzu, der unter dem Titel *Flying Colors of South America* 1973 eine DC-8 bemalte.

Die Aktienpreise stiegen, und Braniff expandierte. Anfang 1967 erwarb Braniff für 30 Millionen Dollar die Pan American Grace Airways (Panagra), erhielt zusätzliche Verkehrsrechte und betrieb zwei Jahre später eine reine Jet-Flotte (Boeing 707, BAC One-Eleven, Douglas DC-8). Zur Stärkung der Mittel-

und Langstreckendienste wurden 1971 35 Boeing 727 und einige 747 bestellt sowie anlässlich des 50. Firmenjubiläums ein größeres Streckennetz und besserer Service an Bord angekündigt. Mit Inkrafttreten des Airline Deregulation Act am 1. November 1978 forderte Braniff von der CAB (US-Aufsichtsbehörde für die Zivilluftfahrt) Verkehrsrechte für 620 neue Strecken, weil allgemein die Ansicht vorherrschte, große Fluglinien könnten die Folgen der Deregulation besser bewältigen.

Oben: Die 727 (hier in Braniff-Bemalung) war Boeings einziger dreistrahliger Airliner.
Unten: Alle Boeing 747 bei Braniff trugen den bekannten orangefarbenen Anstrich.

Der Niedergang Braniffs begann 1979, als – obwohl Boeing noch im Oktober einen 700-Millionen-Auftrag für 727 und 747 erhalten hatte – *Business Week* über finanzielle Schwierigkeiten zu berichten wusste. Braniff hatte zu stark und zu schnell expandiert und litt besonders 1979, als infolge der wirtschaftlichen Rezession die Passagiere ausblieben und die Treibstoffpreise stiegen. Ende des Jahres meldete Braniff 44 Millionen Dollar Verlust. Um zu retten, was zu retten war, wurde das europäische und pazifische Streckennetz abgespeckt und letzteres schließlich ganz eingestellt. Die gesamte Flotte musste verpfändet werden. Als Anfang 1981 dann auch eine Fusion mit Eastern Airlines scheiterte, waren die

Aussichten trübe. Bis Februar 1982 erreichten die Verluste 128 Millionen. Kurz vorher war in allen 727 die Erste-Klasse-Einrichtung ausgebaut und durch eine schlichte Einklassenausstattung mit dem heiteren Namen *Texas Class* ersetzt worden.

Am 12. Mai 1982 ging Braniff International als erste große US-Airline nach 75 Jahren Flugbetrieb in Konkurs. Danach gelangte das Unternehmen mehrmals in andere Hände. Anfang Juli 1992 scheiterte der dritte und letzte Versuch, und der Name Braniff und die farbenfroh bemalten Flugzeuge verschwanden endgültig von den Flughäfen.

Oben: *Alitalia betrieb als erste Fluggesellschaft die Sud-Aviation Caravelle mit dem automatischen Landesystem Lear Autoland.*
Rechts: *Als erste nicht-französische Fluglinie betrieb ab 1959 Scandinavian Airlines System die Caravelle I.*

am 29. September 1962 mit dem Prototypen 01 geglückt war, wurden die Versuche mit dem Autopiloten Lear 102 und Smith Autoland fortgeführt. Der Amerikaner Elmer Sperry hatte den automatischen Flugregler schon 1914 vorgeführt. Von William Powell Lear Sr. wurde die Technologie weiterentwickelt und als Autopilot unentbehrlich. Ende der 1940er-Jahre perfektionierte Lear seinen Autopilot derart, dass in Verbindung mit Anflugkopplern sogar Blindlandungen möglich wurden. Für eine autonome Landung wählte der Pilot die Betriebsart acht Kilometer vor dem Flugplatz und überließ es dem Flugregler, die Maschine präzise zu landen. Die erste Caravelle mit Lear-Automatiklandesystem übernahm Alitalia Anfang 1966. Obwohl in Europa sehr beliebt, scheiterten die Caravelle in den USA. US-Fluglinien bevorzugten amerikanische Hersteller.

Transatlantischer Wettbewerb

Anfang der 1960er-Jahre entwickelten die amerikanischen Flugzeugbauer Boeing, Douglas und Lockheed ausschließlich zwei- und dreistrahlige Verkehrsflugzeuge. Nur Douglas hatte Mitte der 1950er-Jahre im Transatlantikverkehr eine Marktlücke entdeckt und wagte die Entwicklung eines vierstrahligen Airliners in Konkurrenz zur Boeing 707. Alles in allem baute Douglas 556 DC-8 in sieben Versionen. Erfolgreichstes Modell war die DC-8-60, die bis zu 260 Passagiere über den Atlantik befördern konnte. 1964 stellte Eastern

Airlines mit dem Model 727 Boeings dreistrahliges Verkehrsflugzeug in Dienst. Ausgelegt für 189 Passagiere, trug die B-727 – wie die Caravelle – die Triebwerke am Rumpfheck. Der Erfolg der 727 führte in den 1960er-Jahren zur weiteren Entwicklung zweistrahliger Verkehrsflugzeuge mit heckinstallierten Triebwerken. Die 89-sitzige BAC One-Eleven absolvierte ihren Eröffnungsflug mit British United Airways (BUA) im April 1965. Im Dezember folgte Delta mit der 139-sitzigen Douglas DC-9. Von der DC-9 wurden 976, von der One-Eleven 239 Exemplare ausgeliefert.

Vom Baby zum Jumbo

Schließlich kehrte Boeing Ende der 1950er-Jahre zum Konzept der flügelinstallierten Triebwerke zurück. Auch als *Baby Jet* oder *Baby Boeing* bekannt geworden, hob das Kurzstreckenmodell 737 erstmals am 9. April 1967 ab. Die Erfolgsgeschichte der 737 begann am 10. Februar 1968 im Liniendienst der Lufthansa. Es folgte die gestreckte, mit

150 Sitzen ausgestattete 737-200. Das *Baby* war leicht, die Flughafengebühren daher niedrig und der Kraftstoffverbrauch mit 0,034 Liter je Sitzkilometer gering. So entwickelte sich das *Baby* zu einem Verkaufsschlager. Der Preis betrug je nach Version zwischen 41 und 68,5 Millionen Dollar, und mehr als 4000 Exemplare wurden verkauft.

Unter Beibehaltung der Triebwerkanordnung auf der Flügelunterseite schuf Boeing mit der 747 das erste strahlgetriebene Großraumflugzeug. Der Jumbo basierte auf Studien für einen Militärtransporter. Gestartet wurde das zivile Projekt, als PanAm im April 1966 25 B-747 im Wert von 525 Millionen Dollar orderte. Offiziell vorgestellt wurde die 747 im Juni 1969 auf dem Pariser Luftfahrtsalon. Ein halbes Jahr später nahm sie bei PanAm den Passagierdienst auf. Dieser Passagier- und Frachtjet ist aber auch für sehr spezielle Aufgaben weiterentwickelt worden. Zwei 747 dienen der NASA seit Februar 1977 als Transporter für den Spaceshuttle.

Unten: Fluggastraum einer Douglas DC-8 Ende der 1950er-Jahre. Verglichen mit der Ausstattung der frühen Verkehrsflugzeuge boten verstellbare Rückenlehnen, individuelle Frischluftzufuhr und Leselampen luxuriösen Komfort.

Oben: *Boeing verkaufte mehr als 1800 B-727, darunter auch die 129-sitzige 727-100 (Foto). Die meisten 727 wurden in der gestreckten Version für 189 Passagiere gefertigt.*

Für seine Reisen kann der US-Präsident auf zwei VC-25A, modifizierte 747-200B, vertrauen. Andere Jumbos dienten bei *Operation Desert Storm* zur Befreiung Kuwaits als Truppentransporter und Frachter sowie bei der *Operation Restore Hope* in Somalia von Dezember 1992 bis Januar 1993 als Frachter. Bis 2002 konnte Boeing fast 1300 747 verkaufen. Ihr Verkaufspreis bewegt sich heute zwischen 185 und 215 Millionen Dollar. Größtes und jüngstes Mitglied der Jumbo-Familie ist die für Langstrecken konzipierte 747-400ER (Erstflug: 31. Juli 2002) mit 412 775 kg maximaler Startmasse, 14 205 km Reichweite und 214,5 Millionen Dollar Listenpreis.

Ganz oben: *Weitaus erfolgreicher als die 727 wurde Boeings 737.*
Oben: Air Force One, *die 747 des US-Präsidenten; hier über Mount Rushmore mit den in den Fels gemeißelten Porträts früherer Präsidenten.*

Oben: *Mit einer Kapazität von über 500 Passagieren wird die Boeing 747 von jeder führenden Airline betrieben.*
Links: *Luftfahrtsalon Paris 1969; Vor dem Jumbo wirkt ihre Vorgängerin 707 winzig.*

Amerikanische Tri-Jets

Um neben der 747 bestehen zu können, konstruierte auch Douglas ein Großraumflugzeug. Douglas DC-10 und Lockheed L-1011 TriStar beruhen auf einer Ausschreibung der American Airlines (AA) für ein zweistrahliges Großraumflugzeug. Beide Flugzeugbauer konnten AA jedoch überzeugen, dass ein dreistrahliges Flugzeug dank größerer Kapazität auch sehr viel wirtschaftlicher wäre. Die DC-10 absolvierte ihren Erstflug im August 1970, drei Monate früher als die TriStar. In den USA schwankten die führenden Fluglinien, für welche der beiden sie sich entscheiden sollten. Ausschlaggebend für die meisten war dann, wie schnell und konsequent Douglas das Projekt bis zum Jungfernflug abwickelte. Im August 1971 übernahm AA ihre erste DC-10. Zwar ereigneten sich schon in den ersten Betriebsmonaten Triebwerkausfälle; ein schwer wiegenderer Zwischenfall geschah aber 1972, als die hintere Unterflurfrachttür sich im Flug öffnete und einen Druckabfall in der Kabine bewirkte, sodass der Hauptboden einbrach. Dennoch konnte die Maschine landen. Weniger Glück hatte Turkish Airlines, als sich im März 1974 nach dem Start in Paris ein ähnlicher Fehler ereignete. Die abstürzende DC-10 riss alle Passagiere in den Tod. Von diesen Unfällen und der negativen Presse hat sich die DC-10 nie mehr erholt. Dennoch konnte Lockheed von diesem psychologischen Vorteil nicht profitieren. Lockheed war primär auf Militärflugzeuge ausgerichtet, und obwohl TWA, Eastern Airlines (EA) und

Delta Aufträge erteilten, kam die Serienfertigung nur schleppend voran. Verzögerungen ergaben sich durch Schwierigkeiten mit dem Rolls-Royce-Turbofan RB.211. Als Rolls-Royce 1970 Konkurs anmeldete, machte die britische Regierung finanzielle Hilfen davon abhängig, dass Lockheed verbindlich zusicherte, die in Auftrag gegebenen Triebwerke auch abzunehmen. Die Folge war, dass EA ihre erste TriStar erst im April 1972 in Dienst stellen konnte, acht Monate nach der DC-10. Bei AA kam die TriStar überhaupt nicht zum Einsatz. Diese Mischung aus Terminüberschreitungen und Unfähigkeit bewirkte, dass sich die DC-10 weitaus besser verkaufte. So konnte Douglas (einschließlich dem Militärtanker KC-10) 446 DC-10 absetzen, Lockheed nur 250 TriStar. Um die Gewinnschwelle zu überschreiten, hätte Lockheed die doppelte Anzahl verkaufen müssen.

Turbofan

Leistungsfähigere Flugzeuge erfordern effektivere Triebwerke. Moderne Verkehrsflugzeuge werden von einer neuen Variante des Strahltriebwerks angetrieben: dem Turbofan. Der Turbofan ist ein Mittelweg zwischen Turbojet und Turboprop und bietet Verkehrsflugzeugen den optimalen Wirkungsgrad für die Reisefluggeschwindigkeit. Der Turbofan besteht aus zwei Kreisen: Der innere ähnelt einem Turbojet, der äußere besteht aus einer dem Verdichter vorgeschalteten Bläserstufe. Da der Fan (Bläser) größer ist als der Kern, fließt viel angesaugte Luftmasse am Kerntriebwerk vorbei

Unten: American Airlines eröffnete 1971 den ersten Liniendienst mit der dreistrahligen Douglas DC-10.

Oben: *Der Rolls-Royce Trent 700 ist ein moderner
Turbofan und gegenwärtig bei 25 Fluglinien
weltweit im Einsatz.*

und liefert die größere Schubleistung. Das Verhältnis der beiden Luftströme (Nebenstromverhältnis) bestimmt die Leistungsfähigkeit des Triebwerks. Je größer der Bläser, desto höher sind Nebenstromverhältnis und Leistung. Schubleistungen von weit über 500 kN sind heutzutage keine Seltenheit.

Von der 757 zur 777

Ende der 1970er-Jahre begann Boeing mit dem Aufbau einer Airlinerfamilie mit Triebwerkanordnung unter den Flügeln. Nach einer Bestellung von 30 Maschinen durch United wurde am 14. Juli 1978 der Programmstart des Modells 767 bekannt. Die erste an United übergebene 767-200 (bis zu 290 Passagiere) nahm 1982 den Liniendienst auf. Von insgesamt acht Varianten verkaufte Boeing bis Ende 2000 rund 900 Einheiten.

Die kleinere 757 folgte 1983. Sie fußt auf der 727 und kann bis zu 239 Passagiere befördern. Als zweistrahliges Mittelstreckenflugzeug ausgelegt, bietet sie die niedrigsten Betriebskosten ihrer Klasse. Obwohl mehr als 1000 Einheiten ausgeliefert wurden, wartet Boeing seit 2001 vergeblich auf weitere Aufträge.

Boeings jüngstes Verkehrsflugzeug ist das Langstreckenmodell 777. Mit ihm will Boeing die Lücke zwischen 747 und 767 schließen. Am 7. Juni 1995 startete die 777 in den Farben der United zum ersten Linienflug zwischen London und Washington; seitdem sind weit mehr als 400 Einheiten ausgeliefert worden.

Europa holt auf

Hauptkonkurrent der Boeing 777 sind der Airbus A330 und A340. Die im Dezember 1970 gegründete Airbus Industrie ist ein europäisches Gemeinschaftsprojekt, an dem unter anderem Aérospatiale, Airbus Deutschland, CASA und British Aerospace

beteiligt sind. Erster Airbus war der A300, der – ausgelegt für maximal 361 Sitze – am 28. Oktober 1972 seinen Jungfernflug absolvierte. In ihrer mehr als 30-jährigen Geschichte hat Airbus Industrie durch den Verkauf von mehr als 2000 Einheiten große Anteile am Kurz- und Mittelstreckenmarkt erworben. Der A320 erhielt als erstes Verkehrsflugzeug ein „Fly-by-wire-System". Bei dieser Steuerung übermittelt der Pilot die Steuerbefehle auf die Steuerflächen nicht mehr mechanisch (Gestänge, Seilzüge), sondern durch elektrische Impulse (by wire). Zur Gewährleistung der nötigen Ausfallsicherheit sind alle Systeme doppelt ausgelegt. Damit der Pilot nicht völlig der Technik ausgeliefert ist, bleibt ihm allerdings eine mechanische Notsteuerung.

Am 9. September 1998 verkaufte Airbus das 3000. Flugzeug seit der Konsortiumsgründung. Mit dem Programmstart für den A318 am 26. April 1999 wurde die Angebotspalette nach unten ab-

Oben: Die Boeing 777 soll auf Langstrecken die 747 ersetzen und die Lücke zwischen 747 und 767 schließen.
Unten: Boeing 767-200ER der Air Seychelles. Dank größerer Tankkapazität hat diese Langstreckenausführung (ER = Extended Range) eine maximale Reichweite von mehr als 12 350 km.

gerundet. Hauptzielgruppe dieses kleinsten Airbus sind innereuropäische Dienste und Regionalgesellschaften. Im Wettbewerb mit dem Erzrivalen Boeing hatte Airbus schon am 5. Juni 1987 die Entwicklungsprogramme für den A330 (zweistrahlig) und A340 (vierstrahlig) gestartet. Der A340 absolvierte seinen Erstflug im Oktober 1991 vor dem A330 im November 1992. 1993 begann die Auslieferung des A340. Bei den Triebwerken können die Kunden beim A330 zwischen Triebwerken von General Electric, Pratt & Whitney oder Rolls-Royce wählen. Zu Beginn des 21. Jahrhunderts zwingt Airbus Boeing, seine Planungen für zukünftige Projekte zu überdenken.

Jenseits der Schallmauer

Im Bemühen, immer weiter, schneller und höher zu fliegen, war schon in den 1930er-Jahren in Deutschland mit Strahltriebwerken experimen-

Unten: Der A320 erhielt als erstes Verkehrsflugzeug ein „Fly-by-wire"-System. Bei dieser elektronischen Steuerung übermittelt der Pilot die Steuerbefehle auf die Steuerflächen nicht mehr mechanisch, sondern durch elektrische Impulse.

tiert worden. 1938/39 erfolgten Erstflüge mit Raketen- und Düsenflugzeugen, und 1941 durchbrach Heini Dittmar mit einer Me 163A die Schallmauer. Die Schallmauer ist keine technologisch unüberwindbare Grenze für die Fortbewegung des Menschen. Richtig ist allerdings, dass es bei der Annäherung an die Schallmauer nicht nur fliegerische Probleme gab, sondern auch unbekannte aerodynamische Abläufe zu bewältigen waren. Die Schallgeschwindigkeit wird nach ihrem Entdecker, Professor Ernst Mach, mit Mach 1 bezeichnet. Sie schwankt zwischen etwa 1220 km/h auf Meereshöhe und 1060 km/h in 11 000 m Höhe und bleibt dann fast konstant. Im Bereich der Schallmauer verändert sich das Verhalten der Luftströmung um das Flugzeug und verursacht eine Verdichtungswelle, die bei herkömmlichen Flugzeugen Steuerlosigkeit bewirkte. Als dieses Phänomen erkannt war, konnten Flugzeuge so

konstruiert werden, dass sie die Schallmauer sanft überwinden konnten.

Auf Heini Dittmar folgte 1942 die amerikanische Bell XP-59A, und 1947 erreichte Captain Boyd mit einer Lockheed F-80 Shooting Star 1004 km/h. Erstmals im Horizontalflug durchbrach die Schallmauer Major „Chuck" Yeager mit einer Bell X-1 am 14. Oktober 1947 mit Mach 1,6. Im Februar des folgenden Jahres erreichte eine Douglas D-558-2 Skyrocket als erstes Flugzeug Mach 2. Der erste britische Überschallflug glückte am 6. September 1948, als John Derry mit einer de Havilland DH.108 Swallow – von 12 192 m auf 9144 m stürzend – 1127 km/h erreichte.

Konzepte für überschallschnelle Verkehrsflugzeuge (SST) wurden seit den 1950er-Jahren diskutiert. Obwohl Europa seine führende Position in der Jet-Entwicklung an die USA verloren hatte, wurde 1956 der Beratungsausschuss für Überschall-Luftverkehr (STAC) gegründet. Eine der wichtigsten Entscheidungen zum Bau eines SST

war das Tragwerkkonzept. Das Tragwerk musste in allen Höhen- und Geschwindigkeitsbereichen aerodynamisch optimale Wirkungsgrade garantieren. Für eine Zielgeschwindigkeit von Mach 2 waren stark gepfeilte Flügel am besten geeignet, während die Tragflächenhinterkanten zum Flug in niedrigen Höhen gerade gestaltet sein mussten. „Fast" unabhängig voneinander gelangten SST-Forscher in Frankreich, in der UdSSR und in den USA zu dieser Erkenntnis und entwarfen Dreiecks- oder Deltaflügel. Drei britische STAC-Mitglieder – Bristol, English Electra, Vickers – fusionierten 1960 zur British Aircraft Corporation (BAC). Alle Flugzeugbauer wurden aufgefordert, Entwürfe für ein ziviles, kommerziell realisierbares SST einzureichen. Schließlich siegte BAC mit ihrer 223. Als Voraussetzung für die Weiterführung dieses Projekts wünschte BAC auch mit ausländischen Konstrukteuren und Unternehmen zusammenzuarbeiten. Aber die USA wollten ein SST auf eigene Faust entwickeln, die Deutschen waren

Oben: 6. September 1948. Die de Havilland DH.108 Swallow durchbricht als erstes britisches Flugzeug die Schallmauer – elf Monate nach „Chuck" Yeagers Bell X-1.

Links: *Die Concorde wurde bis ins letzte Detail für den Überschallflug konzipiert. Um den Piloten bei Start und Landung eine bessere Sicht zu ermöglichen, ließ sich die lang gestreckte Nase absenken.*
Rechts: *Forderungen nach optimalen aerodynamischen Leistungen führten zum berühmten Delta-Tragwerk der Concorde.*
Unten: *Von Briten und Franzosen als Prestigeprojekt betrachtet, wurde die Concorde nur von Air France und British Airways betrieben. Andere Fluglinien lehnten die Concorde aus kommerziellen Gründen ab.*

nicht interessiert, und Frankreich arbeitete bereits an einem eigenen SST-Projekt. Anfang 1961 wurden die 125-sitzige BAC 223 und die für 70 bis 80 Passagiere ausgelegte Sud-Aviation Super Caravelle enthüllt. Beide SST-Konstruktionen waren sich erstaunlich ähnlich, und im Juni beratschlagten BAC und Sud-Aviation über ein Gemeinschaftsprojekt. Diese Gespräche führten schließlich zur Concorde.

Aber dann erschien ein unerwarteter Konkurrent. Beim Pariser Luftfahrtsalon 1965 erschienen die Sowjets mit einem eigenen SST, der Tupolew Tu-144. Wie andere Flugzeugbauer weltweit hatte auch Tupolew in den 1960er-Jahren zweistrahlige Verkehrsflugzeuge mit heckmontierten Triebwerken und Tri-Jets gefertigt, und so war ein SST-Projekt der nächste Schritt. Wegen ihrer auffallend großen äußeren Ähnlichkeit mit der Concorde erhielt die Tu-144 sogleich den Spitznamen

Concordski, und Gerüchte über sowjetische Spionage sind nie verstummt.

Auch in den USA wurden Unsummen in ein amerikanisches SST investiert. Das FAA (US Luftfahrtbundesamt) schätzte, dass in drei Jahrzehnten mehr als 500 überschallschnelle Airliner benötigt würden. So präsentierten Boeing und Lockheed 1966 ihre Entwürfe 733 beziehungsweise L-2000. Die L-2000 war zwar kostengünstiger in der Fertigung, dafür aber langsamer und lauter als die Boeing. Boeing ging als Sieger aus dem SST-Wettbewerb hervor und erhielt am 1. Mai 1967 eine Bestellung über zwei 2707-100 (neue Bezeichnung für die 733). Beim Tragwerk hatte sich Boeing für eine variable Flügelgeometrie entschieden, die sich aber nicht bewährte. Nächste Entwicklungsschritte waren die größere 2707-200 und schließlich die verkürzte 2707-300 mit starrem Delta-Tragwerk. Ungeheure Entwick-

Oben: *Die Challenger 300 (Listen-preis 1999: 14,25 Millionen Dol-lar) gehört zur Familie der von Bombardier Aerospace gebauten modernen Geschäftsreiseflugzeuge der „super midsize"-Klasse mit großer Reichweite (5740 km) und kurzer Startstrecke (1500 m).*
Rechts: *Komfortable Kabine einer Bombardier Global Express.*

lungskosten, technische Schwierigkeiten und Erfolge der Umwelt-Lobby ließen den US-Senat das Projekt Ende 1971 streichen.

Währenddessen zeigten sich Briten und Franzo-sen unbeeindruckt und enthüllten am 11. Dezem-ber 1967 in Toulouse den Prototyp Concorde 001. Der Jungfernflug erfolgte am 2. März 1969, neun Wochen nach der Tu-144. Mach 1 erreichte die Concorde am 1. Oktober 1969 und Mach 2 am

4. November 1970. Als Höchstgeschwindigkeit wurde in 17 373 m Höhe Mach 2,05 (2179 km/h) erreicht.

Die Tu-144 stahl der Concorde aber nicht nur beim Erstflug die Schau. Sie ging auch als Erste in den Liniendienst. Zunächst tanden ab Dezember 1968 Erprobungsflüge zwischen Moskau und Alma Ata statt, bevor auf dieser Strecke am 1. No-vember 1977 der Passagierdienst eröffnet wurde.

Seiner Zeit voraus: Sir Freddie Laker, Vater der Billigflieger

Gegründet 1966 als British United Airlines, entwickelte sich die spätere Laker Airways zu einer der ersten „No Frills"-Airlines. Damals wurden mit Flugreisen noch glänzende Geschäfte gemacht. Im November 1972 eröffnete Freddie Laker seine Dienste mit Douglas DC-10 und war primär im Charter- und Pauschalreisemarkt zu Zielen im Mittelmeerraum

unterwegs. Am 26. September 1977 startete seine erste DC-10 zum Flug London–New York. Bei Preisen von 186 Dollar für den einfachen Flug und 236 Dollar für Hin- und Rückflug war die Nachfrage riesengroß, und Lakers Geschäfte florierten!

Durch Lakers Erfolge sah sich der US Senatsausschuss für Handel und Verkehr genötigt, zum Schutz der amerikanischen Fluglinien auf alle staatlichen Anordnungen und Reglementierungen zu verzichten und einen freien Markt zu schaffen. Dieses Gesetz (Airline Deregulation Act) trat am 1. November 1978 in Kraft, und obwohl es größere Freiheiten versprach, konnte Freddie Laker den nun ausbrechenden ruinösen Preiskampf der Fluglinien nicht bestehen. Auch die

Eröffnung eines Nonstop-Dienstes London–Los Angeles 1979 und der Einsatz von Airbus A300 auf einem erweiterten Europanetz konnten das Blatt nicht mehr wenden.

Am 5. Februar 1982 ging Laker Airways in Konkurs. Noch in derselben Nacht wurden alle Maschinen nach Großbritannien zurückbefohlen. Als Pfand für offene Flughafengebühren wurde eine DC-10 in Gatwick beschlagnahmt. Erleichtert, den gefährlichen Konkurrenten endlich los zu sein, übernahmen BA, PanAm, British Caledonian und Air Florida die Rückführung von 6000 Passagieren.

Freddie Laker hatte aber länger als ein Jahrzehnt nicht nur billige Flüge angeboten, sondern auch andere Unternehmer inspiriert. In seine Fußstapfen traten Richard Branson, der 1984 Virgin Atlantic gründete, Ryanair und Easyjet. 1979 wurde Freddie Laker für seine Verdienste um den Luftverkehr geadelt.

1982 bedeutete aber noch nicht das Aus für Sir Freddie Laker. Nach mehreren missglückten Versuchen eröffnete er 1996 mit Laker Airways Bahamas und einigen Boeing 727-200 ein heute noch florierendes Charterunternehmen. Sir Freddie Laker verstarb am 9. Februar 2006 in Miami.

Oben: Anfang der 1970er-Jahre betrieb Laker Airways BAC One-Eleven.
Unten: Mit Eröffnung seiner Skytrain-Dienste wurde Laker Airways zum ersten europäischen Betreiber von Douglas DC-10.

Privatjets

Nicht alle Passagiere nutzen Verkehrsflugzeuge. Für eine finanzkräftige Klientel sind acht- bis zehnsitzige Privatflugzeuge längst alltägliche Transportmittel. Nach den Terrorattacken vom 11. September 2001 erzielten Privatflugzeughersteller Rekordumsätze, weil viele Geschäftsreisende sich in Verkehrsflugzeugen nicht mehr sicher wähnten. Wenig später brach der Markt dramatisch ein und für Bombardier, Cessna und Gulfstream wurde 2003 das schlechteste Jahr ihrer Geschichte. Inzwischen sieht die Branche aber wieder Licht am Ende des Tunnels.

Gegenwärtig schwankt der Preis für Privatjets zwischen 19 Millionen für eine Cessna Citation X und 43 Millionen Dollar für eine Gulfstream V. Da kann es nicht verwundern, dass der Trend zum Gemeinschaftsflugzeug geht. Abhängig vom Flugzeugmodell schwanken Besitzanteile an einem Privatjet – „Card" genannt – zwischen 100 000 und 300 000 Dollar für eine 25-stündige Nutzung. Bei einem Viertel aller Privatjet-Bestellungen handelt es sich heute um Gemeinschaftsflugzeuge.

No Frills – keine Extras

1971 gründeten Rollin King und Herb Kelleher unter der Flagge der Southwest Airlines die erste amerikanische „No Frills"-Airline mit spartanischem Bordservice auf Liniendiensten zwischen Dallas, Houston und San Antonio. Sie waren überzeugt, Passagiere durch preiswerten und zuverlässigen Service gewinnen zu können. Schon 1973 flog Southwest in die Gewinnzone, ging vier Jahre später an die New Yorker Börse, hatte 1990 einen Börsenwert von einer Milliarde Dollar und war ein Jahrzehnt später die fünftgrößte Airline der USA.

Air France nahm am 22. November 1977 den Liniendienst nach New York auf, British Airways folgte am 12. Februar 1978. Trotz zunächst vieler Bestell-Optionen blieben diese beiden Airlines die einzigen Betreiber. Insgesamt gelangten nur 14 Concorde in den Liniendienst. Der Absturz vom 25. Juli 2000 in Paris beendete die Karriere. Nach 27 Jahren im Dienst von BA landete die letzte Concorde aus New York am 24. Oktober 2003 in London.

Die Tu-144 lebte nicht so lange. Nach einem nie geklärten Unfall beim Pariser Luftfahrtsalon 1973 und einer Notlandung im Mai 1978 beendete Aeroflot den Liniendienst am 31. Mai 1978. Eine späte Renaissance erlebte eine Tu-144 in den 1990er-Jahren in Gestalt eines russisch-amerikanischen Experimentalflugzeugs Tu-144LL im Dienst der NASA als fliegendes Labor für ein künftiges SST. Im März 1998 wurden die NASA-Testflüge erfolgreich beendet und die letzte Tu-144 in Schukowski eingelagert. Ähnlich erging es den verbliebenen Concorde, die nach ihren letzten Linienflügen in Museen landeten.

Oben: Southwest Airlines nutzt ausschließlich Boeing 737. Abgebildet ist eine 737-300 in traditioneller Firmenlackierung. Unten: Seit 1993 führt Michael O'Leary Ryanair. Er nutzt seine Flotte von Boeing 737 auch als Werbeträger

Rechts: Bis September 2003 betrieb Easyjet ausschließlich Boeing 737. Der orangefarbene Schriftzug am Leitwerk ist mittlerweile ein alltäglicher Anblick auf europäischen Flughäfen.

Die Erfolge Lakers, Kings und Kellehers führten zur Gründung zahlreicher europäischer Billigfluggesellschaften. 1985 startete Tony Ryan mit der Ryanair einen Turboprop-Dienst zwischen dem irischen Waterford und London, übernahm im Folgejahr London European Airways und eröffnete die Strecke Dublin–London. Während ein Flugticket Dublin–London bei BA und Aer Lingus 210 Pfund kostete, verlangte Ryanair 95. Dennoch schrieb Ryanair kontinuierlich rote Zahlen. Nun übernahm Michael O'Leary das Steuer. Er setzte auf das amerikanische „No Frills"-Konzept (fliegen ohne Kinkerlitzchen zu niedrigsten Preisen und ohne Extras), strich unrentable Strecken, schuf eine einheitliche Flotte mit Boeing 737 und vermietete seine Flugzeuge als Werbeflächen. Der Erfolg blieb nicht aus, und im Januar 2002 erteilte O'Leary mit einer Bestellung über 100 Boeing 737-800 den größten Auftrag dieser Modellreihe. Weitere 120 737-800 sind fest bestellt mit Optionen für 193 weitere Exemplare.

Nach dem 11. September 2001 waren viele Airlines verunsichert und agierten vorsichtig. Nicht so Ryanair. O'Leary ging in die Offensive und kam mit Ticketpreisen von 22 Pfund auf den Markt. Im Januar 2003 schluckte Ryanair die Billiglinie Buzz. Trotz Klagen über unlauteren Wettbewerb, fragwürdige Subventionen, schlechten Service und schäbige Flugzeuge gilt Ryanair als eine der sichersten Fluglinien Europas.

1995 erschien als neuer Billigflieger Easyjet. Von ihrem Gründer Stelios Haji-Ioannou damals noch als „virtuelle" Airline bezeichnet, lag Easyjet unter strikter Umsetzung des „No Frills"-Konzepts und gestützt auf den liberalisierten europäischen Binnenmarkt nach knapp drei Jahren hinsichtlich der Zahl der beförderten Fluggäste hinter Southwest Airlines und Ryanair auf Platz drei der Billig-Airlines weltweit. Wie Ryanair nutzt auch Easyjet die Richtlinien des offenen EU-Binnenmarkts, wo zugelassene Fluglinien jede Strecke ihrer Wahl so oft sie wollen und zu jedem Preis bedienen dürfen. Anfangs betrieb Easyjet nur zwei Boeing 737 (ein erstes eigenes Flugzeug kaufte sie erst im April 1996). Cockpit- und Kabinenpersonal wurden kurzfristig angeheuert. Im Oktober 2002 kündigte Easyjet an, die Flotte von Boeing 737 auf Airbus A319 umzustellen. Ende Dezember 2005 bedienten 59 A319-100 und 51 Boeing 737 die 60 Zielflughäfen.

Ohne die Deregulierung des Luftverkehrs 1987 wären die Erfolge der Billigflieger fast unmöglich gewesen. Sie erlaubte praktisch jedem, der das nötige Kleingeld hatte, den Einstieg in den Luftverkehr. Als mindestens ebenso wichtig erwies sich das Internet. Dadurch können sich Leute informieren, Preise abrufen und vergleichen und ihre Flüge online buchen. Diese beiden Faktoren sind es, die den heutigen „No Frills"-Airlines das Leben erleichtern. Hilfen, die Freddie Laker in den 1970er- und Anfang der 1980er-Jahre noch nicht nutzen konnte.

Dass sich die Luftfahrt weltweit schnell von den Folgen der Terrorakte vom 11. September 2001 erholte, verdankt sie dem unternehmerischen Mut und dem Weitblick der Fluglinien und der Flugzeugindustrie. Die Früchte dieser positiven Entwicklung ernten die Fluggäste.

Die Entwicklung des Luftfrachtverkehrs

Die Stiefkinder des Himmels

Mögen ihm auch der schneidige Rausch des Luftkampfs und
der Zauber der Raumfahrt fehlen, so hat die Entwicklung des
Frachtverkehrs die Luftfahrt doch entscheidend geprägt. Kaum
war den Brüdern Wright der erste gesteuerte Motorflug geglückt, wurde sehr bald deutlich, dass Flugzeuge nicht nur
Personen, sondern auch Fracht befördern konnten.

*Links: Mit ihrem gewaltigen Rumpf
wahrlich keine Schönheit, stellte die
RAF den Mittelstreckenfrachter
Blackburn Beverly 1956 in Dienst.
Trotz begrenzter Geschwindigkeit
und Reichweite bewährte sich die
Beverly in Asien, Afrika und
Nahost.*

*Oben: 1918 vergrößerte das US-
Postministerium seine Luftpostflotte
durch Übernahme von 100 Dop-
peldeckern de Havilland DH.4
von der US Army.*

Als 1910 ein Ballen Seide von Dayton nach Columbus, Ohio, geflogen wurde, war dies
vermutlich der erste Luftfrachttransport. Ein wirklich kommerzieller Luftfrachtverkehr
begann aber erst, als das US-Postministerium Flugzeuge zur Postbeförderung einsetzte.
Den Anfang machte der Luftpostdienst New York–Washington 1918. Im folgenden
Jahr transportierte die American Railway Express versuchsweise 550 kg Fracht mit
einem Handley-Page-Bomber von Washington nach Chicago. Schon zu Beginn der
1920er-Jahre wurde den amerikanischen Unternehmern bewusst, dass sie durch
schnellere Transportmethoden ihre Lagerbestände klein halten und Platz, Miete und
Personal sparen konnten.

Ende der 1920er-Jahre erlebte die Luftfracht einen starken Aufschwung. So stieg die
abgefertigte Luftfracht von 20 801 kg im Jahr 1927 auf 581 177 kg im Jahr 1931.

Arbeitspferd der Luftwaffe

Als sich die Junkers Ju 52/3m 1932 in die Luft erhob, leitete sie ein neues Kapitel in
der Geschichte der Luftfracht ein. Mit kastenförmigem, wellblechbeplanktem Rumpf
und drei Kolbenmotoren diente sie Nationalisten und Legion Condor im Spanischen

Bürgerkrieg als Behelfsbomber und wurde im Zweiten Weltkrieg zum Arbeitspferd der Luftwaffe. Trotz ihrer ungelenken Erscheinung sollte *Tante Ju*, wie sie scherzhaft genannt wurde, länger als 40 Jahre im Dienst bleiben. Von der Spanischen Luftwaffe wurde sie erst 1975 ausgemustert.

Ungefähr zur gleichen Zeit, als die Ju 52 ihren Erstflug absolvierte, enthüllte Douglas seine DC-2. Während die DC-2 für Passagierdienste konstruiert war, beschafften US Navy und US Marine Corps einige Exemplare der Frachtversion C-33 mit größerem Leitwerk.

Es folgte eine gestreckte Variante unter der Bezeichnung DC-3, die von den US-Streitkräften als C-47 eingeführt wurde. Dieses vielseitige und robuste Flugzeug konnte für Passagier- und Frachteinsätze ausgestattet werden und diente sowohl zivilen als auch militärischen Betreibern noch lange nach dem Zweiten Weltkrieg. Viele Maschinen fliegen heute noch im Frachtdienst.

Trotz aller technischen Fortschritte in den 1930er-Jahren eröffnete erst 1940 der erste Li-

nienfrachtdienst der Welt. United Airlines startete am 23. Dezember mit einer Douglas DC-4 die Luftpostverbindung New York–Chicago. Wegen unzureichender Auslastung musste der Dienst allerdings schon vier Monate später wieder eingestellt werden.

Transporter im Zweiten Weltkrieg

Erst nachdem deutsche Ju 52 Fallschirmjäger und Luftlandetruppen in Belgien und den Niederlanden abgesetzt hatten, beschäftigte sich die USAAF mit der Verwendung von Transportflugzeugen für militärische Operationen und erkannte schnell, wie wertvoll Frachtflugzeuge für die schnelle Verlegung von Truppen und Ausrüstung speziell in den Weiten des Pazifiks waren. Zu einer Schlüsselfigur beim operativen Einsatz von Transportern (im militärischen Sprachgebrauch „Airlift" genannt) wurde Paul I. Gunn, ein ehemaliger Marineflieger. Als Hauptmann Anfang 1942 von der USAAF dienstverpflichtet beförderte Gunn

Unten: Mai 1941. Junkers Ju 52 und deutsche Gebirgsjäger vor dem Start zum Luftlandeeinsatz auf Kreta.

Oben: *Die US Navy betrieb DC-3 in der militärischen Ausführung C-53B auch unter extremen Witterungsbedingungen. Die Maschinen erhielten größere Tankkapazität und wurden mit Schneekufen nachgerüstet.*

mit seinen Beech 18 und einigen anderen Flugzeugen einige Wochen lang Truppen und Fracht, bevor er im Februar nach Australien versetzt wurde. Dort übernahm er die neuformierte 21st TCS (Troop Carrier Squadron), die ebenso wie die 22nd TCS mit Frachtflugzeugen und ausgemusterten Bombern ausgestattet und zur Unterstützung der australischen Truppen auf Papua Neuguinea eingesetzt wurde. Die Maschinen wurden am Boden entladen oder setzten ihre Fracht per Fallschirm ab.

Im Sommer 1942 stellte die Luftwaffe ihre erste Messerschmitt Me 323 Gigant in Dienst. Dieser sechsmotorige Großraumtransporter nutzte bereits zahlreiche Neuerungen, wie sie bei modernen Frachtern längst Standard sind. Beladen wurde dieses größte Transportflugzeug des Zweiten Weltkriegs über ein Bugtor. Das zehnrädrige Fahrwerk war geländegängig konstruiert. Beim Start von kurzen Pisten wurden die Motoren durch Raketen am Rumpf unterstützt – eine Technik, die zwanzig Jahre später für die C-130 Hercules übernommen wurde. In den Laderaum der Gigant konnten Panzer mit eigener Kraft einfahren. Typische Lasten waren zwei mittlere Lkw mit 2 t Beladung, eine 8,8-cm-Flak mit Bedienung und Munition, mehr als 50 Fässer Benzin, 60 Verwundete oder 130 vollausgerüstete Soldaten.

Unten: *Okinawa, Mai 1945. Eine Douglas C-54*
Skymaster dient als Verwundetentransporter.

Im Verlauf des Krieges führte auch die USAAF zwei bemerkenswerte Transportflugzeuge ein: die C-46 Commando und die C-54 Skymaster, eine militärische Version der Douglas DC-4. Mit einer Zuladung von 12 700 kg und verstärktem Laderaumboden bewährte sich die C-54 als Langstreckenfrachter im Pazifik. Einige Exemplare dienen heute noch als Wasserbomber bei Waldbränden.

Am 5. Juli 1942 absolvierte in Großbritannien der Prototyp der Avro York, eine Transporterversion des Bombers Avro Lancaster, ihren Erstflug. Nach 1945 diente die York BOAC und British American Airways.

Die von Paul Gunn im Pazifik eingeleiteten Maßnahmen erhielten starken Auftrieb, als Generalleutnant George C. Kenney im Sommer 1942 unter dem Oberbefehl von General McArthur zum Stabschef für Luftoperationen ernannt wurde. Kenney erkannte, dass Transportflugzeuge speziell für die Operationen im Südwestpazifik unverzichtbar waren. Wie richtig seine Theorie war, erwies sich im Oktober 1942, als eine komplette Infanteriedivision per Luftbrücke nach Port Moresby auf Papua Neuguinea verlegt wurde. Über See hätte dies mehrere Wochen erfordert.

Wie wichtig Transportflugzeuge sind, erwies sich im November 1942 auch auf der anderen Seite der Erde, als amerikanische und britische Fallschirmjäger im Rahmen der *Operation Torch* bei der Invasion Nordafrikas aus der Luft in die Kämpfe eingriffen. Die von der Küste landeinwärts vorstoßenden Truppen wurden aus der Luft mit Nachschub versorgt. Anfang Juli 1943 landeten die Alliierten unter gewaltiger Luftsicherung auf Sizilien (*Operation Husky*). Dabei wurde aus der Luft nicht nur gebombt und Nachschub herangeführt, sondern auch vollausgerüstete Infanterie mit Lastenseglern hinter den feindlichen Linien

Unten: *Die Messerschmitt Me 323 war ein revolutionäres Flugzeug. Bei der Konstruktion des Großraumtransporters hatte Messerschmitt zahlreiche Neuerungen eingeführt, wie sie bei heutigen Frachtern Standard sind; beispielsweise das zweiflügelige Bugtor. Die maximale Zuladung betrug 12 t; bei kurzen Flugstrecken sogar 13 t.*

Rechts: *Eine Curtiss C-46 setzt Fallschirmjäger über einer zerklüfteten Landschaft ab.*
Unten: *Juli 1943. Alliierte Landung auf Sizilien. Bevor sie an Bord der Douglas C-47 gehen, überprüfen Fallschirmjäger ihre Ausrüstung.*

abgesetzt. Eine Strategie, die sich auch bei der alliierten Invasion in der Normandie (*Operation Overlord*) und nachfolgenden Kämpfen bewährte.

Als deutsche Truppen im Verlauf der Ardennen-offensive im Dezember 1944 die 101st Airborne Division bei Bastogne (Belgien) einschlossen, versorgten C-47 Skytrain die Truppen aus der Luft und trugen entscheidend zur Rettung der US-Luftlandedivision bei. Im Laufe des Zweiten Weltkriegs waren die Transporter erwachsen geworden. Der alliierte Oberbefehlshaber General Eisenhower bezeichnete die C-47 später als eine der entscheidendsten Waffen des Krieges.

Giganten der Nachkriegszeit

Während des Krieges besaß die USAAF kein Flugzeug von der Größe der Me 323. Dies änderte

sich jedoch wenig später, als die Douglas C-74 Globemaster am 5. September 1945 zum Erstflug startete. Sie war damals das größte landgestützte Transportflugzeug und konnte 125 vollausgerüstete Soldaten, 115 Verwundete auf Tragbahren oder 24 948 kg Fracht transportieren. Zur Erleichterung des Ladevorgangs war im Mittelrumpf eine Elektrowinde installiert.

Ende 1945 absolvierte auch die vielseitige Bristol 170 Freighter den Erstflug. Schlicht und kastenförmig konstruiert, konnte ihr riesiger Laderaum bequem über eine zweiflügelige Bugklappe beladen werden. Bald nach dem Jungfernflug fand die Maschine großes Interesse bei kommerziellen Fluglinien. Das Muster Mk 32 erhielt einen gestreckteren Rumpf für Autodeck und Passagierkabine, damit Fluggäste beim „Sprung" über den Ärmelkanal ihr eigenes Auto mitnehmen konnten.

Oben: Ölsuche im Iran. Eine Bristol 170 Freighter dient den Technikern als Vermessungsflugzeug. Rechts: Koreakrieg. Eine 105-mm-Haubitze wird von einer Fairchild C-119 Flying Boxcar im Flug abgesetzt. Drei neun Quadratmeter große Fallschirme bremsen den Fall so stark ab, dass die Haubitze unversehrt landen und von den UN-Truppen eingesetzt werden kann.

Unten: Eine Douglas C-74 Globemaster über gebirgigem Gelände.

Nach demselben Prinzip konstruierte Aviation Traders später den Frachter/Autotransporter Carvair. Eine Bristol 170 war noch bis 1999 in Kanada eingesetzt.

Die Sowjets hatten sich während des Zweiten Weltkriegs auf ihre Lisunow Li-2, lizenzgefertigte C-47, gestützt. Aber schon 1946 enthüllte Iljuschin die Il-12 (NATO-Code: Coach) als Passagierflugzeug und Militärtransporter. Äußerlich einer DC-3 mit Bugrad ähnlich, mussten geparkte Il-12 durch eine Heckstütze gesichert werden, damit sie nicht nach hinten kippten. Von den rund 3300 Il-12 dienten die meisten der sowjetischen Luftwaffe.

Amerikanische Innovationen

Die USAAF beendete den Zweiten Weltkrieg mit einem Mix aus alternden Frachtern. Da die Maschinen dringend ersetzt werden mussten, begann die amerikanische Flugzeugindustrie mit der Entwicklung von Transportern wie der Fairchild C-119 mit dem treffenden Namen Flying Boxcar (fliegender Güterwagen). Sie war eine Weiterentwicklung der C-82 Packet. Charakteristisch für die C-119 waren zwei als Verlängerung der Motoren nach hinten führende Leitwerkträger sowie ein zentraler gondelförmiger, geräumiger Lastrumpf. Zur praktischen Be- und Entladung war das komplette Rumpfheck seitlich aufklappbar. Als die Serienfertigung 1955 endete, waren mehr als 1150 Flying Boxcar gebaut worden.

Das Alter ihrer Transportflotte und die sich verschärfenden Spannungen mit der UdSSR ermutigten die junge, im Juni 1947 geschaffene US Air Force, Geldmittel in die Entwicklung neuer Frachter zu investieren. Nur mit modernen Frachtern ließen sich US-Truppen schnell rund um den Globus verlegen.

Nachdem Douglas bereits mit der C-54 erfolgreich gewesen war, ging das Unternehmen auch 1946 als Sieger aus dem Wettbewerb für einen großen Langstreckenfrachter hervor. So entstand, basierend auf dem Verkehrsflugzeug DC-6, die C-118 Liftmaster.

Ein weiterer beschaffter Frachter war die Lockheed C-121A. Sie war das Ergebnis eines Wettbewerbs, den die USAF für ein Mehrzweckflugzeug ausgeschrieben hatte. Dank kurzfristig auswechselbarer Inneneinrichtung konnten wahlweise Fracht, Passagiere, Soldaten oder Verwundete

Rechts: In ihrer militärischen Version als C-69 bereits im Zweiten Weltkrieg eingesetzt, zog Lockheeds Constellation 1948 als C-121 wieder Uniform an. Die meisten dienten als Frühwarn-Plattform und nur wenige als Langstreckentransporter.

befördert werden. Die C-121A war die Transporterversion des Verkehrsflugzeuges Lockheed
Constellation mit verstärktem Laderaumboden
und Heckfrachttür. Ursprünglich als Verkehrsflugzeug konstruiert, übernahm die USAAF nach
Kriegsausbruch alle Maschinen als C-69. Rückgrat
der Militärtransportflotte blieb jedoch die viermotorige Douglas C-54. Die Masse der C-121A
kam jedoch nicht als Frachter, sondern als Früh-
warnplattformen EC-121K mit großem Erfolg im
Koreakrieg zum Einsatz.

Die Berliner Luftbrücke

Bereits vor Kriegsende hatten die Sowjets begonnen, in den besetzten Ländern Ost- und Südosteu-
ropas kommunistische Regierungen einzusetzen.
Unter dem Eindruck dieser Bedrohung trat US-
Präsident Harry S. Truman den Sowjets mit der so
genannten Eindämmungspolitik aktiv entgegen.
Am 12. März 1947 verkündete er den Grundsatz
seiner Politik (Truman-Doktrin), wonach „allen
Völkern, deren Freiheit von militanten Minder-
heiten oder durch einen äußeren Druck bedroht
ist" beigestanden werden sollte. Damit boten die
USA dem sowjetischen Expansionismus die Stirn,
und der Kalte Krieg war Realität geworden.

Als geeigneter Ort, dem Westen Daumen-
schrauben anzulegen, erschien Moskau das von

seiner Besatzungszone umgebene Westberlin.
Nach Kriegsende hatten die Siegermächte Berlin
in vier Sektoren aufgeteilt: Amerikaner, Briten,
Franzosen im Westen, im Osten die Sowjets.
Nachdem die Westalliierten am 21. Juni 1948 die
Währungsreform in Westdeutschland auf ihre
Berliner Sektoren ausgedehnt hatten, unterbra-
chen die Sowjets am 24. Juni die Stromversorgung,
den Straßen- und Schienenverkehr sowie die
Binnenschifffahrt.

Da die Westmächte versäumt hatten, ihren freien
Zugang nach Westberlin zu regeln, schlug die Stun-
de der Transportflugzeuge. Denn nur die Be-
nutzung der Luftkorridore war vertraglich geregelt,
und so befahl Lucius D. Clay, der amerikanische
Militärgouverneur in Deutschland, die Luftbrücke
Operation Vittles (Unternehmen Lebensmittel).
Leichter gesagt als getan. Immerhin benötigte
Westberlin täglich 5000 Tonnen Versorgungsgüter!
Anfangs verfügten die Amerikaner über 102 C-47
mit einer Ladekapazität von nur je drei Tonnen. Aus
aller Welt beorderte die USAF deshalb C-54
Skymaster nach West-Deutschland, die fast viermal
so viel laden konnten. Die RAF bot im Rahmen
ihrer Operation *Plain Flare* alle ihre Transporter
Avro York und Handley Page Hastings auf.

Am 26. Juni landete die erste Maschine der
USAF auf dem Flughafen Tempelhof. *Plain Flare*

Links: *Ein verregneter Tag in Berlin-Tempelhof. Lebensmittel und andere wichtige Güter werden aus der C-47 auf LKW entladen.*
Oben: *Westberliner Kinder beobachten die* Rosinenbomber, *die in ununterbrochener Kette ihre Stadt mit allen lebensnotwendigen Gütern versorgen. Viele Flugzeug-besatzungen warfen im Anflug Schokolade, Süßigkeiten und Kaugummis ab. Als Fallschirme dienten verknotete Taschentücher.*

startete zwei Tage später. Einige Wochen später übernahm General William Tunner die Organisation der Luftbrücke. Schon während der japanischen Invasion Chinas hatte er eine Luftbrücke zur Versorgung Tschiang Kaischeks über den Himalaja organisiert. Tunner hasste auf dem Vorfeld abgestellte „untätige" Transporter und entwickelte ein ausgeklügeltes System, wonach die Transporter in den Luftkorridoren in fünf Ebenen flogen. Auf dem Höhepunkt der Luftbrücke landete in Berlin alle drei Minuten ein Flugzeug und blieb nur rund dreißig Minuten am Boden.

In den folgenden dreizehn Monaten transportierten Tunners Flugzeuge rund um die Uhr und bei jedem Wetter Kohle, Lebensmittel, Brennstoff und Arzneien. Mit Salz an Bord landeten britische Sunderland auf der Havel. Als die Sowjets erkannten dass USAF und RAF die Luftbrücke theoretisch unbegrenzt fortsetzen konnten, hoben sie am 12. Mai 1949 alle Sperren wieder auf. Dennoch

gingen die Versorgungsflüge noch bis Ende September weiter. Mit 277 723 Flügen hatten die Transporter 2,33 Millionen Tonnen Versorgungsgüter befördert. Bei Unfällen fanden 101 Menschen den Tod. Während der Luftbrücke waren die Flughäfen Tempelhof sowie Gatow modernisiert und vergrößert worden. Tegel wurde in nur drei Monaten neu gebaut.

Lufttransport in Korea

Die in Berlin gewonnenen Erfahrungen und der immer größer werdende Transportflugzeugbedarf der US-Streitkräfte führten zur Konstruktion moderner Großraumtransporter. Eines dieser Flugzeuge war die Douglas C-124 Globemaster II, die am 27. November 1949 ihren Erstflug absolvierte. Als weiterentwickelte Version der C-74 mit größerem Rumpf und stärkeren Motoren war das Flugwerk unverändert übernommen worden. Von ihren Besatzungen liebevoll *Old Shaky* genannt,

Oben: *Im Rahmen der Berliner Luftbrücke versorgten auch Flugboote Short Sunderland die abgeriegelte Stadt. Hier entlädt im Juli 1948 ein Boot 140 Kisten Eipulver.*

verfügte die C-124 über Kabinenheizung sowie Enteisungsanlage. Im Bug war ein Wetterradar installiert. Zwei im 23 m langen Laderaum angeordnete Kräne erleichterten das schnelle Beladen. Über eine Laderampe konnten durch enorme muschelförmige Ladetüren bis 33 566 kg Nutzlast an Bord genommen werden. In Doppeldeckanordnung fanden 200 vollausgerüstete Soldaten oder 123 Verwundete auf Tragbahren und Sanitäter Platz. Im Mai 1950, einen Monat vor Ausbruch des Koreakriegs in Dienst gestellt, bewährten sich die C-124 beim Transport militärischer Fahrzeuge aller Art. In Korea waren Transportflugzeuge von entscheidender Bedeutung. C-124, C-47 und C-119 lieferten Nachschub, setzten Fallschirmjäger ab und evakuierten Verwundete. Auch im Vietnamkrieg spielten C-124 eine wichtige Rolle. Die Besatzung einer *Old Shaky* war oft lange unterwegs. Immerhin dauerten Hin- und Rückflug von Travis AFB in Kalifornien nach Tan Son Nhut AFB (Südvietnam) rund 97 Stunden.

1950 übernahm die USAF ihre erste Convair C-131A Samaritan. Diese militarisierte Version des Verkehrsflugzeugs CV-240 war primär als Sanitätstransporter (MedEvac) eingerichtet, konnte 27 liegende oder 37 sitzfähige Verwundete aufnehmen und ergänzte die Rolle der Lockheed C-121 als fliegendes Feldlazarett.

Obschon ihr die Ladekapazität der Globemaster II fehlte, bewährte sich die französische Nord Noratlas (Erstflug 1949) doch als vielseitiger Transporter. Ähnlich wie die C-118 Flying Boxcar diente sie bis in die 1980er-Jahre, obwohl die Serienfertigung 1961 ausgelaufen war. Noratlas wurde von Westdeutschland, Griechenland, Israel (bewährte sich bei der Suezkrise 1956, im Sechstagekrieg 1967 und im Jom-Kippur-Krieg 1973), Niger, Nigeria und Tschad beschafft und diente Air Algérie und der Union des Transports Aériens (UTA) auch als Verkehrsflugzeug.

Während in Korea der Krieg wütete, führten die Sowjets die Iljuschin Il-14 (NATO-Code:

Oben: *Für die Beladung mit Interkontinentalraketen erhielt der Großraumtransporter Douglas C-133B Cargomaster eine wesentlich vergrößerte Heckladeklappe. Rechts: Nur kurz schauen diese Koreaner von ihrer Ausbesserungsarbeit an einer Start- und Landebahn auf, als eine C-119 dicht über sie hinwegfliegt. C-119 lieferten Nachschub für die UN-Truppen im Koreakrieg.*

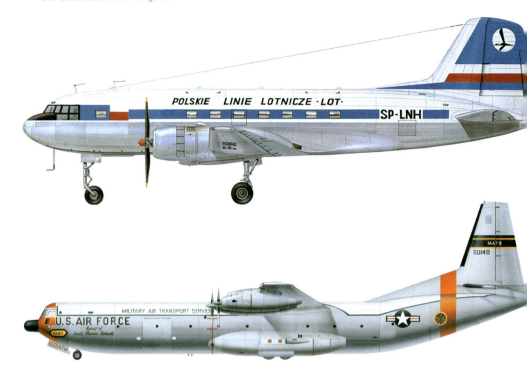

Crate) ein. Weiterentwickelt aus der Il-12, besaß sie ein verbessertes Flugwerk und stärkere Motoren. Zuerst von der sowjetischen Luftwaffe beschafft, dienten Il-14 seit 1954 auch bei Aeroflot.

Ein Jahr nach dem Erstflug der Il-14 stellte die USAF als Ergänzung ihrer Flotte von Langstrecken-Großraumtransportern 1951 die Boeing C-97 Stratofreighter in Dienst. Hervorgegangen aus der Boeing 377 Stratocruiser, reichte die Verwendung der C-97 vom Transportflugzeug bis zum Tanker und MedEvac.

Spezialtransporter

Il-14, C-97 Stratofreighter und C-131 Samaritan beruhten auf Verkehrsflugzeugen, deren Passagierkabinen in Laderäume umgewandelt worden waren. Dies änderte sich, als die revolutionäre Douglas C-133 Cargomaster am 23. April 1956 zum Erstflug abhob. Von Anfang an als Großraum-Militärtransporter entworfen, ähnelt sie der C-130

Hercules. Obwohl als Träger für Interkontinentalraketen (ICBM) und als Nachschubtransporter für Frühwarnstationen am Polarkreis konstruiert, bewährte sich die C-133 auch in Vietnam. Im Gegensatz zu den meisten früheren Transportern war die Cargomaster als freitragender Schulterdecker entworfen. Ein Konstruktionsmerkmal, das für moderne Großraumtransportflugzeuge charakteristisch werden sollte.

Das Hauptfahrwerk war in stromlinienförmigen Verkleidungen seitlich am Rumpf angeordnet, damit der Laderaumboden voll nutzbar blieb. Große seitliche Ladetüren und ein Heckladetor mit hydraulischer Laderampe machten die C-133 zum idealen Transporter. Der 47 m lange Rumpf war druckbelüftet und beheizt.

Britische Entwürfe

1955 spezifizierte die RAF ihre Anforderung für ein Nachfolgemuster ihrer alternden Avro York.

Ganz oben: In der UdSSR gebaut, diente die Il-14 Crate als Verkehrsflugzeug. Die abgebildete Maschine trägt die Farben der polnischen Fluglinie LOT.
Oben: Die Douglas C-133 Cargomaster diente späteren Militärtransportern als Vorbild, bis hin zur Boeing C-17 Globemaster. Die Nutzlastkapazität einer C-133 entsprach 22 beladenen Eisenbahnwagen.

Oben: *Die Boeing C-97 Strato-*
freighter hatten einen großvolumigen,
zweistöckigen Rumpf mit Doppel-
kreisquerschnitt. Die untere Rumpf-
schale mit Fracht- und Gepäckzellen
(statt der Bombenschächte) stammte
von der B-29 Superfortress.

Rund zwei Jahre später gab Armstrong Whitworth den Entwurf der Argosy bekannt. Angetrieben von vier Turboprop-Triebwerken, war der Rumpf als Gondel gestaltet. Zwei Leitwerkträger trugen das doppelte Seitenleitwerk mit freitragendem Höhenleitwerk. Das Cockpit war gestuft auf dem Vorderrumpf platziert. Nach dem geglückten Erstflug am 8. Januar 1959 diente die Argosy nicht nur der RAF, sondern auch als ziviler Frachter bei BEA, Riddle Airlines in den USA, Safe Air in Neuseeland und IPEC in Australien.

Einen anderen Transporter, den viermotorigen Propliner Blackburn Beverly mit starrem Fahrgestell, hatte die RAF 1956 eingeführt. Zweifellos eines der hässlichsten jemals gebauten Flugzeuge, bewährte sich dieser Schulterdecker als schwerer Fracht- oder Truppentransporter sowie bei Luftlandeunternehmen. Das gestufte Cockpit war auf dem fettleibig wirkenden Rumpf angeordnet und der Leitwerkträger als zweiter Laderaum ausge-

bildet. Beverly konnte 94 Mann befördern: 58 im Frachtraum, 36 im Leitwerkträger. Vor dem Erstflug (20. Juni 1950) wetteten die Techniker, ob dieses in keiner Weise aerodynamisch gestaltete Flugzeug fliegen würde oder nicht. Insgesamt wurden 47 Beverly seriengefertigt. Einige dienten sogar bei der RAF No. 47 Squadron in Beverly, Yorkshire, ihrem Namenspatron.

Kanada holt auf

De Havilland Canada begann 1956 mit der Konstruktion der zweimotorigen DHC-4 Caribou. Der Prototyp machte am 30. Juli 1958 seinen Erstflug. Die Caribou beruhte auf einer Forderung der US Army nach einem Transporter mit kurzen Start- und Landeeigenschaften (STOL) für Operationen nahe der Front. Auf unbefestigten Pisten durfte die Startstrecke nur 300 m betragen. Die Caribou diente der US Army bis 1967 und wurde dann als C-7 der USAF übergeben.

Es ist nicht ungewöhnlich, dass Frachter wie die Lockheed C-5 Galaxy, die Antonow An-124 Ruslan (Condor) und die Guppy durch die Bugnase beladen werden. Ebenso normal ist die Verwendung muschelförmiger Ladetüren oder von Heckrampen. Ungewöhnlich ist jedoch, dass – wie bei der Canadair CL-44 – das komplette Rumpfheck seitlich weggeklappt werden konnte.

Die Canadair CL-44 beruhte auf der Yukon, die ihrerseits eine Abwandlung der viermotorigen Bristol Britannia war. Bei seitlich weggeklapptem Rumpfheck konnte Fracht schnell entladen werden, und so wurde das „Swing-Tail"-Konzept schnell von Douglas für die Frachter DC-4 und

DC-6 übernommen. Anfangs schienen einige Fluglinien von der CL-44 begeistert zu sein. In Dienst gestellt wurde der Frachter aber nur von wenigen. Einige Maschinen wurden von Flying Tiger Line und Seabord World Airlines bestellt, während Japan Cargo Airlines und BOAC ihre Aufträge stornierten. Die Ära der kommerziellen Turboprop-Frachter ging zu Ende, und wenige Jahre später beförderten strahlgetriebene Boeing 707 Passagiere und Fracht rund um den Globus.

Guppy in Übergröße

Das „Swing-Tail"-Konzept der CL-44 diente als Vorlage für die Spezialfrachter der Guppy-Serie,

Ganz oben: Armstrong Whitworth Argosy. Der Prototyp einer ersten Serie von zehn A.W.650 absolvierte den Jungfernflug am 8. Januar 1959. Argosy dienten als Passagier- und Frachtmaschinen in Singapur, Australien und USA.

Oben: Eine de Havilland Canada C-7A Caribou bei einem Ausbildungsflug im Juni 1975.

Rechts: Ein kanadischer Frachter CL-44 der Flying Tiger Line.

Oben: *Die Spezialtransporter der Guppy-Serie dienten zum Transport übergroßer, sperriger Fracht. Zum Be- und Entladen konnte der Bugbereich zur Seite geklappt werden. Airbus dienten Super Guppy zum Transport von Flugzeugbauteilen zur Endmontagelinie in Toulouse.*
Rechts: *Die Antonow An-12 Cub war Standard-Transporter des Warschauer Paktes und dient heute noch den russischen Streitkräften.*

deren erste Version – eine umgebaute Boeing 377 Stratocruiser – am 19. September 1962 zum Jungfernflug startete. Konzipiert für den Transport übergroßer Fracht zählt die Guppy mit ihrem riesigen Rumpf zu den merkwürdigsten Flugzeugen. Eine Hauptaufgabe der Super Guppy war der Transport von Raketenstufen der Saturn V in zusammengebauter Form nach Cape Canaveral. Transporte auf dem Seeweg von Kalifornien nach Florida waren zu zeitraubend. Später nutzte Airbus Industrie Super Guppy zum Transport von Bauteilen zu ihrer Endmontage in Toulouse. Als Nachfolgerin der Super Guppy entstand die Airbus A300-600ST Beluga.

Robust und zuverlässig

1962 von den sowjetischen Streitkräften in Dienst gestellt, gilt die Antonow An-12 (NATO-Code: Cub) als einer der erfolgreichsten Militärtransporter, die jemals gebaut wurden. Als 1973 die Serienfertigung endete, waren vermutlich mehr als 900 Exemplare gebaut und unter anderem nach Ägypten, Algerien, Bangladesh, Indien, Irak, Jugoslawien, Polen, Sudan und Syrien exportiert worden. Das hochgezogene, breite Rumpfheck mit integrierter Ladeklappe erleichtert die Beladung. Im Flug kann die Ladeklappe zum Absetzen von Lasten geöffnet werden. Der beheizbare Frachtraum ist nicht druckbelüftet. Mithilfe eines

Laufkrans lässt sich die Nutzlast im Frachtraum bequem platzieren. China fertigte die An-12 als Shaanxi Y-8 unter Lizenz und baute auch Y-8A ohne Laufkräne als Transporter für Hubschrauber.

Vietnam

Während die Sowjets und ihre Verbündeten die Cub einführten, intensivierten die USA ihr Engagement in Vietnam und verlegten im Kampf gegen den Vietkong immer größere Truppenkontingente nach Südvietnam. Wie bereits in Korea praktiziert, beförderten Transportflugzeuge nun in Südvietnam Truppen und Material. Dabei bewährte sich ganz besonders die Fairchild C-123B Provider. In ihrer Grundform von der Chase Aircraft Company als freitragender Schulterdecker mit Ladetür im Heckrumpf entwickelt, wurde sie von zwei Kolbenmotoren angetrieben, deren Startleistung später durch zwei unter den Tragflächen montierte Strahltriebwerke verstärkt wurde. 1953 schluckte Fairchild die Chase Aircraft Company und baute mehr als 300 Provider, nicht nur für die US-Streitkräfte, sondern auch für Saudi-Arabien und Venezuela. Nach dem Rückzug aus Südvietnam dienten Provider der USAF bis 1982.

So sehr sich C-123 und C-7 Caribou auch zu Beginn des Konfliktes bewährten, erwies sich die Transporterflotte der USAF schließlich doch als überfordert. Die C-130 Hercules war 1956 als Nachfolgerin der Flying Boxcar eingeführt worden. Fast genau zehn Jahre später waren die C-130 auf sich allein gestellt, als es plötzlich für die 79th Troop Carrier Squadron hieß, Truppen und Ausrüstung von Thailand nach Vietnam zu verlegen.

Links: *Männer und Ausrüstung der amerikanischen 1st Air Cavalry Division werden mit Transportern C-123 und CV-2B verlegt. Soldaten und Transporter werden im Rahmen der* Operation Masher, *einem der größten Kampfunternehmen des Vietnamkriegs, eingesetzt.*

Für die Dauer des Konflikts dienten die C-130 als vielseitige Arbeitspferde. Sie transportierten alles, von der Feldpost bis zu Flugzeugersatzteilen. Ihre Versorgungsflüge von Thailand nach Südvietnam wurden als *Bangkok Shuttle* allgemein bekannt. Heute noch sind C-130 bei vielen Luftstreitkräften im Einsatz.

Nach seiner Amtseinführung 1961 befahl Präsident John F. Kennedy die Entwicklung eines strahlgetriebenen Militärtransporters. Der neue Großtransporter sollte es den USA ermöglichen, Truppen und Ausrüstung schnell und effizient an jeden Punkt der Erde zu verlegen. Bei 27 216 kg Nutzlast sollte die Reichweite mindestens 6480 km betragen. Das Ergebnis war die Lockheed C-141 Starlifter, die am 17. Dezember 1963 als erstes reines Strahltransportflugzeug der Welt zum Jungfernflug abhob. 1964 übernahm die USAF ihre erste Starlifter, und es dauerte nicht lange, da transportierten C-141 Truppen und Ausrüstung nach Südvietnam und kehrten – als der Krieg eskalierte – mit Verwundeten zurück. Ursprünglich zum Transport von ballistischen Interkontinentalraketen vom Typ LGM-30 Minuteman II geplant, zeigte sich bald, dass der Rumpf mit kreisförmigem Querschnitt für andere Nachschubgüter zu klein war. So entstand die um 7,16 m gestreckte C-141B mit auf 41 220 kg vergrößerter Nutzlast. Diese gestreckte Version blieb mehr als 30 Jahre im Einsatz und trug im Rahmen des Unternehmens *Desert Shield* die Hauptlast der Versorgungsflüge nach Saudi-Arabien. Über diese Luftbrücke transportierte die USAF rund 482 000 Soldaten und 521 208 Tonnen Nachschub und schuf damit die Grundlage für die Befreiung Kuwaits.

Fliegende Autofähren

Ende der 1940er-Jahre hatte die Bristol 170 Freighter bewiesen, dass ein Flugzeug über kurze Entfernungen als Autofähre dienen kann. 1961 griff Aviation Traders diese Idee mit der Carvair (Car via Air) erneut auf. Als Grundkonstruktion diente die DC-4, und mit Douglas' Hilfe entstand ein neuer, gestreckter Vorderrumpf. Das hoch über dem vorderen Frachtraum angeordnete Cockpit verlieh der Carvair das Aussehen einer verkümmerten, propellergetriebenen Boeing 747. Durch ein seitlich aufklappbares Bugtor konnten Pkw aus eigener Kraft an Bord fahren. In den Bug passten sechs Pkw und in die hintere Kabine 22 Passagiere. Die Carvair wurde 1962 bei British Air Ferries, der irischen Aer Lingus sowie der spanischen Aviaco und später auch bei Fluglinien in Australien, Frankreich und Luxemburg eingeführt. Auf Dauer konnten sich die Carvair aber gegen die preiswerten Schiffs- und Hovercraftfähren über den Ärmelkanal nicht behaupten. Sie transportierten zwar rund um den Globus sperrige Lasten, waren aber unwirtschaftlich. Die letzten Carvair wurden in den 1980er-Jahren ausgemustert.

Transporter im Trägereinsatz

Nicht nur Bodentruppen müssen transportiert und versorgt werden. Die Flugzeugträger der US Navy haben einen unbändigen Appetit. So entwickelte Grumman zur Trägerversorgung (COD = *Carrier Onboard Delivery*) die C-2 Greyhound. Am 18. November 1964 absolvierte die von zwei Propellerturbinen angetriebene C-2 ihren Erstflug. Sie war für 4536 kg Fracht oder 26 Passagiere ausgelegt. Über eine Heckrampe konnte die Maschine be- und entladen werden. Gemeinsam mit C-2 operierten C-1 Trader. Auch sie von Grumman für COD-Einsätze konstruiert, war 1955 von der US Navy beschafft worden. Sie beförderte 1587 kg Nutzlast oder neun Passagiere.

Giganten der 1960er-Jahre

In den 1960er-Jahren war die Short Belfast eines der größten und eindrucksvollsten britischen Flugzeuge. Für die RAF als strategischer Transporter konstruiert, konnte sie bis zu 150 vollausgerüstete Soldaten oder zwei Kampfpanzer befördern. Bei einer Länge von 41 m hatte die Belfast 48 m Spannweite. Die RAF taufte jede ihrer zehn Belfast nach Giganten; beispielsweise *Goliath* und *Enkelados*. Als die RAF 1977 mit der Ausmusterung begann, kaufte die Fracht-

gesellschaft TAC Heavy Lift fünf Maschinen. Zum Transport sperriger Lasten wurden die nun zivilen Belfast oft von der USAF gemietet.

In den 1960er-Jahren weiteten die USA ihre Führungsposition bei der Konstruktion strategischer Transportflugzeuge aus. Gestützt auf die erfolgreichen Hercules und Starlifter siegte Lockheed 1965 im Wettbewerb um den Bau eines Großraumtransporters für die USAF. Das Ergebnis war die C-5 Galaxy, damals das größte Flugzeug der Welt. Die erste Galaxy wurde im Juni 1970 ausgeliefert und von der 437th Military Airlift Wing auf Charleston AFB (South Carolina) in Dienst gestellt. Von besonderer Bedeutung ist der riesige Frachtraum (985,3 m³; 122 472 kg maximale Kapazität), der sowohl vom Bug als auch vom

Unten: Mithilfe eines Spezialfahrzeugs wird eine Lockheed C-141 Starlifter entladen. Gemeinsam mit C-130 Hercules zeigte dieser Transporter im Vietnamkrieg beeindruckende Leistungen. Rechts: Eine Grumman C-1 Trader im Flugzeugträgereinsatz. 1965 wurden die C-1 durch Grumman C-2 Greyhound ersetzt.

Heck über Rampen im Roll-on-roll-off-Betrieb beladen werden kann. Wegen ihrer Abmessungen (Spannweite 67,88 m, Länge 75,54 m, Höhe 19,87 m, Tragflügelfläche 575,98 m²) erhielt die C-5 den Spitznamen „Das Paket, mit dem die C-141 geliefert wurde". Insgesamt 28 Räder bilden das Fahrwerk und verleihen Standfestigkeit auch auf unbefestigten Pisten. Sämtliche Stoßdämpferstreben des Fahrwerks können zur Erleichterung der Ladevorgänge abgesenkt werden. Auf dem Oberdeck arbeitet die fünfköpfige Besatzung. Hinter dem Cockpit befindet sich ein Ruheraum. Als Truppentransporter ausgelegt, kann die C-5 an Oberdeck 75 und auf dem Hauptdeck 290 Mann befördern.

Während die USA strahlgetriebene Langstreckentransporter einführten, hielten die Sowjets an den Propellerturbinen fest. Auch Antonows neuer Großraumtransporter An-22 Antheus (NATO-Code: Cock) startete am 27. Februar 1965 mit Turboprop-Triebwerken zum Erstflug. Auch sie konnte Panzer und mobile Raketenstartvorrich-

tungen transportieren. Als die Serienfertigung 1974 endete, waren 75 Exemplare gebaut worden, die sowohl von Aeroflot als auch von den sowjetischen Luftstreitkräften betrieben wurden. Im Oktober 1967 errang die An-22 14 Nutzlast-Höhenrekorde und trug beispielsweise 100 000 kg 7848 m hoch.

Sowjetische Mehrzwecktransporter

Zwei Jahre nach dem Erstflug der An-22 forderte die sowjetische Luftwaffe einen Nachfolger für die An-12. Diese Iljuschin Il-76 (NATO-Code: Candid) war das erste sowjetische strahlgetriebene strategische Transportflugzeug. Als gepfeilter Schulterdecker trug sie ihre vier Triebwerke unter den Flügeln und begeisterte mit ihrer „üppigen Figur" die sowjetischen Generäle. Wie der große sowjetische Flugzeugkonstrukteur Andrej Tupolew sagte, kann „ein schönes Flugzeug nicht schlecht fliegen", und folglich enttäuschte auch die Il-76 nicht.

Am 25. März 1971 startete der sowjetische Koloss zum Erstflug. Die Il-76 erwies sich als äußerst leistungsstarker Transporter und erreichte mit 126 vollausgerüsteten Fallschirmjägern an Bord eine Marschgeschwindigkeit von 825 km/h. Während des Afghanistankriegs in den 1980er-Jahren leistete die Il-76 einen wichtigen Beitrag und transportierte bei rund 14 700 Einsätzen 90 Prozent der Sowjettruppen und 75 Prozent der Ausrüstung. Ihr starkes Flugwerk zeigte eine hohe Beschussunempfindlichkeit gegen luftgelenkte Flugkörper und Flak.

Von der Il-76 existieren mehrere Versionen, unter anderem einige mit gestrecktem Rumpf. Neben ihren alltäglichen militärischen und zivilen Transporteinsätzen sind sie als fliegendes Labor

zum Schwerelosigkeitstraining und als Wasserbomber zur Waldbrandbekämpfung eingesetzt worden. Im Rahmen der Hilfsaktionen beispielsweise für Äthiopien und Bosnien haben sie durch den Transport von Nahrungsmitteln und Hilfsgütern zur Linderung der Not beigetragen. Dank ihrer Vielseitigkeit und globalen Reichweite bis zu 5000 km scheint es kaum noch einen Flugplatz zu geben, auf dem die Il-76 noch nicht gelandet ist.

Luftpost-Entwicklung

Die Beförderung von Postsendungen gegen Entgelt hat die Entwicklung der Luftfracht zum eigenständigen Luftverkehrsbereich entscheidend beeinflusst. Einen entscheidenden Schub erhielt der Luftpostverkehr, als die 1971 gegründete

Federal Express (FedEx) 1973 mit einer Flotte von Dassault Falcon die Arbeit aufnahm und als erstes Unternehmen in den USA die Übernachtzustel-lung anbot. Der Anfang war schwierig, und FedEx schrieb erst schwarze Zahlen, als sie 1976 Fracht-flugzeuge einsetzten. 1989 schluckte FedEx die Luftfrachtgesellschaft Flying Tiger Line und stieg zum größten Express-Luftfrachtunternehmen der Welt auf. Anfang 2006 betrieb FedEx die größten Flotten der Typen A310, Boeing 727, DC-10 und MD-11 – insgesamt über 650 Flugzeuge.

Das Frachtgeschäft blüht

Der Frachtermarkt war aber nicht auf Europa, die USA und UdSSR begrenzt. 1974 enthüllte Kawa-saki ihre C-1A, deren erste Serienmaschine im Dezember zum Jungfernflug startete. Sie löste die C-46D Commando ab. Wegen ihrer geringen Nutzlast (11 900 kg) weckte die C-1A außerhalb Japans kaum Interesse.

Die steigende Nachfrage nach Frachtflugzeugen ermutigte Boeing zur Entwicklung der 747-100 Combi, einer neuen Version ihres erfolgreichen

Airliners 747. Ihr Rumpf war in Fracht- und Passagierkabine unterteilt. Über ein seitliches Frachttor konnten bis zu zwölf Fracht-Container geladen werden. Diese Kombination Fracht/ Passagiere ermöglichte profitable Einsätze sogar dort, wo das reine Fracht- und Passagieraufkom-men für ein Großraumflugzeug normalerweise zu gering war. Als Nur-Frachtversion wurde die 747-100F gebaut und die erste 1972 von der Lufthansa in Dienst gestellt. Charakteristisch für diesen Frachter ist seine hochklappbare Nase. Im druck-belüfteten, beheizbaren Frachtraum kann von Schnittblumen bis zum Rennpferd praktisch alles transportiert werden.

Mehrzweck- und STOL-Entwürfe

Im unteren Bereich ihrer Angebotspalette offe-rierte die Short Brothers Aircraft Company als Weiterentwicklung ihrer 330 die C-23B Sherpa (Erstflug: 1974). Konstruiert als Schulterdecker mit fast rechteckigem Rumpf ist die Sherpa der ideale Transporter für Truppen und Fahrzeuge: Sie kann

Transporter für das Shuttle

Die 747 war auch für das Shuttle-Programm der NASA unentbehrlich. Mit dem Jumbo konnte der Raumtransporter vom kalifornischen Stützpunkt Edwards (seinem anfänglichen Landeplatz) zum Startort nach Cape Canaveral zurücktransportiert werden. Die NASA unterhielt für diese Transporte zwei umgebaute 747 in der so genannten SCA-Version (Shuttle-Carrier-Aircraft). Um ihre Steuerbarkeit auch mit aufgesetztem Shuttle sicherzustellen, wurden beide SCA am Leitwerk mit zusätzlichen Steuerflächen nachgerüstet. Damit der Luftwiderstand beim Überführungsflug möglichst niedrig war, wurden die Schubdüsen des Shuttles mit einer stromlinienförmigen Heckkappe verdeckt. Seit die Raumtransporter in Cape Canaveral nicht nur starten, sondern auch landen können, kommen die SCA nur noch zum Einsatz, wenn ein Spaceshuttle wegen schlechten Wetters gezwungen ist, auf einem Ausweichplatz zu landen.

Es kostete rund eine Million Dollar, um den Raumtransporter auf einer SCA zu montieren und nach Florida zu überführen. 200 Leute mussten eine Woche lang daran arbeiten. Während der Überführung fliegt ein „Pfadfinder" – gewöhnlich eine NASA C-141 – dem Gespann voraus, warnt vor Schlechtwettergebieten und erkundet den sichersten Kurs. Um Gewicht zu sparen, ist die Kabine der SCA völlig leergeräumt. Während des Fluges verursacht der auf der SCA „reitende" Raumtransporter so starke Turbulenzen, dass die Schwingungen überall im Flugwerk zu hören sind.

Die SCA haben den Raumtransporter nicht nur überführt, sondern zu Beginn des Programms im Rahmen zahlreicher Tests zur Prüfung seiner Flugeigenschaften auch in der Luft gestartet.

Oben: Vor dem ersten Start in den Weltraum setzten umgebaute 747 SCA den Raumgleiter im Rahmen umfangreicher Gleitflug- und Landeversuche aus der Luft ab. Unten: Zur Überführung des Shuttles von einem Ausweichlandeplatz sind die 747 SCA der NASA unverzichtbar.

Oben: *Typisch für die An-74 sind die hoch angeordneten Strahlturbinen. Die nach hinten über die Flächen geblasenen Abgasstrahlen bewirken eine enorme Auftriebssteigerung und verleihen exzellente Kurzstarteigenschaften.*

Lasten aus der Luft absetzen, Verwundete evakuieren (MedEvac) und von unbefestigten Pisten aus operieren. 1985 von der US Army eingeführt kann die C-23B bis zu 3175 kg Nutzlast oder 30 Soldaten transportieren. Die USAF nutzte ihre Sherpa in Europa zum Transport von Ersatzteilen.

Die Sherpa ist nahe verwandt mit der ebenfalls merkwürdig gestalteten Shorts Skyvan. Letztere besaß ein Festfahrwerk und eine Nutzlastkapazität von lediglich 2041 kg. Man nannte sie auch „Wohnwagen mit Flügeln".

Bei Antonow absolvierte die An-72 (NATO-Code: Coaler) am 22. Dezember 1979 ihren Erstflug. Dieser kurzstartfähige Transporter erinnerte stark an die Boeing YC-14. Ihre Strahlturbinen waren in großen Gondeln auf den Flügeln angeordnet. Dadurch wurden die Abgasstrahlen nach hinten über die Tragflächen geblasen, wo sie eine enorme Auftriebssteigerung bewirkten und dem Flugzeug exzellente Kurzstarteigenschaften verlie-

hen. Außerdem verhinderten die hoch angesetzten Triebwerke, dass beim Start auf unbefestigten Pisten Fremdkörper angesaugt und die Turbinen beschädigt wurden.

Nur die Größe zählt

Bis Ende 1982 war die Lockheed C-5 Galaxy der größte Frachter gewesen. Dann musste er diesen Platz räumen, als sich die gewaltige An-124 Ruslan (NATO-Code: Condor) am 26. Dezember in die Luft erhob. Vier Jahre später begann die Indienststellung der An-124 als Langstreckenfrachter beziehungsweise strategischer Großraumtransporter bei Aeroflot und den sowjetischen Luftstreitkräften. Zum Be- und Entladen schwerer Lasten kann die An-124 die Nase hochnehmen oder absenken. Das Fahrwerk besteht aus zwei nebeneinander angeordneten Zwillingsbugrädern sowie zwanzig Laufrädern und erlaubt Einsätze von unbefestigten Pisten. Bei einer maximalen Startmasse

Ganz links: Mit der Antonow An-124 Ruslan schufen sowjetische Konstrukteure einen der größten Transporter der Welt.

Oben: Diese An-124 wurde von der russischen Wolga-Dnjepr und der britischen HeavyLift gemeinsam betrieben.

Links: Das Cockpit der An-124 ist hoch über dem Frachtdeck und hinter der nach oben aufklappbaren Bugnase angeordnet.

von 405 000 kg hat die An-124 eine Reichweite von 4500 km. Mit leerem Frachtraum und vollen Tanks kann die Reichweite sogar auf erstaunliche 16 500 km gesteigert werden. Das Oberdeck bietet Platz für 88 Passagiere. Am 26. Juli 1985 flog die An-124 neuen Weltrekord, als sie mit 171 219 kg Nutzlast auf 10 750 m Höhe stieg.

Auf der Grundlage der An-124 schuf Antonow die An-225 Mrija (Traum). Seit ihrem Erstflug 1988 gilt sie als das größte Frachtflugzeug der Welt. Ursprünglich im Rahmen des sowjetischen Raumfahrtprogramms geschaffen, sollte sie im Huckepackverfahren den Raumtransporter Buran und im Frachtraum Teile der Startrakete Energija und sperrige Öl- und Gasförderanlagen (auch als Außenlasten!) in die Weiten Sibiriens transportieren. Das Hauptfahrwerk wurde auf insgesamt 14 Hauptradeinheiten aus je zwei Zwillingsreifen verstärkt, der Rumpf auf 84 m gestreckt und die maximale Startmasse auf 600 000 kg erhöht.

Neue Europäer

Die Noratlas hatte sich bei den französischen und westdeutschen Luftstreitkräften als Arbeitspferd bewährt, und auch ihre Nachfolgerin, die Transall

„Traumflug"

Die Mrija (Traum) – bisher wurde nur eine gebaut – ist schon wegen ihrer technischen Daten sensationell. Ihr Leitwerk ist mit 32,65 m größer als die Spannweite einer Boeing 737! Um ihre Steuerbarkeit auch mit Außenlasten sicherzustellen, wurden die beiden Seitenleitwerke auf die Spitzen der Höhenleitwerke verlegt.

Damit Mrija am Boden manövrierfähig bleibt, besteht ihr Hauptfahrwerk pro Seite aus sieben Zwillingsrädern (die hinteren vier sind steuerbar), während das Bugfahrwerk mit vier Rädern auskommt. Nur mithilfe einer speziellen Schleppdeichsel und eines superstarken Schleppers kann das „Traumflugzeug" seinen Abstellplatz verlassen. Ist der Rollweg erreicht, muss die „Krokodilnase" hochgeklappt und die Schleppdeichsel von einem internen Kran an Bord genommen werden. Mit maximaler Startmasse (600 000 kg!) kommt es bei hohen Temperaturen manchmal vor, dass die Räder im Asphalt einsinken.

Beim Start verursacht die Mrija so massive Verwirbelungen, dass nachfolgende Flugzeuge fünfzehn Minuten warten müssen, bis sich die Luft wieder beruhigt hat. Daher ist die An-225 eher auf weniger frequentierten Flughäfen zu sehen, wo nicht ununterbrochen gestartet und gelandet wird.

Seit die ukrainische Fluglinie Antonov Airlines ihre Mrija kommerziell betreibt, betteln Piloten aus aller Welt förmlich danach, diesen Wundervogel fliegen zu dürfen. Ihre Chancen sind jedoch gering. Wer ins Cockpit von Mrija oder Ruslan gelangen will, muss russisch sprechen und lesen können, weil er sich andernfalls nicht mit den übrigen Besatzungsmitgliedern unterhalten und die Instrumente nicht lesen kann. Folglich werden Mrija und Ruslan fast nur von russischen und ukrainischen Piloten geflogen.

Die Flugzeuge haben sich auch bei humanitären Aktionen als Helfer bewährt. So wurde beispielsweise am 11. Dezember 2002 eine Mrija in New York mit 83 000 Weihnachtsgeschenken für aidskranke Kinder in Uganda und im Sudan gefüllt. Als Mrija gestartet war, meinte Bono, Leadsänger der irischen Rockband *U2*, das Flugzeug wäre „größer als das Ego eines Rockstars".

Ganz oben: *Das Tragflächenmittelstück der Mrija gilt als stärkstes Bauelement der Luftfahrtgeschichte.*
Unten: *Farnborough 1990. Die Mrija war der spektakuläre Star der Luftfahrtschau.*

Oben: *Der Prototyp der Fiat/Aeritalia G222.*
Die USAF betrieb diesen Transporter unter der
Bezeichnung C-27A Spartan.

C-160, sollte viel zu tun haben. Erdacht von der deutsch-französischen Transporter Alliance, entstand die C-160 als freitragender Schulterdecker mit zwei Turboprop-Triebwerken. Als 1987 die letzte C-160 die Fertigungsstraßen verließ, waren insgesamt 160 Exemplare für die französischen und westdeutschen Luftstreitkräfte gebaut worden. Sie konnte 16 000 kg Nutzlast, 93 Soldaten oder 62 Tragbahren befördern. Auch die C-160 kann zum Be- und Entladen das Fahrwerk absenken.

Drei Jahre später stellte die USAF ein anderes europäisches Transportflugzeug in Dienst. Es war die C-27A Spartan, eine Variante der Fiat G222. Gebaut bei der italienischen Alenia, beschaffte die USAF zehn Maschinen und stationierte sie auf

dem Stützpunkt Howard (Panama). Bei der Truppe nicht sehr beliebt, wurden alle Spartan 1999 eingemottet.

Auch Antonow setzte seine Serie erfolgreicher Transportflugzeuge mit der An-70 fort. Dieser STOL-Frachter der Mittelklasse absolvierte seinen Erstflug 1994. Die Entwicklung verzögerte sich, nachdem der Prototyp am 10. Februar 1995 bei einem Testflug mit einer begleitenden An-72 kollidierte und abstürzte. Im Gegensatz zur Ruslan, Mrija und An-72 wird die An-70 von modernen Turboprop-Triebwerken mit gegenläufigen Propellern vorgetrieben. Dieser Antrieb verleiht der An-70 eine hohe Geschwindigkeit bei geringem Verbrauch. Um Gewicht zu sparen, werden die Propeller aus leichten Verbundwerkstoffen gebaut.

Unten: Die Transall C-160 ist ein robustes, zweimotoriges taktisches Transportflugzeug und entstand als deutsch-französisches Gemeinschaftsprojekt. Sie wird bei den deutschen, französischen und türkischen Luftstreitkräften eingesetzt.

Rechts: Bis zu 110 vollausgerüstete Fallschirmjäger oder 300 reguläre Soldaten finden in der Antonow An-70 Platz. Für den Antrieb sorgen vier Propellertriebwerke mit gegenläufig rotierenden Luftschrauben.

Mit ihrer Startmasse von 137 Tonnen kann die An-70 von unbefestigten Pisten aus operieren und erreicht Marschgeschwindigkeiten bis 800 km/h.

Sie sind meist nicht schön, es fehlt ihnen der schillernde Reiz der Kampfflugzeuge, aber trotzdem sind sie die unbesungenen Helden der Luftfahrt. Wurde der Lufttransport einiger kleiner Stoffballen vor fast hundert Jahren noch bestaunt, so werden heute unbeachtet von der Öffentlichkeit Eisenbahnlokomotiven um den Globus befördert. Hunderttausende hilfsbedürftige Menschen in Katastrophengebieten verdanken dem schnellen Lufttransport von Hilfsgütern ihr Leben.

Flugzeuge wie Ruslan, Galaxy und Belfast haben die Leistungs- und Nutzlastkapazitäten verbessert und gesteigert. Es bleibt jedoch abzuwarten, ob die Frachter und Militärtransporter auch in Zukunft noch immer größer werden, oder ob mit der russischen Ruslan und ihrer noch schwereren Kusine Mrija die Grenze erreicht ist.

Luftstreitkräfte im Kalten Krieg
Duell der Weltmächte

Durch die Niederlage Deutschlands im Zweiten Weltkrieg stieg
die UdSSR zum militärisch stärksten europäischen Staat auf.
Beunruhigt durch die sowjetische Expansion, schlossen die
Westmächte – unter ihnen die USA, Kanada, Frankreich und
Großbritannien – 1949 den Nordatlantikpakt (NATO). Die NATO
verpflichtet ihre Mitglieder zur gegenseitigen kollektiven Verteidigung. Ein Angriff gegen ein Mitglied wird wie ein Angriff
gegen den gesamten Pakt behandelt.

Links: Boeing E-3 AWACS und
Panavia Tornado der RAF.
Oben: Welle um Welle Bomber.
Während des Kalten Krieges
demonstrierten beide Seiten
mit solchen Vorführungen das
Abschreckungspotenzial ihrer
Luftstreitkräfte.

Während sich der Westen zur NATO zusammenschloss, strebte die UdSSR nach
einem Beistandspakt unter ihrer Vorherrschaft. Moskau hatte alle Staaten Osteuropas
fest im Griff und bildete 1955 mit dem Warschauer Pakt das Gegenstück zur NATO.

Zur Abschreckung des Gegners steigerten beide Allianzen die Schlagkraft ihrer Luftstreitkräfte derartig, dass sich schließlich Legionen von Kampfflugzeugen in Europa
gegenüberstanden. Vor dem Erscheinen der ballistischen Interkontinentalraketen konnten nur Langstreckenbomber die schweren Nuklearwaffen – die erste amerikanische
Wasserstoffbombe Mk. 17 wog 19 050 kg – zum Einsatz bringen.

Das Killer-Ei

Schon in den 1930er-Jahren hatten Amerikaner und Sowjets Konzepte für so genannte „Parasiten-jäger" entwickelt, aber nicht weiter verfolgt. Bald nach Ausbruch des Zweiten Weltkriegs wurde ihnen jedoch bewusst, dass ihre Bomber im Kampf mit modernen Jägern immer verwundbarer werden würden. Im Herbst 1944 machte McDonnell den Vorschlag, Jäger zu bauen, die an Bord der Bomber mitgeführt und bei Bedarf im gegnerischen Luftraum abgesetzt werden könnten.

Im Oktober 1945 wurde McDonnell von der USAAF aufgefordert, zwei Prototypen des strahl-getriebenen Begleitjägers XP-85 Goblin zu entwickeln. Eiförmig mit tonnenförmigem Kurzrumpf gestaltet, war die Goblin so bemessen, dass sie in den Bombenschacht des B-36 Peacemaker passte. Sie erhielt ein druckbelüftetes Cockpit mit Schleudersitz und vier 12,7-mm-MG. Von ihren „Mutterschif-fen" im Flug abgesetzt, sollte sie nach erfülltem Kampfauftrag mittels einziehbarem „Trapez" wieder an Bord genommen werden können.

Zur Erprobung wurde eine B-29 Superfortress umgerüstet und die Goblin am 23. August 1948 erfolgreich zum freien Flug in 6095 m Höhe abgesetzt. Beim Versuch zum Bomber zurückzukehren, geriet die Goblin unter dem Bomber aber in so starke Turbulenzen, dass das Trapez die Cockpithaube zertrümmerte. Der Pilot verlor seinen Helm, konnte jedoch sicher landen.

Das Projekt wurde 1949 eingestellt. Erstens, weil dank verbesserter Luftbetankungsverfahren auch konventionelle Jäger Bombern für die gesamte Einsatzdauer Jagdschutz geben konnten. Zweitens, weil man erkannte, dass die XF-85 den zu erwartenden neuen Jägern unterlegen sein würde.

Oben: McDonnells Mini-Jäger unterschied sich völlig von den heutigen Kampfflugzeugen.
Unten: Pilot Edwin Schoch inspiziert die XF-85 vor einem Testflug. Das Projekt wurde schließlich eingestellt: Nur wenige Spezialisten konnten die Goblin handhaben, und die technische Entwicklung hatte das Konzept überholt.

Oben: *Früher waren sowjetische Tupolew Tu-95 Bear regelmäßig über dem Nordatlantik sowie vor Alaska und prüften die Reaktionsschnelligkeit der NATO-Luftverteidigung. Diese Rotte amerikanischer McDonnell Douglas F-4 Phantom lässt diesen Atombomber mit strategischer Reichweite nicht aus den Augen.*

SAC und die B-29

Bomber waren flexibel. Wenn befohlen, starteten sie und warteten in der Luft auf den Angriffsbefehl. Über Funk mit den Einsatzstäben verbunden, konnten den Bombern noch lange nach ihrem Start Zielwechsel übermittelt werden. Bomber galten zwar als zielgenaue Nuklearwaffenträger, aber niemand konnte abschätzen, wie viele im Konfliktfall bis zu ihren Zielen durchdringen würden. Zwangsläufig würden einige der gegnerischen Abwehr zum Opfer fallen und andere sich bei Ausbruch der Feindseligkeiten zur Wartung am Boden befinden. Bomberstützpunkte waren verwundbar, und es war wahrscheinlich, dass einige unmittelbar bei Kriegsausbruch durch Atomschläge vernichtet werden würden, bevor die Bomber starten konnten.

In den Anfangsjahren der NATO war die Boeing B-29 Superfortress der einzige Nuklearwaffenträger der USAF. Mit ihrer Reichweite von

rund 5200 km war ihre Eindringtiefe sehr begrenzt. Durch Nutzung britischer Flugplätze konnte die USAF diesen Nachteil allerdings etwas ausgleichen. Nach der Unterzeichnung des NATO-Paktes am 4. April 1949 verlegten die USA bis zu acht kernwaffenbestückte B-29 nach Großbritannien. Ihr Auftrag: Bekämpfung von Zielen in der südlichen UdSSR. Das Kommando Strategische Luftstreitkräfte der USAF (SAC) benutzte aber auch Stützpunkte in Alaska, auf den Azoren, auf Guam, in Libyen, Marokko, auf Okinawa und den Philippinen.

Unfreiwillig trat die B-29 als Atomwaffenträger auch in sowjetische Dienste. Drei während des Zweiten Weltkriegs in der UdSSR gelandete B-29 wurden zurückgehalten, kopiert und als Tu-4 Bull seriengefertigt. Zu den Betreibern zählte auch die Luftwaffe der Volksrepublik China, die von den Sowjets 13 Bull beschaffte. Mit einer Reichweite von rund 3500 km und 9000 kg

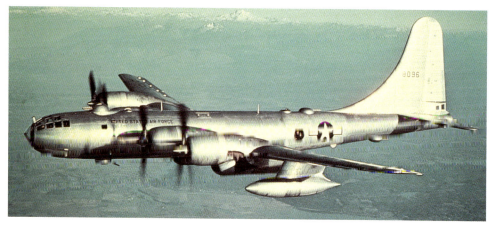

Links oben: *Boeing B-29 Superfortress. Amerikas erster Nuklearbomber und das einzige Flugzeug, das Atombomben im Kampf einsetzte. Links unten: Bemüht, die Reichweite der B-29 zu steigern, entwickelte Boeing die B-50 als Nachfolgerin. Man beachte die Flügelzusatztanks. Oben: Im Zweiten Weltkrieg konstruiert, um europäische Ziele von den USA aus angreifen zu können, wurde die Convair B-36 Peacemaker später zum Nuklearwaffenträger umgebaut und bildete von 1948 bis 1959 das Rückgrat des SAC.*

Waffenzuladung war die strategische Bedeutung der Tu-4 begrenzt.

Das Problem der Reichweite versuchte die USAF durch eine modifizierte Version der B-29 zu lösen. Ausgestattet mit neuen Sternmotoren, die verglichen mit den bisherigen eine 50-prozentige Leistungssteigerung bedeuteten, entstand die B-50 mit fast 7500 km Reichweite. Dennoch war die B-50 nur ein Notbehelf. Die USAF brauchte dringend einen modernen, noch größeren und stärkeren Bomber.

Größer ist besser

Die Convair B-36 Peacemaker wurde Anfang der 1940er-Jahre konzipiert, um Ziele im besetzten Europa selbst dann noch angreifen zu können, wenn Großbritannien in die Hand der Nazis fallen sollte. Aber als Hitler 1941 die UdSSR angriff, war die Gefahr einer deutschen Landung in England gebannt. Als sie ab 1948 der USAF zur Verfügung stand, war die Peacemaker mit 70,10 m Spannweite eines der größten jemals gebauten Flugzeuge.

Angetrieben von sechs Kolbenmotoren mit Druckpropellern und vier Strahltriebwerken erhielt sie den Spitznamen „six turning and four burning" („sechs drehen und vier brennen") und hatte eine Reichweite von fast 11 000 km. Sie war von solcher Größe, dass ein Pilot sagte: „Es ist, als ob man ein Apartmenthaus fliegt."

1950 übernahm das SAC seine erste Boeing B-47 Stratojet. Von diesem Pfeilflügel-Strahlbomber wurden rund 1200 gebaut und bei 28 Geschwadern eingeführt. Die zahlreichen Waffentürme verschwanden ebenso wie die vielen Bordschützen. Im druckbelüfteten Cockpit arbeiteten nur drei Mann. Die Abwehr der B-47 umfasste elektronische Schutzmaßnahmen sowie einen Heckturm mit zwei 20-mm-Maschinenkanonen.

Wegen der enttäuschend kurzen Reichweite (6440 km) wurden Möglichkeiten der Luft-Luft-Betankung untersucht. Luftbetankung vergrößerte die Reichweite ohne Tankstopps. Theoretisch hätten die Bomber der Atommächte jeden Punkt der Erde angreifen können.

Luftbetankung

Anfang der 1950er-Jahre stellte die USAF mit der Boeing KC-97 ihren ersten Tanker in Dienst. Entwickelt aus der Boeing Stratocruiser, übergibt er Kraftstoff über den *Flying Boom*, ein Auslegerohrsystem. Dieser Ausleger ist ein starrer Mast, der von einem Bediener an Bord des Tankers in den Aufnahmestutzen des zu betankenden Flugzeugs ausgefahren wird.

Größter Vorteil des „fliegenden Mastes" ist sein hoher Kraftstoffdurchsatz. Dennoch wählten Briten und Sowjets das Schlauchsystem. Dieses System besteht im Prinzip aus einem ausrollbaren Tankschlauch mit einem Metallkorb am Ende. Der Korbrand ist so gestaltet, dass er sich im Luftstrom aufbläht und einen weiten Trichter formt. In seiner Mitte befindet sich eine Schlauchkupplung mit Schnellverschluss, in die der anfliegende Pilot des zu betankenden Flugzeugs die Spitze seines Tankstutzens bohrt. Ist der Kontakt hergestellt, fließt Kraftstoff in seinen Tank. Für die USAF war das Nachtanken in der Luft bald ein nicht mehr wegzudenkendes strategisches Element, und es ist nicht verwunderlich, dass sie weitere moderne Verkehrsflugzeuge zu „Tankstellen am Himmel" umrüsten ließ. So ging beispielsweise die KC-135 aus der Boeing 707 und die KC-10 aus der McDonnell Douglas DC-10 hervor. Auch die

Oben: Die B-47 Stratojet war Amerikas erster strahlgetriebener strategischer Atomwaffenträger. Um bei Überraschungsangriffen schnellstmöglich abheben zu können, wurden einige Bomber mit Startraketen nachgerüstet.
Rechts oben: Bei der Tupolew Tu-16 Badger erprobten die Sowjets die Luftbetankung per Schlauch von Flügel zu Flügel.
Rechts unten: Diese F-15 der USAF wird mittels Boom betankt.

Atomgetriebene Flugzeuge

In den 1940er-Jahren beschäftigte sich die Kernphysik nicht nur mit dem Bau von Atombomben, sondern auch mit dem Flugzeugantrieb. Unter der Schirmherrschaft der USAAF nahmen diese Arbeiten im Frühjahr 1946 im Rahmen des NEPA-Programms (Flugzeugantrieb durch Kernenergie) konkrete Formen an. Die USAAF wünschte einen Langstreckenbomber mit Kernenergie-Antrieb. Einen Bomber also, bei dem Probleme mit dem Treibstoffverbrauch der Vergangenheit angehören sollten.

Lockheeds Mitarbeiter Kelly Johnson und E. A. Cleveland stellten 1947 fest: „Da der strategische Bomber sowohl hohe Geschwindigkeiten wie große Reichweite besitzen muss, und wegen der möglichen Vorteile im Tiefflug gegenüber Flugzeugen mit chemischem Antrieb, ist er die erste Wahl für den Nuklear-Antrieb." 1948 mit den geheimen Forschungen beauftragt, gründete Fairchild Engine and Airplane Company die Abteilung Fairchild-NEPA.

Vier Jahre später hatte Convair einen Bomber B-36H zum Versuchsträger NTA (*Nuclear Test Aircraft*) für den geplanten atomgetriebenen Bomber X-6 umgerüstet. Dieser Versuchsträger – später in NB-36H umbenannt – war das erste Flugzeug mit einem Kernreaktor. Zum Schutz der Besatzung gegen Kernstrahlung erhielt der Bomber eine zwölf Tonnen schwere gepanzerte Rumpfspitze. Nach zahlreichen Testflügen mit aktiviertem Reaktor wurde das Projekt X-6 1953 eingestellt.

Um nicht zurückzustehen, wurden auch die Sowjets 1954 aktiv. Ihre Techniker planten, ein mehr als 1000 t schweres Flugzeug mit vier atomgetriebenen Propellerturbinen zu bauen, das 100 t Nutzlast mit einer Geschwindigkeit von 1000 km/h befördern konnte.

Unter dem Eindruck der sowjetischen Bemühungen reaktivierte die USAF die NB-36H und ließ von September 1957 bis März 1958 insgesamt 47 Testflüge absolvieren. Die Verantwortlichen des NEPA-Programms waren von der Sicherheit des Projektes überzeugt und der Ansicht, dass „die Gefahren der Strahlenbelastung nicht größer waren als bei der Entwicklung der Dampf- und Elektroenergie, des Flugzeugs, des Automobils oder der Rakete." Dem sowjetischen Flugboot war kein langes Leben beschieden. Dann begannen die Sowjets mit der Entwicklung einer atomgetriebenen Version eines vorhandenen Bombers und konzipierten die Tu-95LAL. Wie die amerikanische NB-36H erhielt auch dieser Bear einen Kernreaktor und tonnenschweren Strahlenschutz.

Aber die Renaissance der NB-36H war nur von kurzer Dauer. 1961 strich Präsident Kennedy das Projekt, da man „nach fast 15 Jahren Forschung und rund 1 Milliarde Dollar Kosten noch zu weit davon entfernt ist, in absehbarer Zukunft ein militärisch einsatzbereites Flugzeug zu schaffen". Kaum wurde dieser Schritt in Moskau bekannt, als auch dort erleichtert der Finanzhahn zugedreht wurde. Die Sowjets hätten für eine Flotte atomgetriebener Bomber zwei komplette Wehretats investieren müssen.

Rechts: Die einzige NB-36H. Die Entwicklung eines atomgetriebenen Bombers war nicht einfach und zog sich über Jahre hin, bis das NEPA-Projekt 1961 endgültig gestrichen wurde.
Unten: NB-36H. Zum Schutz der Besatzung gegen Kernstrahlung war der Bug neu konstruiert worden und hatte Panzerschutz sowie eine 305 mm starke Frontverglasung erhalten.

Unten: *Die MiG-15 Fagot machte den US-Piloten*
das Leben am Himmel über Korea schwer.
Ganz unten: *Eine MiG-17 Fresco neben anderen*
Waffensystemen des Warschauer Paktes.

*Links: Eine Rotte Suchoi Su-7 Fitter.
Bemerkenswert ist die starke Flügelpfeilung.*

RAF ließ Airliner wie Vickers VC-10 und Lockheed L-1011 TriStar, aber auch veraltete Bomber wie Avro Vulcan und Handley Page Victor zu Tankern umrüsten.

Sowjetische Luftstreitkräfte

Nach der Gründung des Warschauer Paktes 1955 begann die UdSSR mit der Organisation ihrer FA (*Frontsaya Aviatsiya* = Frontfliegerkräfte) in Osteuropa. Nach Gattungen unterschieden, umfassten die Frontfliegerkräfte die Bomber- und Jagdbomberfliegerkräfte sowie die Schlacht-, Jagd-, Aufklärungs-, Transport- und Spezialfliegerkräfte. Auf dem Gipfel der sowjetischen Macht standen der NATO rund 5000 Kampf- und ungefähr 3000 Unterstützungsflugzeuge gegenüber. Ihre Aufgaben waren die Zerstörung von Atomwaffendepots, Flugplätzen, Reserven und anderen wichtigen Zielen im Hinterland der Front. Dazu kam die Unterstützung der Landstreitkräfte durch Bekämpfung beweglicher Ziele und Schutz des eigenen Luftraums. Gegliedert waren die Frontfliegerkräfte in 16 Luftarmeen zu ungefähr 100 Regimentern und sechs selbstständigen Staffeln. Ein Luftregiment umfasste gewöhnlich drei Staffeln zu 10 bis 14 Flugzeugen.

Als Elite der Frontluftstreitkräfte galt die in der DDR stationierte 16. sowjetische Luftarmee. Im Laufe des Kalten Krieges betrieb die FA die unterschiedlichsten Kampfflugzeugmodelle. Zu den ersten zählte die wendige MiG-15 Fagot, die den Westen im Koreakrieg überraschte. Ihr folgte 1952 die weiterentwickelte MiG-17 Fresco mit einer Waffenzuladung von 500 kg und 700 km Einsatzradius. Ihr zur Seite trat 1956 der Jagdbomber Suchoi S-7 Fitter, der Mach 1,6 schnell war und 2500 kg Kampflast trug. Verglichen mit der MiG-17 war sein Einsatzradius wegen hohem Kraftstoffverbrauch allerdings 50 Prozent kleiner. Dieser Mangel führte zum Schwenkflügler Su-17 Fitter-C. Das Schwenkflügelkonzept ermöglichte der Su-17 einen Waffenmix bis 3500 kg bei einer maximalen Reichweite von 2300 km.

Erfolgreichstes US-Flugzeug in Korea war die legendäre North American F-86 Sabre mit Geschwindigkeiten von mehr als 1137 km/h. Der Prototyp flog 1947, 1949 gelangte die F-86 zur Truppe. Ab November 1950 musste die USAF einsehen, dass ihre Flugzeuge mit der Geschwindigkeit der MiG-15 nicht mithalten konnten. Über Korea zeigte sich jedoch, dass die amerikanischen Piloten und ihre Sabre besser im Luftkampf waren, und sie schossen, obwohl zahlenmäßig unterlegen, bei 78 eigenen Verlusten 792 MiG ab.

Diese Erfolge ließen die Sowjets nicht ruhen, und so schuf Mikojan einen beschränkt allwettertauglichen, robusten und zweckmäßig konstru-

Links: North American F-86 Sabre auf einem Behelfsflugplatz in Korea. Bemerkenswert die hinter den Flugzeugen liegenden Ausrüstungsstücke und die zum Alarmstart geöffneten Kabinendächer.

Unten: Genannt „bemannte Rakete", war Lockheeds F-104 Starfighter einer der schnellsten und kampfstärksten Jäger des Kalten Krieges.

ierten Tag-Abfangjäger. Die MiG-21 Fishbed erreichte eine Höchstgeschwindigkeit von Mach 2. Kein anderes Kampfflugzeug diente in größerer Zahl bei den sowjetischen und verbündeten Luftstreitkräften. 1956 in Dienst gestellt, wurde die MiG-21 in verschiedenen Versionen gefertigt, bis zur MiG-21bis, die für Schlachtfliegereinsätze eine Kampflast von 2000 kg tragen konnte und einen Einsatzradius von 1800 km hatte.

Schnelle Jäger

Die RAF unterstellte der NATO Teile ihrer in Westdeutschland stationierten Kampfflugzeuge: Jäger, Jagdbomber und Aufklärer. In den 1950er- und 1960er-Jahren stationierte die RAF English Electra Canberra als Atombombenträger und den

Jäger Hawker Hunter. Als Nachfolgerin der Strahljäger Gloster Meteor und de Havilland Vampire konstruiert, wurden in Großbritannien, Belgien und den Niederlanden über 1500 Hunter gebaut. Mehr als 400 Canberra wurden in Amerika für die USAF als Martin B-57 lizenzgefertigt.

Der US-Kampfflugzeugkonstruktion gelang mit der Lockheed F-104 Starfighter ein Quantensprung. Es war die 83rd Fighter Interceptor Squadron der USAF, die 1958 die ersten Exemplare in Dienst stellen durfte. Die F-104 war aber nicht nur sehr schnell (Höchstgeschwindigkeit 2330 km/h), sondern für unerfahrene Piloten auch eine große Gefahr. Unter anderem wegen ihrer sehr hohen Landegeschwindigkeit erforderte ihre Handhabung großes fliegerisches Geschick. Viele

Durch die Schallmauer

Wie schnell kann ein Flugzeug fliegen? Unter Federführung der Bell Aircraft Company suchten die Amerikaner Ende der 1940er-Jahre mit dem Forschungsflugzeug X-1 nach Antworten auf diese Frage. Von den an diesem historischen Projekt beteiligten Persönlichkeiten stehen der Captain und spätere General Charles E. „Chuck" Yeager und Major Arthur „Kit" Murray an erster Stelle.

„Chuck" ging im September 1941 zur USAAC und wurde sieben Monate später zur Pilotenausbildung zugelassen. Im Zweiten Weltkrieg flog er 64 Kampfeinsätze und erzielte im Kampf gegen die Luftwaffe 13 Abschüsse. Im Laufe seiner Karriere flog er 201 verschiedene Flugzeugmuster bei insgesamt 14 000 Flugstunden. Unter all seinen Flügen ragt einer ganz besonders hervor: der Flug vom 14. Oktober 1947 mit der Bell X-1.

Obwohl die US-Fachleute von der Leistungsfähigkeit des Strahltriebwerks begeistert waren, wählten sie für die X-1 einen Raketenmotor. Damit sollte gewährleistet sein, dass das Flugzeug auch tatsächlich die Schallmauer durchbrechen konnte. Zuerst wurde angestrebt, sich der Schallgrenze möglichst weit anzunähern (im Horizontalflug ungefähr 1223 km/h; mit zunehmender Höhe und dünnerer Luft sinkt die Geschwindigkeitsgrenze), um die Auswirkungen der Schockwellen auf Flugzeug und Pilot zu prüfen.

Im August 1947 wurde „Chuck" Yeager nach Muroc AFB in der kalifornischen Mojave-Wüste versetzt und zum Cheftestpiloten für das X-1-Programm bestimmt. Zwei Monate später, am 14. Oktober 1947, trug eine B-29 die unter ihrem Rumpf eingeklinkte X-1 auf 7260 m Höhe. Erst dann stieg „Chuck" durch den Bombenschacht ins Cockpit der X-1. Ausgeklinkt, startete Yeager alle vier Triebwerke, beschleunigte auf 1065 km/h, durchbrach in 12 192 m Höhe die Schallmauer und erreichte als erster Mensch Überschallgeschwindigkeit. Für diesen Erfolg wurde das Bell-Projekt mit der Collier Trophy ausgezeichnet. Für die X-1 blieb aber noch viel zu tun. Im Dezember 1953 beschleunigte Yeager die X-1A auf 2655 km und erreichte zweieinhalbfache Schallgeschwindigkeit.

Im Juni 1954 flog „Kit" Murray einen neuen Höhenweltrekord, als er mit der X-1A auf 27 566 m stieg. Das X-1-Projekt bereitete den Weg für spätere raketengetriebene Testflugzeuge und das NASA-Weltraumprogramm.

Oben: *Die Bell X-1 durchbrach als erstes bemanntes Flugzeug die Schallmauer.*

Links: *Bomber wie die B-29 dienten als „Mutterschiffe" für Testflugzeuge wie die Bell X-2 (Foto). Die X-2 war eine weiterentwickelte X-1 mit Pfeilflügeln. Nach erfolgreichen Flügen bis Mach 2,87 in 38 000 m Höhe erreichte sie am 27. September 1956 Mach 3,2, geriet dann aber außer Kontrolle und stürzte ab.*

Unten: *Kein Flugzeug flog schneller und höher als die North American X-15. Aufmerksam beobachtet von einem Begleitflugzeug hängt sie hier unter dem rechten Flügel des Trägerflugzeugs. Von einer B-52 ausgeklinkt, beschleunigte Major William J. Knight die X-15A-2 am 3. Oktober 1967 auf Mach 6,7 (7272,7 km/h) und damit zum Geschwindigkeitsrekord.*

Piloten behaupteten sogar, sie besitze die Gleitflugeigenschaften eines Klaviers. Wegen ihrer hohen Unfallrate wurde die F-104 auch bekannt als „Witwen-Macher" oder „Schöner Tod". Die USAF stellte ihr kleines Kontingent 1975 außer Dienst. Mit über 900 Maschinen war die deutsche Luftwaffe größter Betreiber der F-104. Kaum in Dienst gestellt, begann eine beispiellose Unfallserie mit 115 Toten bei 292 Abstürzen! Die deutschen Piloten waren überfordert, und erst mit zunehmender Erfahrung bekamen sie die Maschine in den Griff – später liebten sie sie sogar. Lockheed exportierte Starfighter unter anderem nach Italien, Japan, Jordanien, Pakistan und Taiwan.

An der Nordfront

Auch die kanadische Luftwaffe (RCAF) lieferte einen wichtigen Beitrag. Zu den in Kanada lizenzgefertigten Flugzeugen gehörten die CF-104 (der „kanadische" Starfighter), die CF-116 (Northrop F-5 Freedom Fighter) und die CF-18 Hornet. In den ersten Jahren nach Kriegsende hielt Kanada bei der Jagdflugzeugkonstruktion eine führende Position. 1947 arbeiteten die Kanadier an einem eigenen Konzept für einen zweistrahligen Langstrecken-Allwetterjäger, das zur Avro Canada CF-100 Canuck führte. Die Auslieferung dieses leistungsstarken Flugzeugs an die RCAF begann 1951.

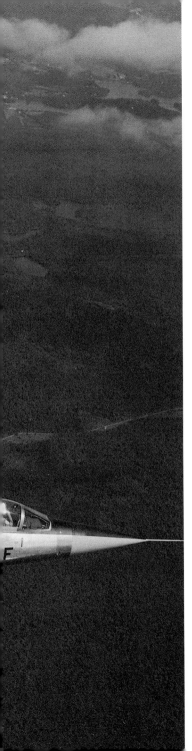

Kurz darauf konstruierten die Kanadier die CF-105 Arrow. Dank einem Deltatragwerk erreichte dieser zweistrahlige Abfangjäger 2453 km/h. 1959 waren fünf Prototypen dieses Kampfflugzeugs in der Flugerprobung. Aber es war gerade die fortschrittliche Technologie, die der Ruin der CF-105 sein sollte. Bis zur Serienreife hätten 400 Millionen kanadische Dollar investiert werden müssen. Außerdem vertraten damals viele Fachleute die Ansicht, die ballistischen Interkontinentalraketen würden bemannte Kampfflugzeuge in absehbarer Zeit überflüssig machen. Das Projekt wurde eingestellt, doch kurz danach erwarb die Regierung die Lizenz zum Bau von 66 McDonnell Douglas F-101 Voodoo in Kanada.

Düsenbomber

Der erste sowjetische Standardbomber, die Tupolew Tu-16 Badger, zeigte viele Attribute der B-47 Stratojet. In Dienst gestellt 1954, erreichte die Tu-16 mit ihren zwei Strahltriebwerken maximal 780 km/h und eine Reichweite von 4800 km. Genug, um Westeuropa, Alaska und Japan zu bedrohen. Bis 1987 waren 287 Tu-16 im Truppendienst. Als Hong 5 wurde die Tu-16 auch von der chinesischen Luftwaffe eingeführt.

Bei Boeing ging 1954 mit der B-52 Stratofortress der klassische Bomber des Kalten Krieges in Serie. Er verlieh der USAF eine unvorstellbare Vernichtungskraft. Die Stratofortress war für acht Atombomben ausgelegt und hatte – ohne Luftbetankung – eine Reichweite von 14160 km. Um stark verteidigte Ziele angreifen zu können, wurden die B-52 auch für die überschallschnelle Atomrakete Hound Dog eingerichtet. Äußerlich ähnlich, wurden mehr als 700 B-52 in verschiedenen Versionen gebaut. Sie dienten als strategische und taktische Bomber und wurden zur maritimen Unterstützung mit Seezielflugkörpern AGM-84 Harpoon bewaffnet. In den 1980er-Jahren wurden 98 B-52G als Träger für Marschflugkörper AGM-86 umgerüstet. Die USAF will ihre B-52 noch bis mindestens 2016 behalten.

In den 1960er-Jahren verstrickten sich die USA immer tiefer in den Vietnamkrieg, und schließlich konnte man sogar im Fernsehen die B-52 bei Einsätzen gegen den Ho-Chi-Minh-Pfad beobachten. Über diese Lebensader des Vietcong floss ein ununterbrochener Versorgungsstrom von Nordvietnam über Laos und Teile Kambodschas in den

Links: *Von Canadair lizenzgefertigte CF-86 Sabre und CF-104 Starfighter flankieren die einzigartige CL-41R, den Prototyp des ebenfalls von Canadair konstruierten Trainers für CF-104-Piloten.*

Süden. Da den US-Truppen dort direkte Zugriffe verwehrt waren, blieben nur Luftangriffe. Abgeworfene Sensoren funkten automatisch seismische Informationen an die US-Luftleitzentrale. Aus diesen Details bestimmten Spezialisten die optimalen Zeitpunkte für Luftangriffe gegen erkannte Versorgungskolonnen. Dann erschienen die B-52 und schlugen den Dschungel mit Bombenteppichen in Stücke. Aber obwohl das weit verzweigte Wegenetz schließlich fast lückenlos überwacht wurde, konnte der kommunistische Nachschub nur kurzfristig gestört, aber bis zum Ende des Krieges 1975

nie unterbrochen werden. Statistisch betrachtet, benötigten die Amerikaner rund 100 t Bomben, um einen einzigen Guerilla zu töten.

V-Bomber und Bear

Als die B-52 in Dienst gestellt wurde, begann die RAF mit der Umrüstung auf ihren Atombomber Vickers Valiant. Er war der erste so genannte V-Bomber und es war auch eine Valiant, die am 28. April 1958 die erste britische Wasserstoffbombe über der Koralleninsel Malden im Pazifik testete. Die Valiant erhielt ab 1958 Gesellschaft, als die

RAF ihre erste Staffel mit Handley Page Victor ausrüstete. Je zwei Triebwerke waren links sowie rechts in die Sichelflügel dicht am Rumpf eingebaut und beschleunigten sie – im Sturzflug! – auf Überschallgeschwindigkeit. 1957 erhielten Valiant und Victor Verstärkung durch die Avro Vulcan. Dieser Deltabomber zählt zu den elegantesten jemals gebauten Flugzeugen. Wie Valiant und Victor war auch die Vulcan Atombombenträger und Teil der britischen Abschreckungsstrategie.

Mitte der 1950er-Jahre präsentierten aber nicht nur die NATO-Mitglieder neue Bomber, sondern auch die Sowjets. Sie traten 1955 mit ihrer Tu-95 Bear auf die Bühne des Kalten Krieges. Die Tu-95

war mit 925 km/h das schnellste propellergetriebene Flugzeug der Welt. In zahlreichen Versionen gebaut, diente zum Beispiel die Tu-142 Bear-F als Seeaufklärer und mit der Bezeichnung Tu-114 als Verkehrsflugzeug. Wie die B-52 ist auch die Tu-95 heute noch im Einsatz.

Globales Wettrüsten

Auch in Frankreich hatten die Konstruktionsarbeiten an einem strategischen Atombombenträger begonnen. Die Mirage IVA war ein überschallschneller Bomber mit Deltatragwerk und praktisch eine um 50 Prozent vergrößerte Mirage III. Fünf Jahre nach ihrem Erstflug 1959 erhielten die rund

Links oben: Die Canadair CF-100 Canuck wurde als einzige kanadische Jägerkonstruktion seriengefertigt. Links unten: Kalter Krieg. Donnernd erhebt sich eine B-52 Stratofortress in die Lüfte. Unten: Die Vickers Valiant, der erste britische V-Bomber.

um die Uhr in Alarmbereitschaft befindlichen Staffeln der *Force de frappe* die Mirage IVA. Insgesamt stellte die französische Atomstreitmacht 36 Mirage IVA auf neun Stützpunkten in Dienst. Zur Luftbetankung standen Boeing KC-135F bereit. Als Träger der nuklearen Luft-Boden-Rakete ASMP wurde Mitte der 1980er-Jahre die Mirage IV zur Mirage IVP (P = *Pénétration*) umgerüstet und ihre Reichweite auf rund 4000 km gesteigert.

1953 erkannten westliche Geheimdienste die Existenz eines neuen sowjetischen vierstrahligen Bombers: Mjasischtschew M-4 Bison. Diese Entdeckung verursachte einige Aufregung. Verteidigungsexperten entdeckten in der NATO-Strategie eine so genannte „Bomberlücke", und Washington beschleunigte die Fertigung der B-52. Letztendlich scheint die M-4 aber nicht in größerer Zahl gebaut, sondern überwiegend für Aufklärung und elektronische Kampfführung verwendet worden zu sein.

Hätte die M-4 jemals Ziele in Nordamerika bedroht, so wäre sie von Jägern wie der Convair F-102A Delta Dagger abgefangen worden. Ihr Prototyp YF-102 absolvierte den Erstflug 1953, zeigte in der Flugerprobung jedoch ungenügende Überschalleigenschaften und musste völlig neu konstruiert werden. Von den Serienmodellen F-102A beziehungsweise TF-102A beschaffte die USAF schließlich 875 ein- und 111 doppelsitzige Exemplare. Im Sommer 1959 begann die USAF – nach ähnlich schwieriger Entwicklungsphase – mit der Modernisierung auf die Convair F-106

Unten: Falklandkrieg 1982. Die eindrucksvolle Avro Vulcan flog im Rahmen der Operation Black Buck *Bombenangriffe gegen die von Argentinien besetzten Inseln. Rechts: Mit ihrem Sichelflügel konnte die schnittige Handley Page Victor im Sturzflug die Schallmauer durchbrechen.*

Rechts: *Die schnittige Dassault Mirage IV bei einem spektakulären, raketenunterstützten Start. Als Nuklearwaffenträger speziell für strategische Angriffsaufgaben konstruiert, war die Mirage IV das luftgestützte Kernstück der französischen Atomstreitmacht* Force de frappe.

Links: *Nach der Flugerprobung wurde der Prototyp des Abfangjägers Convair YF-102 (oben) modifiziert. Endergebnis war das Serienmodell F-102 (unten).*

Ganz oben: Die einsitzige F-102A.

Oben: Die F-5A wurde als kostengünstiger Jagdbomber für nicht so finanzkräftige Verbündete entworfen.

Delta Dart. Die F-106 erreichte eine Dienstgipfelhöhe von 16 150 m und war nur mit Luft-Luft-Raketen bewaffnet.

Die Beschaffung moderner Kampfflugzeuge war für viele NATO-Verbündete ein Kostenproblem. Northrop schuf mit eigenen Mitteln das preiswerte, wartungsarme Mehrzweck-Kampfflugzeug F-5 Freedom Fighter (Erstflug 1959). Als F-5 Tiger II wurde es weltweit zum Rückgrat vieler Luftstreitkräfte.

Aufklärer

„Wissen ist Macht!" Dies gilt besonders für Militärs. So beruhte die Abschreckung der Atombomber darauf, dass sie im Konfliktfall die richtigen Zielobjekte attackierten. Die Amerikaner versuchten mit Satelliten und hochentwickelten Spionageflugzeugen Zielinformationen zu sammeln. Die 1956 von der USAF eingeführte U-2R überflog die UdSSR in Höhen bis 24 385 m und fotografierte militärische Einrichtungen. Nach zahlreichen unbehelligten Überflügen der UdSSR, Chinas und anderer Länder wurde eine U-2 am 1. Mai 1960 mit dem CIA-Piloten Gary Powers bei Swerdlowsk abgeschossen. Die Beziehungen zwischen Washington und Moskau sanken auf einen Tiefpunkt, und Präsident Eisenhower untersagte weitere Flüge über sowjetischem Gebiet.

Anfang der 1960er-Jahre erhielten die U-2 Verstärkung durch die ungeheuer schnelle Lockheed SR-71 Blackbird. Dieser Fernaufklärer operierte in 24 000 m Höhe mit einer Dauergeschwindigkeit von Mach 3 (Höchstgeschwindigkeit Mach 3,5) und schien vor der sowjetischen Abwehr sicher – bis mit der MiG-25 Foxbat ein ebenbürtiger Gegner erschien.

Mehrzweck-Entwicklungen

Anfang der 1960er-Jahre richtete die US-Flugzeugindustrie ihre Aufmerksamkeit auf die Entwicklung von Kampfflugzeugen mit „Mehrrollen"-Fähigkeit, Flugzeuge also, die je nach Ausstattung unterschiedliche Kampfaufträge erfüllen können. So entstand bei McDonnell Douglas mit der F-4 Phantom eines der vielseitigsten Waffensysteme überhaupt. Von der US Navy und der USAF wurde die F-4 1958 beziehungsweise 1961 eingeführt. Mit 2389 km/h Höchstgeschwindigkeit zeigte sie sich vielen Jagdflugzeugen überlegen und leistete über Vietnam Erstaunliches. Die sowjetischen Piloten zeigten großen Respekt vor der F-4.

Unten: *Aufklärer Lockheed TR-1 operieren in so großen Höhen, dass die Piloten – ähnlich wie Astronauten – spezielle Druckanzüge tragen müssen.*

König der Bomben

„Ein blendender Blitz erschien über dem Horizont, gefolgt von einem weit entfernten unbestimmbaren und starken Schlag, als wenn die Erde untergehen würde." Dies ist eine Beschreibung der Detonation der größten von Menschen verursachten Explosion. Es geschah am 30. Oktober 1961, als die Sowjets die „Zar-Bombe" zündeten. Mit 58 Megatonnen Sprengkraft war dieser „König der Bomben" stärker als die Vernichtungskraft aller im Zweiten Weltkrieg eingesetzten Waffen.

Im Juni 1961 befahl Sowjetpräsident Chruschtschow dem Kernphysiker Andrej Sacharow die Entwicklung einer Wasserstoffbombe mit einer Sprengkraft von 100 Megatonnen. Mitte Oktober war die gigantische, 27 Tonnen schwere Bombe testbereit.

An einem kalten Herbsttag nahm Major Andrej Durnowtsew mit seiner Tu-95 Kurs auf Nowaja Semlja. Über dem auf dieser Insel im Nordpolarmeer gelegenen Kernwaffenversuchsgelände warf er die „Zar-Bombe" aus 10 000 m Höhe ab. Damit der Bomberbesatzung genügend Zeit blieb, sich in Sicherheit zu bringen, wurde die Bombe durch einen riesigen Fallschirm abgebremst. Sie detonierte in 3700 m Höhe mit einer Sprengkraft von 58 Megatonnen (42 Megatonnen schwächer als ursprünglich angekündigt). Ihre Schockwelle ging dreimal um den Globus. Wie ein Beobachter berichtete, wurden noch „hunderte von Kilometern entfernt Holzhäuser zerstört und Dächer abgedeckt". Obwohl Nowaja Semlja unter einer dichten Wolkendecke lag, war der Explosionsblitz noch in fast 1000 km Entfernung sichtbar. Der Atompilz erreichte kurzfristig über 69 km Höhe.

Kernbomben verursachen elektronische Störungen, die als „Nuklearer Elektromagnetischer Impuls" oder Hochspannungsschock bekannt sind. Die „Zar-Bombe" legte für länger als eine Stunde alle Ferngesprächseinrichtungen rund um das Nordpolarmeer lahm. Auch auf dem Heimatflugplatz des Majors Durnowtsew, sodass er seine Tu-95 ohne jede Einweisung vom Boden landen musste. Aber zurück nach Nowaja Semlja: Dort war die vormals zerklüftete, mit Eis und Schnee bedeckte Landschaft in eine riesige runde „Eislaufbahn" verwandelt.

Die sowjetische Militärführung zeigte sich von der „Zar-Bombe" kaum beeindruckt. Ein solcher Gigant war „praktisch" unbrauchbar und wohl auch nur als reine Machtdemonstration im Kalten Krieg entwickelt worden.

Oben: *Eine Tupolew Tu-95 Bear, beschattet von einem NATO-Abfangjäger.*
Rechts: *Ihre Kampfkraft und Schnelligkeit verdankt die Tu-95 nicht zuletzt ihren leistungsfähigen Propellerturbinen mit achtflügeligen, gegenläufig rotierenden Luftschrauben.*

Links: *Die Lockheed SR-71 Blackbird erreichte Mach 3,5 Höchstgeschwindigkeit.*
Unten: *Obwohl nur ein Jahrzehnt im Dienst der USAF, hielt die Convair B-58 Hustler mehr als 19 Geschwindigkeits- und Höhenweltrekorde.*
Ganz unten: *Die schnittige Tupolew Tu-22 Blinder.*

Als Antwort entwickelten die Sowjets den Schwenkflügler MiG-23 Flogger. 1971 in Dienst gestellt, war er mit einem leistungsstarken Radargerät ausgestattet und konnte in der Kampfzone von unbefestigten Pisten aus operieren.

Bomberentwicklungen

In den USA schritt die Bomberentwicklung mit dem sehr kostspieligen, 1960 in Dienst gestellten Convair B-58 Hustler weiter voran. Der Hustler erreichte Mach 2 und hatte in der Version B-58B eine Reichweite von 7400 km. Einzigartig war der große, aus zwei Bauteilen bestehende, abwerfbare Unterrumpfbehälter (*Two Component Pod*), in dem eine Nuklearwaffe und Treibstoff in separaten Behältern untergebracht waren. Der in den Behältern mitgeführte Treibstoff wurde auf dem Hinflug verbraucht und der Treibstoffbehälter vor dem Angriff abgeworfen, wodurch die Geschwindigkeit über dem Ziel erhöht werden konnte. Der in den normalen Tanks befindliche Treibstoff diente für den Rückflug.

Die Sowjets reagierten auf die Bedrohung durch die schnellen US-Bomber mit der schnittigen Tu-22 Blinder. Zwei beiderseits des Seitenleitwerks angeordnete Triebwerke beschleunigten die Tu-22 auf Mach 1,4. Enttäuschend waren Reichweite (nur 3100 km) und Waffenzuladung (nur 9000 kg). Außerdem klagten die Besatzungen über eine mangelhafte Cockpit-Instrumentierung.

Bedroht durch immer schnellere sowjetische Jäger, forderte die USAF die Entwicklung eines interkontinentalen Bombers, der allem und jedem am Himmel davonfliegen konnte. Das Ergebnis

Oben: *Die Tu-22M Backfire war eine Weiterentwicklung der Tu-22 Blinder. Neu waren Schwenkflügel und eine modernisierte Cockpitausstattung, während die beiderseits des Leitwerks montierten Triebwerke verschwanden.*
Links: *Das vielleicht kühnste Flugzeugprojekt, das jemals Prototypstatus erreichte, war der für Dauergeschwindigkeit Mach 3 konstruierte Bomber North American XB-70 Valkyrie.*

war die sechsstrahlige North American XB-70 Valkyrie. Konstruiert nach dem Entenprinzip mit einem vorne liegenden trapezförmigen Höhenleitwerk, besaß der Flügel extreme Deltaform und trug zwei Seitenruder. Als Dauergeschwindigkeit war Mach 3 geplant. Der erste Prototyp erreichte 1965 die geforderte Sollgeschwindigkeit. Leider kollidierte der verbesserte zweite Prototyp mit einem Starfighter und stürzte ab. 1969 wurde das Projekt gestrichen und Valkyrie ins USAF-Museum nach Dayton, Ohio überführt.

Die Sowjets hatten mehr Glück. 1969 fotografierte ein amerikanischer Spionagesatellit einen neuen zweistrahligen Bomber, der als Schwenk-

flügler Tupolew Tu-22M Backfire bekannt wurde. Obwohl aus der Tu-22 hervorgegangen, waren nunmehr ihre Triebwerke rechts und links über fast die gesamte Rumpflänge angeordnet.

Im Rahmen der Verhandlungen über die Begrenzung strategischer Waffen (SALT II) im Juni 1979 sorgte die Backfire für Aufregung. Obwohl ihre Reichweite nur 5100 km betrug, war sie nach Ansicht Washingtons ein strategisches Waffensystem, weil sie in der Luft betankt werden konnte. Generalsekretär Breschnew zeigte sich nachgiebig und befahl, die Luftbetankungsanlage zu entfernen – die in nur 30 Minuten wieder eingebaut werden konnte.

Oben: *Die General Dynamics F-111 diente als Jäger, Bomber, Aufklärer und als elektronisches Störflugzeug EF-111A Raven.*

Auf die Backfire-B folgte die Suchoi Su-24 Fencer. 1974 eingeführt, gilt die Su-24 als einer der besten Jagdbomber ihrer Generation. Mit einer Waffenlast von 8000 kg konnte sie praktisch jeden Ort in Westeuropa angreifen.

NATO-Alarmbereitschaft

Bei jeder Art von Konflikt stützte sich die USAF auf eine große Zahl in Großbritannien stationierter Flugzeuge. Unter ihnen Mehrzweck-Kampfflugzeuge General Dynamics F-111 und Fairchild A-10A Thunderbolt II für Luftnahunterstützung und Panzerjagd. Schon die Entwicklungsphase der F-111 war problematisch, und es galt nicht nur aerodynamische Schwierigkeiten zu beseitigen, sondern auch ständig steigende Kosten in den Griff zu bekommen. Mitte Juli 1967 begannen die Auslieferungen an die Truppe. Einschließlich der beiden Hauptversionen – Jäger F-111 und Bomber FB-111 – wurden insgesamt sieben Varianten gebaut. Die FB-111 konnte sechs SRAM (Luft-Boden-Flugkörper kurzer Reich-

weite) mit nuklearem Gefechtskopf oder freifallende Bomben bis maximal 17 010 kg an Bord nehmen. Im Konfliktfall sollten die Maschinen in Baumwipfelhöhe und mit hoher Geschwindigkeit stark verteidigte Flächenziele (beispielsweise Flugplätze oder Bahnanlagen) in Osteuropa und der westlichen UdSSR angreifen.

Währenddessen wäre die hässliche A-10 zur Jagd auf gepanzerte Fahrzeuge gestartet. 1977 in Dienst gestellt, besitzt die Thunderbolt II ein robustes Flugwerk und ein gepanzertes Cockpit. Mit ihrer 30-mm-Revolverkanone und einem Waffen-Mix von 7200 kg hätte sie mit vernichtender Wirkung die Panzertruppen des Warschauer Paktes angegriffen. Wie ihre sowjetische Rivalin, die Su-25 Frogfoot, kann die A-10 von unbefestigten Pisten aus in Frontnähe operieren. Auch das Cockpit der Su-25 ist gepanzert, ihre Waffenzuladung mit 4400 kg allerdings schwächer. Während der sowjetischen Invasion Afghanistans eingeführt, zeigte sie ab 1981 beeindruckende Leistungen.

Luftnahunterstützung

Ähnlich vielseitig und ideal zur Luftnahunter-stützung geeignet, ist der British Aerospace Harrier. Abgesehen von dem Bomber English Electra Canberra wurde er als einziges aus-ländisches Kampfflugzeug in den Jahren des Kalten Krieges von den USA beschafft. Außergewöhnlich innovativ für senkrechte Starts und Landungen konstruiert, erregte der Harrier 1968 das Interesse des US Marine Corps (USMC) für bordgestützte Einsätze von großen Landungsfahrzeugen. Gemäß dem Forderungskatalog des USMC entstand schließlich als Gemeinschaftsprojekt von McDon-nell Douglas und British Aerospace die AV-8B. Bei den britischen Marinefliegern bewährte sich der Sea Harrier FRS1 besonders im Verlauf der Rück-eroberung der Falklandinseln im Kampf mit der argentinischen Luftwaffe, wo 28 Sea Harrier bei rund 2400 Einsätzen 22 Abschüsse erzielten. Varianten der Harrier sind heute noch im Einsatz.

Unten: Eine McDonnell Douglas/BAe AV-8B des US Marine Corps.

Schnell und tief

Die USAF ließ sich durch den Rückschlag mit der XB-70 Valkyrie nicht abschrecken und bemühte sich intensiv um einen neuen Bomber. Damals waren viele Fachleute der Ansicht, Bomber wären durch die Einführung ballistischer Interkontinen-talraketen überflüssig. Dennoch bestellte das SAC 1971 vier neue Rockwell B-1A. Obwohl dieser vierstrahlige Schwenkflügler eine viel ver-sprechende Konstruktion war und doppelte Schallgeschwindigkeit erreichte, wurde die Weiterentwicklung des Bombers 1977 von Präsident Carter gestrichen. Erst 1985 wurde das Programm von der Regierung Reagan als B-1B Lancer wieder belebt und die Elektronik-ausrüstung modernisiert. Das neue Muster erreicht maximal Mach 1,25 und ist in Bodennähe 960 km/h schnell. Zahlreiche Geräte für elektronische Gegenmaßnahmen (EloGM) schützen die B-1B vor Flugkörpern. Ihre Radarsignatur beträgt nur

ein Hundertstel der B-52. Heute noch ist die Lancer ein unverzichtbarer Bestandteil des USAF-Arsenals.

Kampfbereit

In den 1980er-Jahren unterhielt die USAF starke Kräfte in Westeuropa. Diese Verbände umfassten unter anderem F-15 Eagle, drei Staffeln F-4 Phantom und F-16 zur Bekämpfung der feindlichen Luftverteidigung, zwei Staffeln EF-111 Raven und EC-130 Commando Solo/Rivet Rider zur elektronischen Kampfführung sowie zwei Phantom-Aufklärungsstaffeln.

Nach dem neuesten Stand der Technik ausgerüstete Frühwarnflugzeuge (AWACS) Boeing E-3 Sentry patrouillierten über Westeuropa und Nordamerika. An Bord überwachten Spezialisten den sowjetischen Luftraum, um einen möglichen Angriff schon im Ansatz melden zu können.

Wäre in Europa ein bewaffneter Konflikt ausgebrochen, so hätten diese „Augen am Himmel" Gruppen von Kampfflugzeugen gegen Ziele auf dem Gebiet des Warschauer Paktes gelenkt und zu ihrer Unterstützung Tankflugzeuge KC-135 und mit Elektronik vollgepackte EF-111 zur Störung feindlicher Radarsysteme und Ausschaltung der bodengestützten Flugabwehr (SAM, Flak) herangeführt. Schutz gegen Luftabwehr boten auch die *Wild Weasel* genannten F-4 Phantom. Sie erkennen radargestützte Flugabwehrsysteme und berechnen aus der Richtung der Radarstrahlen exakt die Stellungen der feindlichen SAM und Flak. Innerhalb weniger Sekunden sind diese Daten in die Steuerung der Anti-Radar-Lenkflugkörper eingespeist, der Suchkopf des Flugkörpers schaltet vor dem Abschuss auf die Radarquelle auf und folgt den Signalen mit tödlicher Sicherheit ins Ziel. *Wild Weasel* operieren meist mit Jagdschutz.

Unten: Eine Gruppe Fairchild A-10 formiert sich zum Start. Äußerlich sehr ungelenk wirkend, hat sich die A-10 nach Ende des Kalten Krieges in einigen Konflikten bewährt.

NATO-Codes für Sowjetflugzeuge

Da die Sowjets die NATO über ihr Waffenpoten-
zial zu verwirren suchten und – wenn überhaupt –
erst sehr spät offizielle Flugzeugnamen bekannt
gaben, entwickelte die NATO im Oktober 1954
ein System, um die bekannten beziehungsweise
erkannten sowjetischen Waffensysteme überschau-
bar einordnen zu können. Ein Code-System, wie
es die Amerikaner im Zweiten Weltkrieg in
ähnlicher Form für japanische Flugzeuge verwendet hatten. Dieses System erleichterte NATO-
Piloten, Seeleuten und Soldaten die Identifi-
zierung von sowjetischen Fluggeräten.

Die Aufschlüsselung der Codes gestaltete sich äußerst einfach.
Maßgebend waren die Anfangsbuchstaben: „F" stand für *Fighter* (Jäger), „B" für *Bomber*, „C" für *Cargo* (Transporter) und Verkehrsflugzeuge, „H" für *Helicopter* und „M" für *Miscellaneous* (verschiedene
Muster wie Trainer, Flugboote und Lastensegler). Mit „M"
bezeichnete Flugzeuge – beispielsweise der Tanker Il-78 Midas und
der Frachter Il-76 – waren ähnlich, hatten jedoch unterschiedliche
Funktionen.

Logisch gegliedert waren die Codenamen auch. So sind bei-
spielsweise *Farmer*, *Bounder* und *Cossack* (die MiG-19, Mjasischt-
schew M-50/52 beziehungsweise Antonow An-225) zweisilbige
Namen. Warum? Weil strahlgetriebene Fluggeräte stets zweisilbige
Namen erhalten. Propellergetriebene Fluggeräte wie die *May* oder
Mail (die Iljuschin Il-38 und Berijew Be-12) erhielten einsilbige
Namen.

Zur Gewährleistung einer optimale Bezeichnung und Identifi-
zierung des Flugzeugmodells erhielten die NATO-Codes wenn
nötig einen zusätzlichen Buchstaben. So gibt zum Beispiel die
Bezeichnung *Fitter-K* (Erdkampfvariante der Suchoi Su-17) Auf-
schluss darüber, dass dies die elfte Variante („K" steht im Alphabet an
elfter Stelle) ist; die erste war die *Fitter-A*.

Seit dem Ende des Kalten Krieges wird dieses Code-System nicht
mehr angewendet. Es gibt kaum noch Geheimnistuerei, und jeder
weiß, dass die MiG-35 *Mnogofunksionalni Frontovoi Istrebel* als
Mehrzweck-Kampfflugzeug geplant ist.

Oben: *Eine Suchoi Su-7 Fitter
der indischen Luftwaffe.*
Unten: *Die Antonow An-72
Coaler, ein strahlgetriebenes
Transportflugzeug.*

Giganten der Meere

Während des Kalten Krieges operierten die Flugzeugträger der US Navy als selbstständige Flottenverbände. Aufgabe der von Bord der Träger operierenden Fliegergruppen sind Aufklärung, Erkämpfung der Luftüberlegenheit und Selbstverteidigung sowie Jagdbombereinsätze. Mit seinen 50 Kampfflugzeugen und bis zu 4000 an Bord gelagerten Bomben könnte ein Träger täglich 150 Luftangriffe durchführen.

Die Fliegergruppe umfasst McDonnell Douglas F/A-18 Hornet (Jäger und Jagdbomber), Grumman F-14 Tomcat (Jäger), Hubschrauber Sikorsky SH-60 Seahawk, Lockheed S-3B Viking (U-Jäger), Grumman E-2C Hawkeye (AWACS) und Grumman EA-6B Prowler (EloKa). Bei einem typischen Einsatz unterstützt sie die eigene Truppe an Land oder bei amphibischen Landungen. Dabei würden F/A-18 bei der Bekämpfung von Erdzielen durch Tomcat gegen Feindflugzeuge gedeckt werden. Primäre Aufgabe der Tomcat ist allerdings, die Schiffe des Flottenverbands gegen Luftangriffe zu schützen. Die zur Luftverteidigung nötigen Informationen liefern die AWACS, während Prowler die gegnerischen Radaranlagen stören und Viking und Seahawk das Meer nach feindlichen U-Booten absuchen. U-Boote sind auch heute noch eine tödliche Bedrohung für jeden Flottenverband.

Es ist nicht verwunderlich, dass die Sowjets im Kalten Krieg an den amerikanischen Trägerverbänden besonders interessiert waren. Sie verfügten zwar über fünf Träger (*Minsk, Kiew, Noworossijsk, Baku, Breschnew*), die allerdings kleiner waren und schwächere Fliegergruppen mitführten als ihre amerikanischen Rivalen. Beispielsweise hatte die Kiew 20 U-Jagdhubschrauber Ka-25 Hormone, aber nur zwölf VTOL-Jagdbomber Jak-36 Forger an Bord. Stattdessen stützten die Sowjets ihre Strategie gegen die Marinen der NATO auf die landgestützten Langstreckenflugzeuge ihrer Marineflieger. Gegen Ende des Kalten Krieges umfassten diese 60 Luftregimenter und -staffeln zum Schutz der sowjetischen Küsten.

Oben: USS Constellation. *Einweisung einer McDonnell Douglas F/A-18 Hornet zum Katapultstart.*
Rechts: USS Nimitz. *Die Fliegergruppe flog im Golfkrieg 2003 über 6500 Einsätze.*

Links oben: *Rostislaw J. Alexejew,*
Vater des soujetischen Ekranoplan-
Projekts.

Links unten: *Nur zwei Meter über*
der Wasserfläche erreichte die A-90
Orlyonok *eine Höchstgeschwin-*
digkeit von 400 km/h.

Oben: *Alexejews erfolgreichste*
militärische Konstruktion war der
Ekranoplan A-90 Orlyonok.

Als letzter Bomber des Kalten Krieges erschien die Tupolew Tu-160 Blackjack. Vielen gilt sie als das schönste jemals gebaute Flugzeug. Sie hat 12.300 km Reichweite und erreicht in 12.200 m Höhe eine Höchstgeschwindigkeit von Mach 2,05 (2200 km/h). Dank schwenkbarer Flügel kann sie ihr Ziel mit hoher Geschwindigkeit im Tiefflug angreifen. Äußerlich der Boeing B-1B Lancer verblüffend ähnlich, war die Tu-160 mit 54,10 m jedoch wesentlich länger als ihre US-Rivalin.

In den Jahren des Kalten Krieges hatten die Luftstreitkräfte auf beiden Seiten des Eisernen Vorhangs durch ihr Abschreckungspotenzial entscheidend dazu beigetragen, dass ein „heißer" Krieg vermieden wurde. Seit 1945 hatten Kampfflugzeuge in weniger als 15 Jahren auf Mach 3 beschleunigt. Doch der technische Fortschritt verschlang astronomische Summen. Als die Sowjets erkannten, dass sie auf Dauer mit dem Westen nicht konkurrieren konnten, war es zu spät. In den 1980er-Jahren an den Rand des Ruins gedrängt, zerbrachen ihr System und der Warschauer Pakt. Der Westen atmete auf: Kein wettrüstender Feind stand mehr im Osten, und aus den Wehretats konnten große Summen nun friedlicheren Zwecken zugeführt werden.

Bodeneffektflugzeuge

Der Kalte Krieg führte in der UdSSR zur Entwicklung flugzeugähnlicher Bodeneffektfahrzeuge. Diese ungewöhnlichen Transportmittel nutzen den aerodynamischen Bodeneffekt zum widerstandsärmeren Fliegen. Der Bodeneffekt ist eine Erscheinung, die bei der Bewegung einer Tragfläche in unmittelbarer Bodennähe (aber auch über Wasser- oder Eisflächen) entsteht. Durch die

Kanalisierung des Luftstroms und die daraus resultierende Druckerhöhung wird der Auftrieb verstärkt und der Vortriebswiderstand gesenkt, sodass die Maschine wie auf einem Kissen aus komprimierter und zugleich wirbelnder Luft fliegt. Dieses Phänomen war bereits seit den 1920er-Jahren bekannt, aber erst rund 40 Jahre später entdeckten die Sowjets sein gewaltiges militärisches Potenzial.

Obwohl sie wie Flugboote operieren und diesen ähnlich sehen, sind Bodeneffektfahrzeuge eine Kreuzung aus Schiff und Flugzeug. Fliegt ein Bodeneffektgerät in optimaler Höhe (Faustregel: maximal 10 Prozent seiner Spannweite) ist der Auftrieb ungefähr 80 Prozent stärker als bei einem konventionellen Flugzeug. Gegenüber einem in großer Höhe fliegenden Flugzeug kann ein Bodeneffektgerät mit der gleichen Tankfüllung im Tiefflug bedeutend größere Reichweiten erzielen.

Die positive Wirkung des Bodeneffekts war bekannt, lange bevor Bodeneffektfahrzeuge gebaut wurden. Schon die Piloten des Flugboots Dornier Do X erkannten, dass sich die Flugleistungen verbesserten, je tiefer sie über den Wellen des Atlantiks flogen. Im Zweiten Weltkrieg nutzten Bomberpiloten dieses Wissen und flogen, wenn sie nur noch knapp gefüllte Tanks hatten, vom Einsatz tief über der Wasserfläche zurück.

In Gorki (bis 1932 und seit 1991 wieder: Nischni Nowgorod), dem Sitz wichtiger Rüstungsunternehmen, hatte auch der Ingenieur Rostislaw J. Alexejew erkannt, dass sich Flugzeuge in Bodennähe anders verhalten als in der Höhe. In den 1950er-Jahren entwickelte er Tragflächenboote, die buchstäblich über die Wolga schwebten. Schließlich wollten auch die Militärs das Potenzial

der Tragflächenboote nutzen, und Alexejews Entwicklungsbüro (CHDB) begann mit einem der größten sowjetischen Geheimprojekte. Alexejew nannte seine Neuentwicklung *Ekranoplan* (russ.: *Ekran* = Schirm, *Planjor* = Gleitflugzeug). Alexejew entwarf eine Serie von Versuchsmodellen, die durch Nutzung des Bodeneffekts knapp über der Wasserfläche flogen. Am erfolgreichsten war der A-90 Orlyonok. Dieser in den 1970er-Jahren für die sowjetischen Streitkräfte gebaute, riesige Transporter erreichte maximal 400 km/h und beförderte 15 Tonnen Nutzlast. Im Rahmen einer Flottenübung im Kaspischen Meer im August 2002 erschienen überraschend auch Orlyonok und Lun.

Auf dem zivilen Markt konnten die Hersteller von Bodeneffektfahrzeugen bisher nur geringe Anteile des Frachtmarkts erobern. Neue, viel versprechende Konstruktionen könnten die Wende bringen. Verglichen mit Schiffen bieten Bodeneffektfahrzeuge eine ruhigere und schnellere Reise, während sie im Vergleich zu Flugzeugen weniger Treibstoff verbrauchen und umweltfreundlicher sind. CHDB hatte schon Mitte der 1980er-Jahre den Schritt auf den zivilen Markt gewagt und mit der Wolga 2 einen Personentransporter entwickelt.

Die aussichtsreichsten Entwicklungen entstehen gegenwärtig in Australien und China. Incat, Australiens führender Katamaranbauer, entwickelt mit *The Wing* eine große Trimaran-Fähre. Obwohl kein reines Bodeneffektfahrzeug, erscheinen die Marktchancen viel versprechend. Die Chinesen forschen seit Jahrzehnten an Bodeneffektfahrzeugen, und CHDB entwickelt in vietnamesischem Auftrag ein Passagier-Bodeneffektfahrzeug.

Oben: *1987/88 baute Alexejews CHDB unter anderem die Ekranoplane* Lun *(bewaffnet mit Marschflugkörpern) und das Rettungsfahrzeug* Spasatel *(Foto).*
Oben rechts: Airfish 8, *ein von dem Deutschen Hanno Fischer konstruiertes achtsitziges Bodeneffektgerät.*
Unten rechts: *Modell des in Alexejews CHDB entworfenen zivilen Personentransporters* Wolga 2.

Das Monster vom Kaspischen Meer

Bereits 1967 sichtete ein US-Spionagesatellit den Ekranoplan, doch die Amerikaner hielten das unbekannte Objekt für ein Flugzeug. Erst als Ende der 1970er-Jahre der Transport eines großen Fahrzeugs von Gorki zum Kaspischen Meer beobachtet wurde, erkannten sie das Gefahrenpotenzial dieses Kolosses und nannten ihn „Das Monster vom Kaspischen Meer".

Geboren wurde dieses Fahrzeug Ende der 1950er-Jahre, als Rostislaw Alexejew, Leiter des Entwicklungsbüros CHDB, das Modell des fliegenden Tragflächenboots *KM* (russ.: *Korabl* = Schiff, *Maket* = Modell) konstruierte. 1963 begann er mit dem Bau eines riesigen Ekranoplan, der als Rettungsfahrzeug, Abschussbasis für Raketen, Landungsboot und als schneller Transporter für Truppen und Kriegsgerät eingesetzt werden sollte. Angetrieben wurde das Ungetüm von zehn Triebwerken, von denen acht, unmittelbar hinter dem Cockpit montiert, nur zum Start dienten. Zwei links und rechts am Seitenleitwerk angeordnete Triebwerke regelten den Marschflug. 540 t schwer und 106 m lang (Spannweite nur 40 m) war *KM* länger als eine B-52 und schwerer als eine Boeing 747. Bei Testflügen hob sich *KM* bei 350 km/h aus dem Wasser. Als Marschfluggeschwindigkeit wurden rund 500 km/h festgelegt. Einmal gestartet, konnte das Monster auch über Land operieren.

KM erfüllte alle Erwartungen, und mit Unterstützung höchster Dienststellen aus Moskau entwickelte Alexejew als Projekt 903 die bewaffnete *Lun* (russ.: Taube). Sie war ungefähr ein Fünftel kleiner als *KM*, hatte nur acht Triebwerke und eine Höchststartmasse von rund 400 Tonnen. Abgesehen von der Anzahl der Triebwerke unterschieden sich die beiden Ekranoplane äußerlich besonders durch drei, auf dem Rumpf montierte Zwillingsstarter für Marschflugkörper. Die zweite (und letzte) *Lun* wurde zum sechsstrahligen Rettungsfahrzeug *Spasatel* umgebaut.

Bodeneffektfahrzeuge haben auch Schwächen. So neigen ihre Flügel dazu, die Maschine hochzureißen. Die Sowjets mussten ihre Ekranoplane deshalb mit elektronischen Kontrollsystemen vollstopfen, um ihr Ausbrechen in der Luft zu verhindern. Außerdem ist die Wasserfläche nicht glatt wie ein Spiegel und folglich auch die Luftschicht, auf der Bodeneffektfahrzeuge gleiten, sehr labil. Die größte Schwierigkeit für ihre Piloten besteht darin, stets exakt auf gleicher Höhe zu bleiben.

Glücklicherweise haben die Ekranoplane niemals einen bewaffneten Einsatz fliegen müssen. Das Auseinanderbrechen des Warschauer Paktes und der wirtschaftliche Niedergang der UdSSR führten zu tief greifenden Kürzungen des Wehretats. Die Entwicklung weiterer Kampf-Ekranoplane ist deshalb längst eingestellt; die vorhandenen Exemplare sind eingemottet.

Links: *Die erste* Lun *wurde mit Seezielflugkörpern bewaffnet. Dieses Foto zeigt den Testschuss eines Flugkörpers 3M80 Moskit.*
Oben: *Eines der wenigen Fotos des zehnstrahligen* KM *(allgemein als „Monster vom Kaspischen Meer" bekannt).*
Rechts: *Der zweite* Lun. *Er wurde später zum Rettungsfahrzeug* Spasatel *umgebaut.*

Vom rotierenden Flügel zur Kampfmaschine

Hubschrauber

In den Jahren des Kalten Krieges führten USA und Sowjetunion so genannte Stellvertreterkriege in schwierigem Gelände. Bei Aufklärung, Transport und Angriff erfüllten Hubschrauber entscheidende Aufgaben in Korea, Vietnam und Afghanistan. Längst ist der Hubschrauber aber auch aus dem Polizei- und Rettungseinsatz und aus vielen anderen Bereichen des öffentlichen Lebens nicht mehr wegzudenken.

Links: WAH-64 Longbow Apache. Das auf dem Hauptrotorkopf installierte Feuerleitradar verleiht ihm eine stärkere Kampfkraft. Oben: 1939. Der Vater des modernen Hubschraubers, Igor Sikorsky (rechts), neben einem seiner berühmten Prototypen VS-300.

Das Konzept des Drehflüglers war chinesischen Kindern schon vor zwei Jahrtausenden bekannt. Sie versetzten einen mit Hühnerfedern besetzten Rundstab mit einer Schnur in Rotation und brachten diesen „Hubschrauber" zum Fliegen. Für die Wissenschaft gilt allerdings Leonardo da Vinci als Erfinder des Hubschraubers. Er zeichnete 1493 für den vertikalen Flug eine Spirale und erwähnte in der Beschreibung den griechischen Wortstamm für die heute gebräuchliche Bezeichnung „Helikopter" (*helix* = spiralförmig, *pteron* = Flügel). Da Leonardos Spirale durch die anströmende Luft angetrieben wurde, gilt sie aus heutiger Sicht als Autogiro. „Echte" Hubschrauber funktionieren zwar nach den gleichen aerodynamischen Gesetzen, haben jedoch angetriebene Rotorblätter.

Rechts: *Modell des 1843 von Sir George Caylay konstruierten „fliegenden Dampfwagens".*
Unten: *Der erste wirkliche Hubschrauber. Als erstem Menschen glückte Paul Cornu 1907 mit seinem „fliegenden Fahrrad" der erste freie Flug. Den Hubschrauber zu steuern, erwies sich als weitaus schwieriger.*

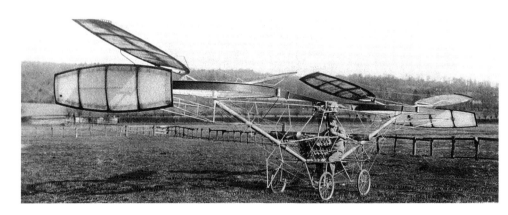

Jahrhundertelang blieb Leonardos Konstruktion unbeachtet, bis seine Zeichnungen im 18. Jahrhundert wiederentdeckt wurden. Der englische Ingenieur Sir George Caylay verbesserte 1843 das Konzept des Amerikaners Robert Taylor mit zwei seitlich angeordneten Koaxialrotorpaaren und Luftschrauben für den Horizontalflug. Da Caylay als Antrieb eine Dampfmaschine wählen musste, blieb sein „fliegender Dampfwagen" am Boden.

Senkrechtflug-Pioniere

Der erste Hubschrauberflug glückte dem Franzosen Paul Cornu am 13. November 1907, als sich sein „fliegendes Fahrrad" senkrecht in die Luft erhob. Da Cornu seine Konstruktion weder in der Horizontalen kontrollieren noch steuern konnte, mussten Männer am Boden das „Fahrrad" mit Stangen in der Balance halten. Der erste erfolgreiche Flug mit einem Drehflügler gelang dem

Steuerung des Hubschraubers

Beim Antrieb des Hauptrotors entsteht ein der Drehrichtung entgegengesetzt gerichtetes Drehmoment. Rotiert der Hauptrotor im Uhrzeigersinn, so bewirkt das Drehmoment, dass sich der Rumpf im Gegendrehsinn um den Rotormast mitdreht. Um dieses Rückdrehmoment zu vermeiden, „schaufelt" der Heckrotor Luft entgegen der Drehrichtung des Hauptrotors und hält den Hubschrauber auf Kurs. Wird die Drehgeschwindigkeit des Hauptrotors gesteigert, muss auch der Heckrotor schneller drehen und das stärkere Drehmoment kompensieren. Die Seitensteuerung wird über das Seitenruderpedal geregelt.

Ist die Hauptrotorkreisfläche „eben", wirkt die gesamte Rotorleistung wie ein senkrechter Auftrieb, und der Hubschrauber fliegt weder vor- noch rückwärts, sondern steigt nur gerade aufwärts. Zum Vorwärtsflug neigt der Pilot die gesamte Rotorkreisfläche nach vorne, damit ein Teil des Auftriebs nach vorwärts wirken kann. Neigt der Pilot die Rotorkreisfläche (zyklische Blattverstellung) nach links, rechts oder rückwärts, wird der Hubschrauber in diese Richtung beschleunigen. Wirkt ein Teil der Rotorleistung horizontal, wird der Auftrieb schwächer und der Hubschrauberpilot benutzt als dritte Steuermethode den Blattverstellhebel zur Vertikalsteuerung. Der Blattverstellhebel vergrößert den

Steigungswinkel aller Rotorblätter kollektiv und wird deshalb im Englischen auch „collective" genannt. Mehr Luft passiert das Rotorsystem und produziert zusätzlichen Auftrieb, sofern der Rotor mit unveränderter Geschwindigkeit rotiert.

Es war der Argentinier Marquis de Pescara, der zyklische und kollektive Steigungswinkel im „Totempfahl-Rotorpylon" kombinierte. 1924 flog sein Apparat Nr. 3 mit 13 km/h 600 m weit. Aber erst Juan de la Cierva erfand für seinen Autogiro Gelenke größerer Elastizität, die selbstständige Schlagbewegungen erlaubten.

Links: Kaman SH-2G Super Seasprite. Das komplizierte Rotorkontrollsystem ist deutlich erkennbar.
Unten: 1924. Pescaras Apparat Nr. 3 mit „Totempfahl-Rotorpylon".

Spanier Juan de la Cierva 1923 mit dem Autogiro C30A. Von einem steuerbaren Hubschrauber war man aber noch weit entfernt.

Der erste wirklich brauchbare Hubschrauber erschien mit der Focke-Wulf Fw 61 mit zwei nebeneinander angeordneten 3-Blatt-Rotoren. Seine hervorragende Manövrierfähigkeit demonstrierte Testpilotin Hanna Reitsch im Februar 1938 in der Berliner Deutschlandhalle. Der Fw 61 stellte mit 3427 m einen Höhen- und mit 122 km/h einen Geschwindigkeitsweltrekord auf. 1938 folgte ein Nonstopflug über 230 km.

Igor Sikorsky

Während die Fw 61 ihr Können demonstrierte, verbesserte der am 25. Mai 1889 in Kiew geborene Hubschrauberkonstrukteur Igor Sikorsky seine

Entwürfe. Schon als Kind hatte er Flugmodelle gebaut. Als er seinen Vater auf einer Deutschlandreise begleitete, hörte er erstmals Genaueres über die Brüder Wright sowie von Graf Zeppelin und beschloss, sein Leben der Luftfahrt zu widmen, um senkrecht startende und landende Fluggeräte zu bauen. Nach Studien in St. Petersburg, Paris und Kiew konstruierte und baute er in Russland einige Flächenflugzeuge, unter anderem den riesigen Bomber Ilja Muromez. Nach der Oktoberrevolution 1917 emigrierte er in die USA, gründete die Sikorsky Aero Engineering Corporation und baute Flächenflugzeuge. Sein Traum vom Hubschrauber ging aber erst in Erfüllung, als er mit Chance Vought fusionierte. Als technischer Direktor der Vought-Sikorsky Aircraft Corporation begann er 1939 mit der Konstruktion eines

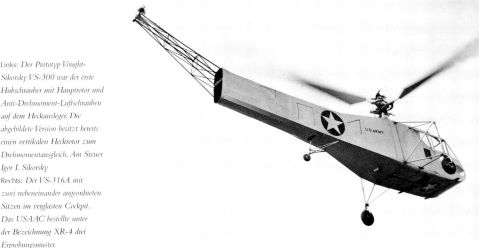

Links: *Der Prototyp Vought-Sikorsky VS-300 war der erste Hubschrauber mit Hauptrotor und Anti-Drehmoment-Luftschrauben auf dem Heckausleger. Die abgebildete Version besitzt bereits einen vertikalen Heckrotor zum Drehmomentausgleich. Am Steuer Igor I. Sikorsky*
Rechts: *Der VS-316A mit zwei nebeneinander angeordneten Sitzen im verglasten Cockpit. Das USAAC bestellte unter der Bezeichnung XR-4 drei Erprobungsmuster.*

Hubschraubers mit 3-Blatt-Hauptrotor und drei Anti-Drehmoment-Luftschrauben auf dem Heckausleger. Der „gefesselte" Erstflug dieses Prototyps VS-300 glückte am 14. September 1939, der erste freie Flug am 13. Mai 1940.

Sikorskys erstes Serienmodell war der VS-316A von 1941. Vom USAAC als XR-4 bestellt, war er doppelt so leistungsfähig wie der VS-300. 1943 erschien der R-5 mit Tandemsitzen für USAAC und US Navy sowie als viersitzige zivile S-51. Als erster Transporthubschrauber entstand 1949 der für zehn ausgerüstete Soldaten konzipierte S-55.

Britische Zusammenarbeit

1947 erwarb die britische Westland Aircraft Ltd von Sikorsky das Lizenzrecht für den S-51. Zwar wurden auch in Großbritannien Hubschrauber gebaut, aber sie alle verblassten vor den neuen Sikorsky-Westland-Modellen. Aufbauend auf der S-51, baute Westland in der Folgezeit verschiedene Versionen als Dragonfly. 1950 übernahm die Royal Navy ihre ersten Dragonfly, und die RAF formierte ihre erste Hubschrauberstaffel. Erfolgreich war auch der Westland Wessex, ein Lizenzbau des Sikorsky S-58. Ursprünglich für die Verwendung bei der Marine ausgelegt, war der Wessex bei seiner Indienststellung im Juli 1961 primär zur U-Jagd

bestimmt. Die RAF beschaffte Wessex als Mehrzweck-Transporthubschrauber. Inzwischen sind Lizenzvergaben und Arbeitsgemeinschaften alltäglich, ermöglichen sie es doch den Herstellern von Hubschraubern, die riesigen Entwicklungskosten auf mehrere Schultern zu verteilen. Erfolgreich war in den 1960er-Jahren auch die Zusammenarbeit von Westland und Aérospatiale bei der SA 341 Gazelle und ihren zahlreichen Varianten.

Zivile Fortschritte

Zweifellos haben Militärs die Entwicklung des Hubschraubers stark beeinflusst. Es gibt aber auch einen großen Markt für zivile Hubschrauber. Es war die Bell Model 47, die am 8. März 1946 als erster ziviler Hubschrauber in den USA die Musterzulassung der FAA erhielt. Sie blieb bis 1973 in ununterbrochener Serienfertigung und wurde bei Agusta, Kawasaki und Westland unter Lizenz gebaut. So wie Sikorskys Konstruktionen den militärischen Hubschraubermarkt beherrschen, dominieren Bell Helicopter Textron und Eurocopter den zivilen Markt. So baut Bell jährlich rund 150 Exemplare seines Model 206 JetRanger, des erfolgreichsten Zivilhubschraubers der Welt. Seit 1967 der erste JetRanger ausgeliefert wurde, sind bisher über 7500 Stück verkauft worden.

Bell hat große Erfahrungen mit Gemeinschaftsprojekten. Jüngstes Beispiel ist die 1998 zum Bau des Mehrzweckhubschraubers AB139 (Erstflug im Februar 2001; Auslieferung seit 2002) gegründete amerikanisch-italienische Bell/Agusta Aerospace Company. Inzwischen sind solche Gemeinschaftsprojekte fast die Norm. So entstand 1992 Eurocopter aus der Fusion der französischen Aérospatiale-matra und der deutschen Daimler-Chrysler Aerospace. Heute beherrscht Eurocopter rund 40 Prozent des Hubschraubermarkts weltweit. Sein erfolgreichstes Modell ist der Ecureuil mit ummanteltem Heckrotor. Andere Hersteller haben mit dem NOTAR-System experimentiert. Bei NOTAR erzeugt ein im Heckausleger installiertes Gebläse einen Luftstrahl, der zur Seite abgelenkt wird. In einem expandierenden Markt für Zivilhubschrauber können nach Expertenmei-

nung im nächsten Jahrzehnt jährlich je 500 neue Hubschrauber verkauft werden.

Geburt des Militärhubschraubers

Dass Hubschrauber als fliegende Beobachtungsplattformen sehr viel besser geeignet waren als die bis dahin verwendeten Fesselballons wurde von Männern wie Stefan von Petröâzy, Theodore von Kármán und Wilhelm Zurovec in Österreich-Ungarn schon im Ersten Weltkrieg erkannt. Ihr Schraubenflieger PKZ 2 war in der Erprobung verhältnismäßig zuverlässig gelangte aber nicht an die Front. Im Zweiten Weltkrieg entwickelte die deutsche Firma AEG Hubschrauber-Fesselplattformen, die aber nicht zum Einsatz kamen. Der moderne Militärhubschrauber entstand im Koreakrieg. In diesem Konflikt wurde er zum unent-

Oben: Ein Sikorsky S-51 der US Navy.

Rechts oben: Ein HSS-1 (SH-34G) Seabat der US Navy, Ausbildungsstaffel HT 8.

Rechts Mitte: Der SA341 Gazelle war ein Gemeinschaftsprojekt Westland/Aerospatiale. In den 1980er-Jahren wurden rund 100 Gazelle an Iran (Abb.) verkauft.

Rechts unten: Versuchsträger des NOTAR-Systems. Statt des lärmenden und verwundbaren Heckrotors wird beim NOTAR im Heckausleger ein verdichteter Luftstrom ausgeblasen.

Oben: Der Bell H-13E Sioux (militärische Version des Model 47) bewährte sich im Koreakrieg mit außerordentlichem Erfolg besonders bei MedEvac-Einsätzen.

behrlichen Helfer, ganz besonders im MedEvac-Einsatz. Sein Potenzial als Kampfmaschine zeigte der Hubschrauber aber erst im Vietnamkrieg, ebenso wie seinen herausragenden Wert als Aufklärungsmittel. Dort setzte die US Army einen der kleinsten Militärhubschrauber überhaupt ein: den Hughes OH-6 Cayuse (Erstflug 1963). War der erste Cayuse noch unbewaffnet, so ist er inzwischen als *Gunship* (Plattform für großkalibrige Rohrwaffen), Panzerjäger und in zahlreichen zivilen Ausführungen – auch unter Lizenz in Italien und Japan – in über 1400 Exemplaren gebaut worden. Ebenfalls als Aufklärer in Vietnam dienten der Bell OH-58 Kiowa und der bewaffnete Kiowa Warrior.

Inzwischen übernehmen Kampfhubschrauber immer mehr die Aufgaben der Aufklärungshelikopter. Von Kampfhubschraubern, UAVs und Satelliten gewonnene Informationen werden heute in die Computer der weit hinter der Front liegenden Stabsstellen eingespeist und liefern den Kommandeuren in Echtzeit ein reales Bild der militärischen Lage.

Tandemrotoren

Nach dem Ende des Koreakriegs forderten US Army und Navy einen neuen Transport- und MedEvac-Hubschrauber. Der Piasecki (später Vertol) H-21 Shawnee, auch als *Fliegende Banane* bekannt geworden, war der erste von den US-Streitkräften eingeführte Hubschrauber mit Tandemrotoren. Er hatte ein Fassungsvermögen für 14 vollausgerüstete Soldaten oder 12 Tragen und Sanitätspersonal. Der Shawnee diente noch in Vietnam, bevor er durch modernere Hubschrauber ersetzt wurde.

Einer der berühmtesten Hubschrauber der Welt war und ist immer noch der Bell UH-1 Huey. Nachdem Bell im Februar 1955 eine Ausschreibung der US Army für einen Mehrzweckhubschrauber gewonnen hatte, startete der Prototyp XH-40 im Oktober des folgenden Jahres zum Jungfernflug. Dank seiner revolutionären Wellenturbine war der XH-40 zuverlässiger und stärker als andere zeitgenössische Konkurrenten. Anfangs als HU-1A bekannt und 1962 in UH-1A umbenannt, lief 1959 die Serienfertigung für die

Oben: *Der Hughes OH-6 Cayuse diente der*
US Army in Vietnam.

Oben: *Der CH-54 Tarhe, oder Skycrane (fliegender Kran) genannt, konnte nicht nur Artillerie und Ausrüstung transportieren. Im unwegsamen vietnamesischen Dschungel schuf er durch Abwurf von 4535-kg-Bomben Landezonen für Hubschrauber.*

Vorherige Seiten: *Im Vietnamkrieg genügte der Bell UH-1 Huey allen Anforderungen. Er war außerordentlich beweglich, flexibel und kampfstark.*

US Army an. Die Huey bewährte sich als Truppentransporter für bis zu zwölf Soldaten oder sechs Tragen. Aber die Einsätze in Vietnam erforderten größere Transportkapazität. Boeing entwickelte zwei solcher Truppentransporter. Als ersten stellte die US Army 1961 den für 55 Soldaten konzipierten CH-47 Chinook in Dienst. Der zweite war der Sea Knight (25 Soldaten), der 1964 als CH-46A zuerst vom USMC eingeführt wurde. Beide Modelle waren auch auf dem Exportmarkt erfolgreich, wobei der größere und leistungsfähigere Chinook sehr viel höhere Verkaufszahlen erzielte. Ein Zeitgenosse der Chinook und Sea Knight war der Schwerlasthubschrauber Sikorsky CH-54 Tarhe (oder Skycrane) mit einer maximalen Nutzlast von 21.319 kg.

Die direkte Konfrontation mit Boeing wagte Sikorsky erst Ende der 1960er-Jahre mit der Einführung des Schwerlasthubschraubers CH-53 Sea Stallion und des mittleren UH-60 Black Hawk. Der Sea Stallion flog zuerst bei den Marines 1966

und war mit seinem Fassungsvermögen (37 Soldaten oder 24 Tragen) in Vietnam eine große Hilfe. In den 1970er-Jahren mit einer dritten Wellenturbine nachgerüstet, entstand der CH-53E Super Stallion. Ab Dezember 1980 an die US Navy ausgeliefert, war er einer der leistungsfähigsten Hubschrauber der Welt. Zwei Jahre vorher hatte die US Army ihren ersten UH-60 Black Hawk übernommen. Im Rahmen des humanitären Einsatzes der US Army in Mogadischu wurden am 3. Oktober 1993 zwei Black Hawk abgeschossen. Diese tragische Mission ist Thema des Films *Black Hawk Down* von 2002.

Sowjetische Gewichtheber

Während die USA mit der Konstruktion leistungsfähiger Hubschrauber für Vietnam beschäftigt waren, verstärkten die Sowjets ihre Schwerlastkapazitäten. Als am 30. Oktober 1957 der Mil Mi-6 Hook erschien, war er der weltgrößte Hubschrauber. Mit einer Nutzlastkapazität von

Oben: *Der 26 Millionen Dollar teure dreimotorige CH-53E Super Stallion ist einer der leistungsfähigsten Hubschrauber der Welt.*
Links: *Der UH-60 Black Hawk ist der bevorzugte mittelgroße Hubschrauber der US-Streitkräfte. Er hat sich bei zahlreichen Einsätzen rund um den Globus bewährt.*

Ganz oben: *Der Mil Mi-26 Halo war der erste*
Hubschrauber mit Achtblatt-Hauptrotor.
Oben: *In seiner zivilen Version befördert dieser*
Mi-6P Hook der Aeroflot bis zu 80 Passagiere.

12 000 kg kann er 65 bis 75 Soldaten oder 41 Tragen und zwei Sanitäter befördern. 1961 erreichte der Mi-6 als erster Hubschrauber eine Höchstgeschwindigkeit von 300 km/h. Verglichen mit dem 1969 erschienenen Mil Mi-12 wirkt der Mi-6 allerdings geradezu klein. Völlig anders konstruiert, erhielt der Mi-12 zwei nebeneinander an zwei schmalen Flügeln montierte Rotoren. Das Mil-Entwicklungsbüro hielt dieses Konzept für stabiler und zuverlässiger als die Tandemrotoren der schweren US-Hubschrauber. Als Drehflügler-Pendant zur Antonow An-22 geschaffen, stieg der Mi-12 am 6. August 1969 mit 40 t Zuladung auf 2255 m Flughöhe. Weltrekord! Der nächste Mil-Hubschrauber – Mi-8 Hip – war für den Transport von 24 Soldaten oder 4000 kg Nutzlast ausgelegt. Gleich darauf setzten sich die Sowjets mit dem Mil Mi-26 1977 erneut an die Spitze der Schwerlasthubschrauber. 1985 von den sowjetischen Streitkräften in Dienst gestellt, war dieser Riese mit der Tragfähigkeit einer C-130 Hercules der stärkste Hubschrauber der Welt. Zwei Wellenturbinen leisten je 11 240 WPS (8380 kW) und ermöglichen es der „Halo", eine Nutzlast von 20 Tonnen, 80 Soldaten oder 60 Tragen zu befördern.

Unten: *Der für die US-Küstenwache entwickelte HH-60J Jayhawk wird primär für Such- und Rettungseinsätze verwendet. Mit vierköpfiger Besatzung liegt sein Einsatzradius bei fast 600 km.*

SAR und U-Jagd

Im Zweiten Weltkrieg unterhielten die US-Streit-kräfte behelfsmäßig umgerüstete Hubschrauber zur Suche und Rettung (SAR) abgeschossener Flugzeugbesatzungen. Die von der US Army 1941 eingeführten R-4 bewährten sich im Dschungel von Birma, und zwei Jahren später entschloss sich die US-Küstenwache, ihre Such- und Rettungs-dienste durch Hubschrauber zu verstärken.

Bis Juni 1964 lagen SAR-Einsätze zur Rettung in Vietnam abgeschossener Piloten in den Händen ziviler Organisationen wie Air America, Conti-nental Air Services und Bird & Son. Dann statio-nierte die USAF die ersten beiden Hubschrauber für Luftrettungseinsätze (Air Rescue Service, ARS) in Nakhon Phanom. Als der ARS seine ersten

Rettungseinsätze flog, hatte Sikorsky schon mit dem Entwurf eines Nachfolgemusters für den HH-43 Huskie begonnen. Die USAF war von den Leistungen der SH-3A Sea King bei der US Navy beeindruckt und wünschte eine ähnliche, aber größere Version für bewaffnete Rettungseinsätze. Dieser CH-3C erschien am 6. Juli 1965. Er hatte eine Nutzlastkapazität von 2270 kg, 30 Soldaten oder 15 Tragen. Da anfangs unbewaffnet, mussten die CH-3C von A-1 Skyraider eskortiert werden. Dies wurde auch dann noch beibehalten, als bewaffnete HH-3E in Dienst gestellt wurden.

Auch die US-Küstenwache beschaffte Sea King, allerdings in der Version HH-3F Pelican. Sie blieben 20 Jahre im Dienst, bis sie in den 1980er-Jahren durch HH-60 Jayhawk abgelöst wurden.

Mit dem Jayhawk erhielt die Küstenwache einen zuverlässigen mittelgroßen SAR-Hubschrauber; für kürzere Distanzen dient der Aérospatiale HH-65A Dolphin.

Für Such- und Rettungsdienste betreiben die US-Streitkräfte gegenwärtig UH-60 Black Hawk und CH-53 Sea Stallion. Die Sea Stallion der Marines sind in den vergangenen Jahren bei vielen dramatischen SAR-Einsätzen eingesetzt worden und haben unter anderem im Golfkrieg von 1991 Piloten geborgen und im Jahr 2000 den mit seiner F-16 über Bosnien abgeschossenen Scott O'Grady gesucht und gerettet. In jüngster Zeit rückten Black Hawk bei der spektakulären Befreiungsaktion der im Irak entführten Soldatin Jessica Lynch erneut ins Licht der Öffentlichkeit.

In den Jahren des Vietnamkriegs wurde auch die US Navy in besonderem Maße in die Hubschrauberentwicklung eingebunden. Sie schrieb 1956 einen Konstruktionswettbewerb für einen schnellen Allwetter-Mehrzweckhubschrauber aus, der primär SAR-Aufgaben im Umfeld der Flugzeugträger erfüllen sollte. Kaman siegte mit dem unbewaffneten UH-2 Seasprite, dessen Prototyp am 1. Juli 1959 den Erstflug absolvierte. Während bei der US Navy ab Dezember 1962 die ersten Seasprite zum Einsatz kamen, arbeitete Kaman bereits an den stärkeren, von zwei Turbinen angetriebenen UH-2B und der bewaffneten HH-2C.

Ein weiterer unverzichtbarer Bestandteil jeder modernen Marine ist der U-Jagdhubschrauber. Ende 1957 erhielt Sikorsky von der US Navy einen Auftrag zur Entwicklung eines Hubschraubers für die U-Boot-Ortung und -jagd. Schon im März 1959 konnte der Prototyp YHSS-2 zum Erstflug starten, und nur 18 Monate später begann die Auslieferung der SH-3 Sea King. Als wertvolle Stütze der US Navy konnte der Sea King bis zu 381 kg Kampflast (einschl. Torpedos und Wasserbomben) tragen. Im März 1965 flog ein Sea King Weltrekord. Gestartet von der USS Hornet in San Diego, Kalifornien, landete er nach 3486 km auf dem Flugdeck der USS Franklin D. Roosevelt in Jacksonville, Florida. Um mit Sikorsky auch zukünftig konkurrieren zu können, wurde die Seasprite zur SH-2D modernisiert und erhielt

Links: Der Sikorsky SH-3 Sea King, einer der bekanntesten SAR-Hubschrauber, wird gegenwärtig durch Hubschrauber wie den EH101 Merlin abgelöst. Unten: Im Manöver: Ein Westland Wasp HAS.1 der No 829 Naval Air Squadron hat einen drahtgelenkten Panzerabwehr-Flugkörper Aérospatiale AS.11 abgefeuert.

unter anderem ein verbessertes Radar und stärkere Bewaffnung.

1970 erhielt Sikorsky einen weiteren Navy-Auftrag für einen leichten Mehrzweckhubschrauber, und sechs Jahre später wurde der SH-60B Seahawk in Dienst gestellt. Der vielseitige Seahawk ist für U-Jagd- und bewaffnete SAR-Einsätze konstruiert. Bis Ende 2002 waren 395 Exemplare gebaut oder bestellt; darunter auch SH-70 für Japan und Australien.

Britische Entwicklungen

In Großbritannien schritt die Entwicklung von Marinehubschraubern langsam, aber stetig voran. Im November 1957 begann Saunders-Roe (Saro) mit der Entwicklung eines turbinengetriebenen Hubschraubers. Der Prototyp P.531 absolvierte im Juli 1958 den Erstflug und sollte als Scout für die British Army und als Wasp für die Royal Navy gebaut werden. Wenig später (August 1958)

Links: *Seit mehr als 25 Jahren ist der Westland Lynx beim britischen Heer im Einsatz.*
Unten: *Der EH101 Merlin ersetzt den Sea King beziehungsweise Lynx bei der britischen Luftwaffe und Marine. Weitere mögliche Betreiber sind unter anderem Dänemark, Italien, Japan und Kanada.*

schluckte Westland Saro und zeichnete für die weitere Entwicklung verantwortlich. Mitte 1963 begann die Auslieferung der Wasp an die britische Marine, wo sie bis Mitte der 1980er-Jahre als Bordhubschrauber vielfältige Aufgaben erfüllte, unter anderem U-Jagd, Aufklärung und EloKa. Seine Feuertaufe erhielt der Wasp im Falkland-krieg 1982. Von Bord der *HMS Endurance* am 24. April gestartet griff Lieutenant Commander Tony Ellerbeck das argentinische U-Boot *Santa Fe* mit Seezielflugkörpern AS.12 an und beschädigte

es so schwer, dass es von der Besatzung aufgegeben werden musste. Die meisten Lorbeeren des Falk-landkriegs erwarb sich jedoch der Westland Lynx.

Der Lynx wurde im Rahmen des anglo-französischen Hubschrauberprogramme von Westland und Aérospatiale geschaffen. Ende der 1960er-Jahre präsentierte Westland einen Entwurf und übernahm zwei Drittel der Produktion. Das britische Heer erhielt seinen ersten AH.1 Lynx 1978; nennenswertes internationales Interesse gab es nicht. Zum Verkaufsschlager hingegen ent-

Links: *Die modifizierte Bell UH-1D Iroquois ebnete den Weg zur Bildung luftbeweglicher Einheiten in Vietnam.*
Oben: *Die AH-1W SuperCobra des US Marine Corps basiert auf einem iranischen Forderungskatalog.*

wickelte sich die Marine-Version, von der über 430 Exemplare von der Royal Navy und einem Dutzend anderer Länder beschafft oder bestellt worden sind. Bewaffnet mit Seezielflugkörpern Sea Skua und Torpedos vom Typ Sting Ray, wird der „navalisierte" Lynx sowohl von Überwasserschiffen und U-Booten gleichermaßen gefürchtet. Modernste Version ist der Super Lynx 300 (Erstflug: April 2002) mit zwei LHTEC-Triebwerken neuester Technologie, Wärmebildsensor und verbesserter EloKa-Ausstattung.

Gegenwärtig ersetzt der anglo-italienische EH101 Merlin die Super Lynx und Sea King als die U-Jäger der Royal Navy. Der EH101 begann seine Karriere 1978 bei Westland als WG.34. Dann gründeten Agusta und Westland 1980 EH Indus-tries und vereinbarten die gemeinsame Entwicklung eines Bordhubschraubers. Der erste Prototyp dieses EH101 flog 1987. Verwendet werden soll der EH101 für U-Jagd, Frühwarnung, SAR, Mehrzwecktransporte und zivile Aufgaben. Im Dezember 1998 übernahm die Royal Navy ihre ersten Serienmodelle, und Anfang 2002 begann die Truppenerprobung an Bord des Flugzeugträgers *HMS Ark Royal*. Potenzielle Kunden der EH101 sind neben der RAF die dänische und italienische Marine, Kanada (zivile Version) und die Polizei von Tokio.

Kampfhubschrauber

Es kann nicht verwundern, dass der stabile und schnell bewegliche Hubschrauber als ideale

Waffenplattform erkannt wurde. Wie wichtig schwer bewaffnete Hubschrauber sein können, wurde in Vietnam erkannt, wo unbewaffnete Transporthubschrauber häufig unter Beschuss gerieten. Als die US Army ihre Mehrzweckhubschrauber bewaffnen wollte, erhob die USAF Einspruch: Luftnahunterstützung war ihre Aufgabe. Aber schließlich durfte die Army ihre Bell UH-1 Huey in mobile Artillerieplattformen umwandeln und als luftbewegliche Angriffsverbände organisieren. Wie richtig dieser Entschluss war, zeigte sich umgehend. Kaum gelangten die

Gunship zum Einsatz, als die Verluste der Truppentransporter um etwa ein Viertel zurückgingen

Im Bezeichnungssystem der US-Streitkräfte steht der Buchstabe „O" (so beim OH-6) für *Observation* = Beobachter und „U" für *Utility* = Mehrzweck. 1966 teilte die Army der Bell AH-1 HueyCobra den Buchstaben „A" für *Attack* = Angriff zu. Sie war der erste Hubschrauber mit Tandemsitzen, wie sie später bei vielen Gunship übernommen wurden. Von den verschiedenen Versionen der AH-1 wurden über 2000 Exemplare gebaut; einige sind mit Vierfachstartern für TOW-

Panzerabwehrflugkörper bewaffnet. HueyCobra haben sich im Nahen Osten, in Somalia, Haiti, Bosnien und in beiden Golfkriegen bewährt. Die als Marineversion konstruierte AH-1J SeaCobra ist mehrfach kampfwertgesteigert worden; gegenwärtig erwartet das USMC die AH-1Z SuperCobra.

Im Wettbewerb der US Army für einen fortschrittlichen Kampfhubschrauber erhielt Hughes Helicopters (inzwischen von Boeing geschluckt) mit dem AH-64 Apache 1976 den Zuschlag. Die Auslieferung des Apache begann 1984.

Seine Schlagkraft konnte der Apache 1991 beim Unternehmen *Desert Storm* beweisen. Allein auf das Konto der Apache gingen über 500 irakische Panzer, je 120 Geschütze und Schützenpanzer-

wagen, 325 andere Fahrzeuge, 30 Flugabwehreinrichtungen, 10 Radaranlagen, 50 Bunker, 10 Hubschrauber sowie zehn am Boden zerstörte Flugzeuge. Bei einer solchen Erfolgsbilanz war es nicht schwer, Kunden zu finden, und so sind insgesamt mehr als 1000 Exemplare des AH-64A, AH-64D mit Longbow-Millimeterwellenradargerät und der britischen Version WAH-64D verkauft oder bestellt worden.

In der UdSSR begann 1972 die Fertigung des ersten schweren Kampfhubschraubers, Mil Mi-24 Hind, und zwei Jahre später konnten die sowjetischen Streitkräfte ihre ersten Mi-24 in Dienst stellen. Seine Feuertaufe erhielt der Hind in Afghanistan.

Links: *Unternehmen* Desert Storm *1991. Ein AH-64A Apache des 18th Airborne Corps der US Army. Unten: Mil Mi-24 Hind. Einschließlich aller Varianten sind mehr als 2500 Exemplare verkauft und in über 40 Ländern in Dienst gestellt worden.*

V-22 Osprey: Als Kipprotor seiner Zeit voraus

Konventionelle Hubschrauber können zwar in die unwegsamsten Gebiete vordringen, sind aber trotz beachtlicher Geschwindigkeit immer bedeutend langsamer, lauter und unwirtschaftlicher als Flächen-flugzeuge. Kluge Köpfe bei Vertol, Kaman, Hiller und Bell kamen deshalb schon in den 1950er-Jahren auf die Idee, die Vorzüge der Dreh- und Flächen-flügler in einem Fluggerät zu vereinen. Bell Heli-copter Textron begann Ende der 1950er-Jahre, mit Kipprotorfluggeräten zu experimentieren. Erst mit dem ersten Schwebeflug des XV-15 am 3. Mai 1977 war jedoch eine praktikable, flugfähige Konstruk-

tion geschaffen. Finanziert von US Army und NASA, unterschied sich diese von einem Flächenflugzeug äußerlich nur durch zwei an den Flügelspitzen angeordnete, nach oben schwenkbare Gondeln mit Drei-blattrotoren. Die beiden XV-15 dienen heute noch als Versuchsträger und Trainer für Kipprotor-Piloten.

Die Flugerprobung des XV-15 verlief so zufrieden stellend, dass sich Bell und Boeing 1983 zur Entwicklung des größeren senkrechtstartenden Truppentransporters JVX zusammenschlossen. Aus die-sem Projekt ging der V-22 Osprey (Fischadler) hervor, der seine Erstflüge im Schwebe- beziehungsweise Horizontalbetrieb im März beziehungsweise September 1989 absolvierte. Nach dem Senkrechtstart benötigt der Osprey knapp zwölf Sekunden, bis die Rotorgondeln in die Waagerechte geschwenkt sind und der konventionelle Vorwärtsflug beginnen kann. Nach der Senkrechtlandung können die Rotorblätter in wenigen Sekunden zum Rumpf gefaltet, die Triebwerke in die Horizontale gekippt und die Tragflügel an den Rumpf herangeschwenkt werden. Dann kann der Osprey wie eine rechteckige Schachtel geparkt werden. Mit seinem 17,48 m langen Rumpf der Black Hawk ähnlich, kann die Osprey rund 50 Prozent der Nutzlast einer C-130 Hercules transportieren. Im April 1997 bestellte die US-

Oben links: *Nach dem Senkrecht-start dauert der Übergang in den Horizontalflug (Schwenken der Rotorgondeln) nur zwölf Sekunden.*
Oben rechts: *1973 erhielt Bell den Auftrag zum Bau von zwei Verwandlungshubschraubern. Diese XV-15 wurden ein großer Erfolg und bahnten den Weg zur Entwicklung des V-22 Osprey.*
Unten links: *Die Entwicklungs- und Erprobungsgeschichte des Osprey ist angefüllt mit technischen Pannen und Unfällen. Dennoch ist davon auszugehen, dass das US Marine Corps 2007 seine ersten MV-22 erhalten wird.*

Regierung die ersten fünf Serienmodelle zu einem Gesamtpreis von knapp über 400 Millionen Dollar. Der erste MV-22B für das USMC startete im April 1999.

1989 hatte das Verteidigungsministerium einen vorläufigen Beschaffungsauftrag über insgesamt 663 V-22 in drei Versionen bestellt: MV-22 für das USMC, CV-22 für die USAF (Spezialeinsätze) und HV-22 für die US Navy (SAR). Mit dem Ende des Kalten Krieges wurde der Bedarf auf 523 Exemplare gekürzt. Ein weiterer Grund für diese Kürzungen waren aber auch die hohen Entwicklungskosten, und so ließen sich immer mehr „Buchhalter" überzeugen, dass die Aufgaben des V-22 mit den vorhandenen herkömmlichen Fluggeräten billiger erfüllt werden könnten. Befürworter des Kipprotorprojekts vertreten hingegen die Ansicht, die Hubschrauber der US-Streitkräfte müssten durch ein Fluggerät ersetzt werden, das größere Lasten transportieren kann. Im Horizontalflug ist der V-22 schneller und kann weiter und höher fliegen als jeder Hubschrauber und besitzt darüber hinaus alle VTOL-Vorteile.

Nach vier Abstürzen erhielten 2001 alle V-22 Startverbot. Erst nach Auswertung der Untersuchungsberichte und umfangreichen technischen Verbesserungen durfte das Testprogramm am 28. Mai 2002 wieder aufgenommen werden. Schon im März 2002 hatte das USMC Zuversicht signalisiert und einen Fixauftrag über elf MV-22 erteilt. Am 28. September 2005 ordnete das Pentagon die Serienfertigung an, und nach jüngsten Informationen kann das USMC 2007 seine ersten Osprey erwarten.

Anfang 1988 veröffentlichten FAA und NASA eine Studie über Kipprotorflugzeuge und ihre Auswirkungen auf den Luftverkehr. Demnach würden solche Hybrid-Fluggeräte den Luftraum über den Großstädten entlasten, weil viele Passagiere zu den kleineren „Vertiports" (VTOL-Flugplätze) wechseln würden. Im Februar 1996 meldete Bell/Boeing die Entwicklung des neunsitzigen zivilen Kipprotors D-600. Er wurde 1997 auf der Pariser Luftfahrtschau vorgestellt. Aber dann zog sich Boeing zurück, und Bell fand in AgustaWestland einen neuen Partner. Als Bell/Agusta BA609 begann im März 2003 die Flugerprobung. Seine Musterzulassung wird der BA609 (geschätzter Preis: 10 bis 12 Millionen Dollar) allerdings nicht vor 2007 erhalten.

Die Geschichte der Raumfahrt
Zu den Sternen

Seit unsere frühesten Vorfahren in den Nachthimmel schauten, sind Sterne Glücksbringer für die Abergläubischen und unentbehrliche Führer für Seeleute. Philosophen und Gelehrte haben über Jahrhunderte darüber gegrübelt, was wohl „dort draußen" ist, während Galileo mit der Entdeckung der Gesetze über die Bewegung der Planeten bei seinen Zeitgenossen Verwunderung und beim Klerus Empörung hervorrief.

Im 20. Jahrhundert wurde Raumfahrt alltäglich, und der Start eines Satelliten oder Spaceshuttles rückte an den Schluss der Nachrichten. Doch in den 1950er- und 1960er-Jahren war jeder amerikanische oder sowjetische Raumflug ein herausragendes Ereignis im Wettbewerb des Kalten Krieges, in dem man dem Gegner stets eine Nasenlänge voraus sein wollte.

Die Raumfahrt entstand aus bescheidenen Anfängen. Im späten 19. Jahrhundert erklärte der russische Physiker Konstantin Ziolkowski, die erfolgversprechendste Art, eine Person in den Weltraum zu befördern, wäre mithilfe einer Rakete, deren möglicher Treibstoff flüssiger Sauerstoff sein könnte. Höhepunkt seiner Arbeit war die Raketengrundgleichung, die er 1903 in der russischen Zeitschrift *Wissenschaftliche Rundschau* einem kleinen Leserkreis vorstellte.

Links: Verbunden mit Startraketen und Treibstofftank, steht der Spaceshuttle auf dem gigantischen Raupenschlepper, der den Orbiter zu seinem Startplatz transportiert. Oben: Dr. Robert Goddard, Konstrukteur der weltweit ersten Rakete mit Flüssigtreibstoff.

Links: *Konstantin Ziolkowski,
russischer Raumflugtheoretiker,
in seinem Studierzimmer.*
Rechts: *Am 12. April 1961 war
Juri Gagarin der erste Mensch im
Weltall.*
Unten: *Robert Goddard in seiner
Raketenwerkstatt auf Hawaii. Die
von den frühen Raumfahrtpionieren
genutzten Einrichtungen waren von
der Spitzentechnologie der späteren
NASA weit entfernt.*

Robert Goddard

In Amerika widmete sich Robert Goddard der
Raumfahrt. Er begann seine Forschungen 1903 als
Student der Universität von Massachusetts und
berechnete die Geschwindigkeit, die eine Rakete
benötigen würde, um der Gravitation der Erde
entfliehen zu können. 1920 veröffentlichte er
„Verfahren zur Erreichung extremer Flughöhen" und
erläuterte erstmals viele Grundsätze der Raketentechnik und des Raumfluges.

In Deutschland forschte Hermann Oberth.
1923 publizierte er sein bekanntestes Werk *„Die
Rakete zu den Planetenräumen"*, in welchem er
Ziolkowskis Ideen weiterentwickelte und sich für
ein mehrstufiges Raketensystem aussprach. Mehrere Stufen würden der Rakete konstanten Schub
verleihen. War eine Stufe ausgebrannt, sollte sie
abgeworfen und die nächste gezündet werden, bis
die Nutzlast ihre Umlaufbahn erreichte.

1926 hatte Goddard seine erste Rakete fertig gestellt. Sie stieg nur auf 12,50 m, aber es war ein Beginn. Goddard setzte seine Forschungen in Roswell, New Mexico, fort und startete 1930 zwei Raketen, die Höhen von 600 und 2300 m erreichten. Bei diesen Versuchen erkannte er das Problem der Flugstabilisierung und entwickelte ein Kreiselsystem für Raketen. Von den Streitkräften der USA wurden Goddards bahnbrechende Erfolge ignoriert. 1938 wurde die American Rocket Society gegründet, die sich der Entwicklung brauchbarer Raumfahrzeuge widmete.

Kriegsexperimente

In Deutschland führte der „Verein für Raumschiffahrt" Forschungen durch, die in die gleiche Richtung zielten wie die Goddards. Von 1931 bis 1932 führte die Gesellschaft ungefähr 100 Raketenstarts durch, wobei Höhen von über 1500 m erreicht wurden. 1932 trat die Reichswehr an ein Mitglied der Gesellschaft, Wernher von Braun, heran und bat ihn, militärisch verwendbare Raketen zu entwickeln. Mit staatlichen Geldern unterstützt und später unter Einsatz von Zwangs-

arbeitern entwickelte sich von Brauns Heeresversuchsanstalt in Peenemünde an der Ostsee zu einem gewaltigen Betrieb, und es vergingen keine elf Jahre, bis die V2-Rakete Angst und Schrecken verbreitete.

Auch die UdSSR war sich des militärischen Potenzials von Raketen bewusst. Ihr bester Wissenschaftler war Sergei Koroljow. Er begann seine Tätigkeit unter Marschall Tuchatschewski mit dem Ziel, die Rakete als weit reichende Artillerie zu nutzen. Beide fielen schon bald dem Verfolgungswahn Stalins zum Opfer: Koroljow verschwand im Gulag und Tuchatschewski wurde hingerichtet.

In den USA hatte unterdessen Theodore von Kármán Forschungen zum Raketenantrieb für Flugzeuge durchgeführt. Dafür wurde die American Rocket Society 1941 in Reaction Motors Inc umbenannt. Es waren ihre Triebwerke, die später das Überschallflugzeug Bell X-1 antrieben.

Am Ende des Zweiten Weltkriegs kam den Sowjets und Amerikanern der Zufall zu Hilfe. In der UdSSR wurde Koroljow aus dem Arbeitslager entlassen und durfte sich wieder der Raketenentwicklung widmen. Nach Kriegsende wurde

Rechts: 1956. Mitglieder der US Army Ballistic Missile Agency. Im Vordergrund der Raketen-Wissenschaftler Hermann Oberth, flankiert (von links nach rechts) von Dr. Ernst Stublinger, Major General H.N. Toftoy, Wernher von Braun und Dr. Eberhard Rees.
Unten: Eine V2-Rakete vor dem Start.

Oben: Von den Allierten erbeutete Bauteile von V2-Raketen.

er Chefkonstrukteur des zunächst militärisch ausgerichteten sowjetischen Raketenprogramms. Darüber hinaus erbeuteten die Sowjets die V2-Anlage in der Nähe des KZ Nordhausen. Sowohl die Sowjets wie auch die Amerikaner machten sich das Wissen gefangen genommener deutscher Raketentechniker zu Nutze. Schon bald setzte von Braun seine Forschungen in den USA fort. So starteten die Rivalen des Kalten Krieges zum Wettlauf in den Weltraum.

Wettlauf ins All

Marschall Tuchatschewskis Ideen folgend, setzten die Sowjets ihre Forschungen zur militärischen Nutzung von Raketen fort, und Marschall Pawel Shigarow, der spätere Oberkommandierende der Luftstreitkräfte, forderte eine zuverlässige Langstreckenrakete zur Bedrohung der USA.

Obwohl die Amerikaner ihre Anstrengungen auf Langstreckenbomber konzentrierten, waren sie sich über die strategische Bedeutung der Rakete sehr wohl bewusst und ließen daher das Team um von Braun zu diesem Zweck forschen. 1953 war ihre erste Rakete startklar.

Koroljow besaß bereits eine Geheimwaffe für den Wettlauf ins All. Obwohl die erste sowjetische Rakete, die R-7 (NATO-Code: SS-6 Sapwood) als Atomwaffenträger konzipiert war, lag ihre eigentliche Bedeutung in der Antriebsleistung. Mit einem Schub von 455000 kg konnte sie bis zu 5300 kg ins All befördern. Die Tests begannen im Mai 1957, und am 21. August glückte der erste Flug. Daraufhin befahl Premierminister Nikita Chruschtschow, den ersten Satelliten zu starten. Am 4. Oktober umrundete Sputnik I die Erde. Vorgeblich zur Erforschung der oberen Atmo-

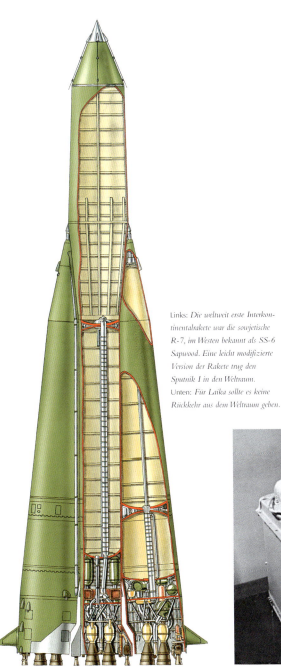

Links: *Die weltweit erste Interkon-*
tinentalrakete war die sowjetische
R-7, im Westen bekannt als SS-6
Sapwood. Eine leicht modifizierte
Version der Rakete trug den
Sputnik I in den Weltraum.
Unten: *Für Laika sollte es keine*
Rückkehr aus dem Weltraum geben.

sphäre entwickelt, sendete er sein piepsendes Signal, bis er nach 21 Tagen in der Erdatmosphäre verglühte. Die Sowjets hatten als Erste einen künstlichen Satelliten in eine Erdumlaufbahn befördert.

Nicht zufrieden damit, die amerikanischen Konkurrenten schockiert zu haben, schickten die Sowjets am 3. November 1957 an Bord des Sputnik II die Hündin Laika ins All. „Muttnik!" (russ., abgeleitet von *mutt* = mischrassiger Hund) war die Schlagzeile, während Laika sieben Tage lang die Erde umkreiste. Zurückkehren sollte sie allerdings nicht. Wenige Stunden nach dem Start – vermutlich wegen Überhitzung der Kapsel – starb Laika.

Einen Monat später, am 6. Dezember 1957, bereiteten die Amerikaner den Gegenschlag vor. Mit einem 1,4 kg schweren Satelliten auf der Spitze war eine Vanguard startbereit. Amerika hielt den Atem an, und der Countdown schien ewig zu dauern. Der Start endete jedoch in einem Desaster: Die bis dahin noch nie vollständig getestete Trägerrakete explodierte noch auf der Startrampe vor den Augen von Millionen von Fernsehzuschauern. Die Presse verspottete die amerikanische Rakete als „Kaputnik" und „Flopnik" und von Braun und seine Kollegen gingen beschämt an ihre Zeichenbretter zurück. Um das Ganze noch schlimmer zu machen, erkundigten sich die Sowjets höflich, ob sie Hilfe leisten dürften.

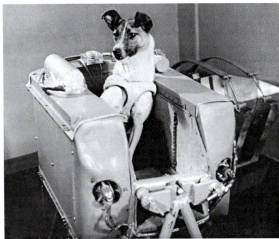

Der Sputnik-Schock

Der Sputnik (dt.: Begleiter) war für die USA keine angenehme Überraschung. Moskau hatte nicht nur die Führung im Weltall übernommen. Weitaus bedrohlicher war, dass die Sowjetunion damit bewiesen hatte, dass sie die USA mit ihren Raketen – notfalls auch nuklear bestückt – erreichen konnte.

Unmittelbar nach Sputniks Start konnten die Nachrichtenagenturen die Fülle der Meldungen kaum bewältigen. Wie Edward Teller, der Vater der Wasserstoffbombe, erklärte, hatte „Amerika eine größere und wichtigere Schlacht verloren als Pearl Harbor". Der spätere Präsident Lyndon B. Johnson vermischte Empörung mit Entrüstung und bemerkte, „dass Sputnik einen tief greifenden Schock verursachte, weil er den Eindruck erweckte, eine fremde Nation könnte unserem großartigen Land technisch überlegen sein". Senator Syles Bridges forderte einen kompromisslosen Kraftaufwand, um das Wettrennen ins All zu gewinnen. Für Bridges war „die Zeit gekommen, sich weniger mit der Höhe der Aktenstapel im Sitzungssaal oder der Höhe der Heckflosse des neuen Autos zu befassen, sondern sich darauf vorzubereiten, Blut, Schweiß und Tränen zu vergießen".

Aber Sputnik war nicht für alle Amerikaner eine schlechte Nachricht. Für Richard Jackson, ein NASA-Ingenieur, war der Start des Sputnik der Beginn seiner beruflichen Karriere. Für die Weltraumforschung gab es ab sofort keinerlei finanzielle Beschränkungen mehr. Jackson: „Dank Sputnik machte ich eine tolle Karriere. Wir wollten etwas bewegen. Wir fühlten die Verpflichtung gegenüber unserem Land, zurückzuschlagen. Die Menschen, mit denen ich arbeitete, gaben ihr Bestes, und dies so schnell sie nur konnten."

Weihnachten 1957 war getrübt von bedrückenden Ängsten: Würden die Sowjets aus dem Weltraum Atombomben auf Amerika werfen „wie Kinder Steine von einer Autobahnbrücke"?

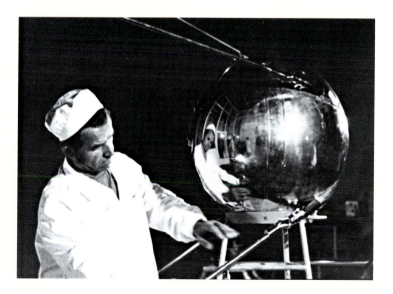

Oben: *Ein sowjetischer Techniker und Sputnik I. Seine piepsenden Signale aus dem All ängstigten die westliche Welt. Glaubte man doch fürchten zu müssen, zukünftige Satelliten würden Atombomben tragen.*

Rechts: Amerikas erster Versuch, einen Satelliten auf der Spitze einer Vanguard zu starten, endete in einer Katastrophe, als sie auf der Startrampe in Cape Canaveral explodierte.

Am 31. Januar 1958 wurde Explorer I zum ersten erfolgreichen US-Satelliten. Er startete von Cape Canaveral und entdeckte den Strahlungsgürtel um die Erde. Zwei Monate später wurde Explorer II ebenfalls mit einer Jupiter C gestartet, jedoch erreichte er nicht die Erdumlaufbahn. Die Amerikaner ließen sich aber nicht abschrecken und starteten am 17. März 1958 Vanguard I, der Signale zur Erde funkte. Statt Batterien nutzte Vanguard I als erster Satellit Solarzellen und lieferte drei Jahre zuverlässig seine Daten. Dank seines hohen und schnellen Orbits befindet sich Vanguard I als ältestes von Menschenhand geschaffenes Objekt heute noch im All.

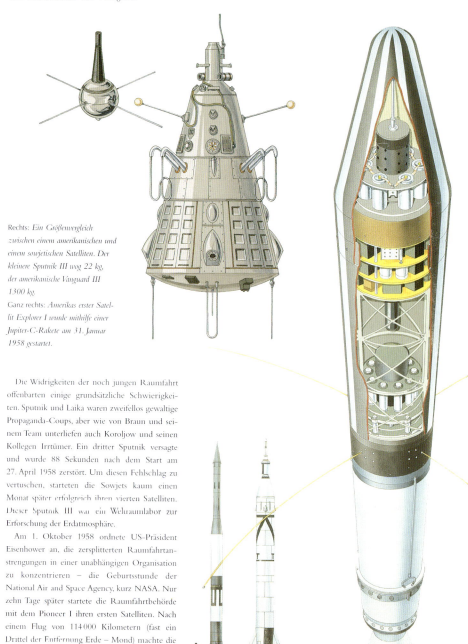

Rechts: *Ein Größenvergleich zwischen einem amerikanischen und einem sowjetischen Satelliten. Der kleinere Sputnik III wog 22 kg, der amerikanische Vanguard III 1300 kg.*
Ganz rechts: *Amerikas erster Satellit Explorer I wurde mithilfe einer Jupiter-C-Rakete am 31. Januar 1958 gestartet.*

Die Widrigkeiten der noch jungen Raumfahrt offenbarten einige grundsätzliche Schwierigkeiten. Sputnik und Laika waren zweifellos gewaltige Propaganda-Coups, aber wie von Braun und seinem Team unterliefen auch Koroljow und seinen Kollegen Irrtümer. Ein dritter Sputnik versagte und wurde 88 Sekunden nach dem Start am 27. April 1958 zerstört. Um diesen Fehlschlag zu vertuschen, starteten die Sowjets kaum einen Monat später erfolgreich ihren vierten Satelliten. Dieser Sputnik III war ein Weltraumlabor zur Erforschung der Erdatmosphäre.

Am 1. Oktober 1958 ordnete US-Präsident Eisenhower an, die zersplitterten Raumfahrtanstrengungen in einer unabhängigen Organisation zu konzentrieren – die Geburtsstunde der National Air and Space Agency, kurz NASA. Nur zehn Tage später startete die Raumfahrtbehörde mit dem Pioneer I ihren ersten Satelliten. Nach einem Flug von 114 000 Kilometern (fast ein Drittel der Entfernung Erde – Mond) machte die Sonde kehrt und verglühte tags darauf in der Erdatmosphäre.

Auch die Sowjets drangen – wenn auch nur durch einen Unfall – tiefer ins All vor. Am 2. Januar 1959 gestartet, landete Luna I nicht wie vorgesehen auf dem Mond, sondern schwenkte in eine Umlaufbahn um die Sonne ein und wurde zum ersten künstlichen Satelliten unseres Zentralgestirns. Dennoch lieferte sie nützliche Messwerte zur Analyse des irdischen Strahlungsgürtels und bestätigte die Existenz des Sonnenwinds. Die Datenausbeute für Korolew und sein Team blieb aber begrenzt, weil die Batterien von Luna I nach nur 62 Stunden erschöpft waren. Auf Luna I antwortete die NASA mit Pioneer IV, der als erster US-Forschungssatellit planmäßig in eine Umlaufbahn um die Sonne eintrat.

Unbeeindruckt von dem Fehlschlag mit Luna I, wurde Luna II am 12. September 1959 zum ersten von Menschenhand geschaffenen Objekt, das auf der Oberfläche des Mondes niederging. Luna II

Links: Eine Rakete Jupiter C hebt ab Richtung Weltall.
Unten: *Nachbau des sowjetischen Luna I, der am Mond vorbeiflog und in einer Sonnen-Umlaufbahn endete.*

Oben: Der sowjetische Luna II war das erste Raumfahrzeug, das im September 1959 auf dem Mond aufschlug.

war speziell für eine harte Landung ausgelegt worden. Einen Monat später gelang den Sowjets mit Luna III ein weiterer Erfolg, als er 70 Prozent der Mondoberfläche fotografierte.

Im April 1960 starteten die Amerikaner mit Tiros I den ersten Wettersatelliten und revolutionierten damit die Wettervorhersage. Im August folgte Discoverer 14. Discoverer war der Deckname für ein Programm von Spionagesatelliten, die die sowjetischen Raketenstützpunkte fotografierten. Auf dem Rückweg zur Erde wurde die Kapsel von einer C-119 in der Luft mit einem Spezialnetz aufgefangen.

Ein Mensch im Weltraum

In den 1960er-Jahren wurde der Wettlauf ins All zum Ringen der Supermächte um die technologische Vormachtstellung. Am 12. April 1961

errangen die Sowjets einen weiteren ersten Platz. Nachdem er sich 50 Minuten lang russische Liebeslieder in seiner Wostok-Kapsel auf der Abschussrampe angehört hatte, wurde der Kosmonaut Juri Gagarin an der Spitze einer R-7 in die Erdumlaufbahn gebracht und zum ersten Menschen im Weltall. Gagarin umrundete die Erde nur einmal. Die Fluginstrumente wurden von der Kontrollstation aus ferngesteuert, jedoch verfügte Gagarin über einen Schlüssel, womit er die Bedienung übernehmen und Wostok notfalls selber fliegen konnte. Als Wostok in die Erdatmosphäre eintrat, musste Gagarin vor dem harten Aufschlag auf dem Boden mit dem Fallschirm aussteigen. Dies wurde der Fédération Aéronautique International (FAI) verschwiegen. Um den offiziellen Status „erster Mensch im Weltraum" zu erhalten, hätte Gagarin bis zur Landung an Bord der Wostok bleiben müssen. Dies war Gagarins einzige Reise in den Weltraum. Er starb am 27. März 1968, als seine MiG-15 bei Moskau abstürzte.

Mit Gagarins Flug hatte Moskau den USA den Fehdehandschuh hingeworfen. Präsident Kennedy fasste einen dramatischen Entschluss und verkündete am 25. Mai 1961, die USA würden noch im selben Jahrzehnt einen Menschen auf den Mond und wieder sicher zur Erde zurückbringen. Erstaunlich mutig, wenn man bedenkt, dass bis zu diesem Tag kein Amerikaner mehr als 15 Minuten im Weltall verbracht hatte. Erst 20 Tage vorher

hatte Alan Shepard an Bord der Mercury Freedom VII als erster Amerikaner im All eine Höhe von 187 km erreicht, aber keine Erdumrundung vollbracht.

Shepards Flug war das Resultat mühevoller Arbeit und vieler Rückschläge. Im Juli 1960 erfolgte ein Teststart mit der Atlas-Rakete und der Mercury-Kapsel. Sekunden nach dem Start explodierten beide. Den Sowjets erging es nicht anders, als im Oktober 1960 eine Rakete, die einen Forschungssatelliten zum Mars transportieren sollte, vor dem Start explodierte und viele auf der

Unten: Der Wettersatellit Tiros. 9260 Solarzellen versorgten seine Batterien mit Energie. Die Kameras konnten bei jeder Erdumrundung 32 Fotos einfangen.

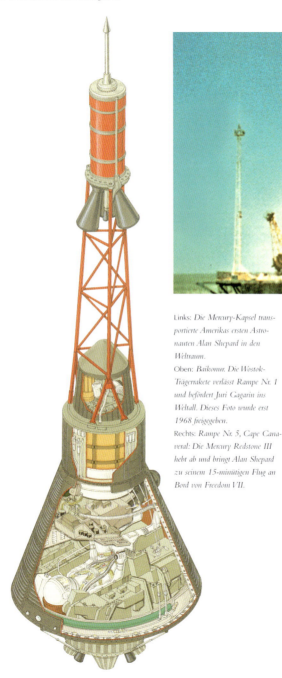

Links: Die Mercury-Kapsel trans-
portierte Amerikas ersten Astro-
nauten Alan Shepard in den
Weltraum.
Oben: Baikonur. Die Wostok-
Trägerrakete verlässt Rampe Nr. 1
und befördert Juri Gagarin ins
Weltall. Dieses Foto wurde erst
1968 freigegeben.
Rechts: Rampe Nr. 5, Cape Cana-
veral: Die Mercury Redstone III
hebt ab und bringt Alan Shepard
zu seinem 15-minütigen Flug an
Bord von Freedom VII.

Startrampe tätige Techniker tötete. Walentin
Bondarenko traf ein ähnlich schreckliches
Schicksal am 23. März 1961, als sich die reine
Sauerstoffatmosphäre in einer Druckkammer
entzündete.

Amerika fällt zurück

Unterdessen kam das amerikanische Mercury-
Programm nur langsam voran. Bei einem zweiten
Teststart im November explodierte das Gefährt
unmittelbar nach dem Abheben. Am 31. Januar
1961 brachten auch die USA ein Lebewesen ins
All: den Schimpansen Ham, der den Ausflug überlebte. Nun wagte die NASA mit Shepards
bemannter Mission den nächsten Schritt.

Aber die USA schienen immer noch nicht den
Anschluss gefunden zu haben. Kaum war Alan
Shepard am 5. Mai 1961 mit Kapsel Freedom VII
nach 15-minütigem ballistischem Flug erfolgreich
im Atlantik gewassert, als am 6. August 1961
Wostok 2 mit German Titow an Bord abhob.
Titow umkreiste 17-mal die Erde und verbrachte
als erster Mensch einen ganzen Tag im All. Nach
wenigen Stunden zeigten sich Symptome der bis
dahin unbekannten Weltraumkrankheit: Übelkeit,
Schwindel und Herzprobleme.

Am 20. Februar 1962 umrundete John Glenn in
einer Mercury-Kapsel als erster Amerikaner die

Erde. Aber die amerikanischen Anstrengungen beschränkten sich nicht nur auf bemannte Erdumrundungen: Am 10. Juli 1962 wurde Telstar 1 von Cape Canaveral ins All geschossen und im selben Monat die erste Live-TV-Sendung zwischen Europa und den USA übertragen. Da Telstar 1 keine geostationäre Umlaufbahn hatte, sondern nur auf einer stark elliptischen Bahn kreiste, hielt die TV-Verbindung nicht länger als zehn Minuten. Telstar 1 leitete das Zeitalter der Satellitenkommunikation ein und blieb bis Ende Februar 1963 funktionstüchtig. Bereits am 13. Mai 1963 wurde er von Telstar 2 abgelöst.

Gestützt auf die US-Erfolge mit unbemannten Raumfahrzeugen, startete am 27. August 1962 Mariner 2 zur Erforschung der Venus. Er lieferte wertvolle Daten und bestimmte unter anderem die Bodentemperatur des Planeten mit 425° C.

Die Sowjets gaben sich nicht damit zufrieden, den ersten Satelliten, Hund und Menschen ins Weltall gebracht zu haben und Ausdauerrekorde zu sammeln, sondern beförderten auch die erste Frau ins All. Am 16. Juni 1963 trug Wostok VI Walentina Tereschkowa in eine Erdumlaufbahn. Obwohl Moskau diesen Flug als Triumph der Gleichberechtigung und des Kommunismus darstellte, sollten weitere 19 Jahre vergehen, bis mit Swetlana Sawizkaja eine zweite Frau in der Sojus T-7 im Weltall erschien. Noch im Jahr ihres Weltraumaufenthalts heiratete Tereschkowa ihren

Links: *20. Februar 1962. John Glenn umrundet als erster Amerikaner die Erde.*
Rechts: *Als zweiter sowjetischer Kosmonaut überhaupt verbrachte German Titow im August 1961 mehr als einen Tag im Weltraum und litt als Erster unter Symptomen der Weltraumkrankheit.*

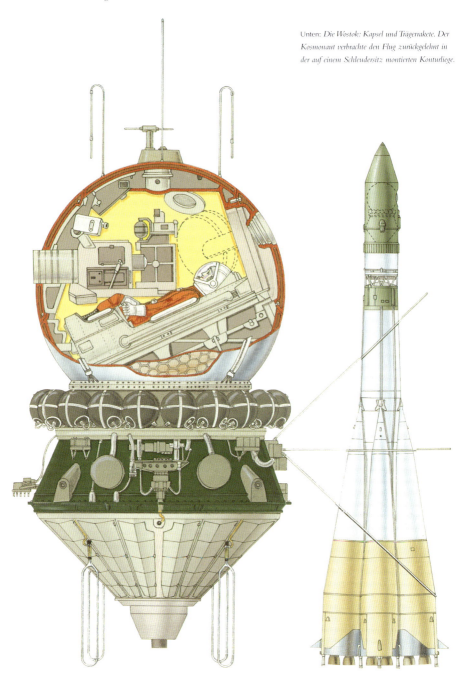

Unten: *Die Wostok: Kapsel und Trägerrakete. Der Kosmonaut verbrachte den Flug zurückgelehnt in der auf einem Schleudersitz montierten Konturliege.*

Kosmonauten-Kollegen Andrijan Nikolajew. Ihre Tochter Elena war das erste Kind, dessen Eltern beide das Weltall bereist hatten.

Die Wostok-Raumfahrzeuge konnten nur einen Kosmonauten transportieren, und die Sowjets waren bestrebt, sie so zu verbessern, dass sie – wie die geplante amerikanische Geminikapsel – zwei Personen transportieren konnten. So entstand das Modul Woskhod (Morgendämmerung). Das Woskhod-Raumschiff war im Wesentlichen eine aufgepäppelte Wostok-Kapsel. Große Teile der Inneneinrichtung waren entfernt und sehr knapp bemessener Platz für drei Kosmonauten geschaffen worden. Man ging sogar so weit, auf Kosten der Sicherheit auf Raumanzüge, Schleudersitze und Rettungsturm zu verzichten. Die erste Mission, Woskhod I, verließ das Baikonur-Kosmodrom am 12. Oktober 1964. An Bord die Kosmonauten Wladimir Komarow, Boris Jegorow und Konstan-

tin Feoktisow. Am 18. März 1965, bei der nächsten Woskhod-Mission, unternahm Alexeij Leonow den ersten Weltraumspaziergang und schwebte etwa 20 Minuten frei neben dem Raumschiff. Die Rückkehr in die Schleuse war schwieriger als erwartet, weil sein Raumanzug sich aufgebläht hatte. Erst nachdem er etwas Luft abgelassen hatte, gelangte er wieder in die Schleuse. Nach 26 Erdumrundungen landeten Leonow und sein Kollege Pawel Belajew in einem verschneiten Wald im Ural. Es dauerte lange, bis das Rettungsteam sie endlich fand, und so verbrachten sie die Nacht von Wölfen umgeben.

Am 3. Juni 1965 verließ NASA-Astronaut Edward White Gemini IV zu einem 23-minütigen Weltraumspaziergang. Wenige Monate vorher hatten Virgil „Gus" Grissom und John Young mit Gemini III dreimal die Erde umkreist. Allerdings verlief diese Mission nicht ohne Ärger. Young hatte

Unten: *Die sowjetische Woskhod II bot den Kosmonauten die Möglichkeit, die Kapsel durch eine Luftschleuse zu einem Weltraumspaziergang zu verlassen.*

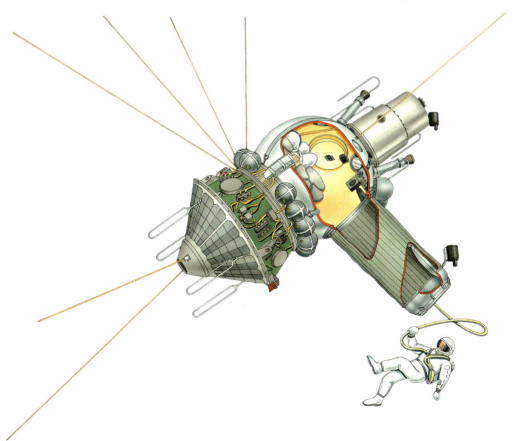

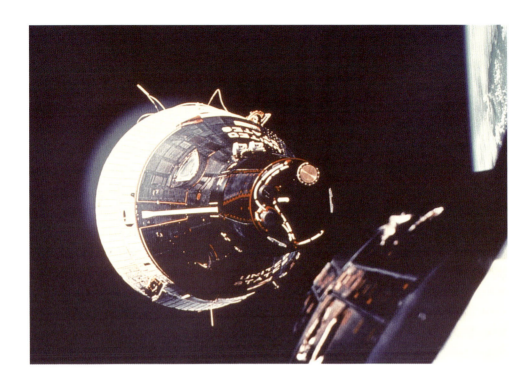

Oben: *Ein eindrucksvoller Blick von Gemini VI auf Gemini VII, als sich beide Raumfahrzeuge am 15. Dezember 1965 zum Rendezvous in einer Erdumlaufbahn annähern.*
Rechts: *Die Besatzung von Apollo I: Roger Chaffee, Edward White und Gus Grissom, die bei einem Brand während einer Trainingsübung auf der Startrampe ums Leben kamen.*

ein Sandwich an Bord geschmuggelt, und als Grissom über Hunger klagte, es ihm überreicht. Wenig später flogen Brotkrümel und Fleischstückchen schwerelos in der Kapsel herum. Die Folge war eine offizielle Anhörung, bei der die NASA harsch kritisiert wurde.

Die Raumfahrttechnologie eröffnete aber auch neue Perspektiven des Kosmos. Während Telstar und seine Nachfolger TV-Bilder rund um die Welt sendeten, lieferte Ranger IX ab dem 24. März 1965 aus dem Mondorbit spektakuläre Bilder der Oberfläche. Drei Monate später übermittelte Mariner IV Nahaufnahmen vom Mars.

Jagd nach dem Mond

In vielerlei Hinsicht war Gemini das Versuchsfeld für die Technologien, die die Amerikaner für die angekündigten Mondflüge nutzen wollten. Im Dezember 1965 blieben Frank Borman und James Lovell mit Gemini VII fast zwei Wochen lang im Orbit. Das Fahrzeug traf sich außerdem mit

Gemini VI und zeigte, dass Raumfahrzeuge im Orbit andocken können. Der Mond war jetzt das ultimative Ziel des Wettlaufs der Supermächte im Weltall. Die sowjetische Luna X schwenkte als erste Raumsonde am 3. April 1966 in einen Mondorbit ein. Surveyor I startete am 30. Mai 1966 und landete drei Tage später. Ihre Sonde arbeitete rund sechs Wochen auf der Mondoberfläche und übertrug 11 000 Bilder. Mit Surveyor I war die erste weiche Landung auf dem Mond gelungen.

Innerhalb der nächsten zwei Jahre musste die UdSSR zwei schwere Rückschläge bei ihrem Raumfahrtprogramm hinnehmen. 1966 starb der Vater des sowjetischen Raumfahrtprogramms Sergei Koroljow an Krebs. Ein Jahr später forderte der Weltraum sein erstes Opfer. Wladimir Komarow starb am 24. April 1967, als sich die Bremsfallschirme seiner Sojus I bei der Rückkehr zur Erde nicht richtig öffneten und das Raumschiff ungebremst zu Boden stürzte. Im selben Jahr kamen die Astronauten Gus Grissom, Edward White und Roger Chaffee ums Leben, als ihre mit Sauerstoff

gefüllte Kapsel bei einem Starttest am 27. Januar in Brand geriet. Bis zur Beseitigung aller Mängel wurde das Apollo-Programm gestoppt.

Am 11. Oktober 1968 wurde Apollo VII mit Walter Schirra als Kommandant in eine Erdumlaufbahn geschossen. Im Dezember folgte eine außergewöhnliche und historische Mission, als Apollo VIII während einer sechs Tage dauernden Mission zehn Mondumrundungen durchführte. Frank Borman, James Lovell und William Anders, die Besatzung des Raumfahrzeuges, erreichten als erste Menschen den Mond. Dieser Erfolg ermutigte die NASA, das ultimative Ziel in Angriff zu nehmen: die Mondlandung. Nach zwei weiteren Testflügen zum Mond und zurück wurde am 16. Juli 1969 Apollo XI gestartet. Vier Tage später setzte die Mondlandefähre auf, und Millionen Menschen weltweit erlebten, wie Neil Armstrong gefolgt von Edwin „Buzz" Aldwin als erste Menschen den Mond betraten. Währenddessen umkreiste Michael Collins im Kommandomodul den Mond weiter und wartete auf die Rückkehr seiner Kameraden.

Oben: Nach ihrer Wasserung mit Gemini IX schütteln sich an Bord des Flugzeugträgers USS Wasp die amerikanischen Astronauten Tom Stafford und Eugene Cernan nach 72-stündigem Raumflug die Hände.

Trotz des Triumphs, den Mond betreten zu haben, war die NASA weiterhin erpicht darauf, auch den Rest des Sonnensystems zu erforschen. Mariner VI und Mariner VII passierten den Roten Planeten und sendeten beeindruckende Bilder der Marsoberfläche. Aber Amerikas Faszination vom Gott des Krieges wurde von der sowjetischen Zuneigung zur Göttin der Liebe noch übertroffen. Im Dezember 1970 landeten die Sowjets erfolgreich Venera 7 auf der Venus und stellten fest, dass der Luftdruck dort mehr als 90-mal höher ist als auf der Erde.

Eine Reise zum Mond und zurück war nicht ungefährlich. Apollo XIII startete im April 1970. Erst als unterwegs ein Sauerstofftank explodierte und damit das Leben der drei Astronauten James Lovell, John Swigert und Fred Haise bedroht war, wurde die Weltöffentlichkeit auf die Mission auf-

Ganz links: *20. Juli 1969. Buzz Aldrin verlässt die Mondlandefähre von Apollo XI.*
Links: *Apollo XI auf der Spitze der gigantischen Saturn V bei den Vorbereitungen zum Start von Rampe 39 A im Kennedy Space Center.*
Unten: *Die sowjetische Raumstation Saljut I, hier mit angedockter Sojus, war mit Foto- und Filmkameras sowie einem Teleskop ausgestattet.*

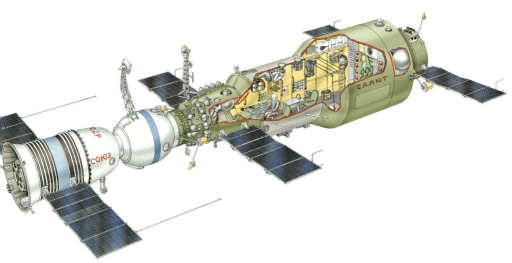

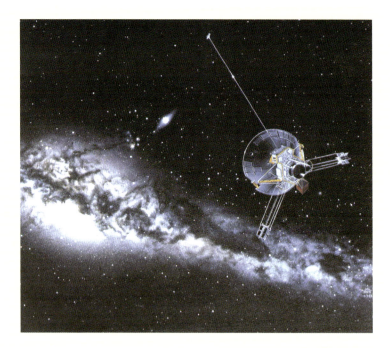

Botschafter der Erde

Die Faszination der Raumfahrt beruht auch auf dem Wunsch zu wissen, was oder wer „dort draußen" lebt. Pioneer X hat eine Tafel an Bord, die anderen Intelligenzen ein Bild der Erde vermitteln soll. Sie zeigt eine Frau und einen Mann, gibt eine Darstellung des Wasserstoffatoms, zeigt kosmische Radioquellen, die Pioneer-Antenne als Größenmaßstab für die dargestellten Menschen sowie den Herkunftsort der Sonde. Die Sonde fliegt in Richtung des 68 Lichtjahre entfernten Sterns Aldebaran.

Die Raumsonden Voyager I und Voyager II (gestartet 1977) wollten mehr. Der berühmte Astronom Carl Sagan und Kollegen von der Cornell University wurden gebeten, eine 30 cm große Kupferschallplatte zu entwerfen. Sie enthält Grußbotschaften mit Bildern und Tönen unseres Planeten. Auf der Rückseite erklären Symbole, wie man die Daten abspielen oder dekodieren kann.

Als Musik gewählt wurde beispielsweise der Gesang des Initiationsritus eines zairischen Pygmäenmädchens, Chuck Berrys Hit *Johnny B. Goode*, *Melancholy Blues* von Louis Armstrong, Beethovens Fünfte Symphonie und ein peruanisches Hochzeitslied. Grüße in 55 Sprachen (deutscher Text: „Herzliche Grüße an alle") wurden ebenfalls aufgenommen. Die Platte enthält auch Bilder der Heron-Inseln im Great Barrier Riff in Australien, einer „Waldszene mit Pilzen", eines Supermarkts, eines chinesischen Abendessens und eines türkischen Mannes mit Brille.

Diese Postkarten der Erde reisen nun durch die Tiefen des Weltraums. Carl Sagan notierte: „Man wird nur auf das Raumschiff stoßen und die Platte abspielen, wenn es fortgeschrittene Zivilisationen gibt, die bereits interstellare Raumfahrt betreiben. Aber der Start dieser Flaschenpost in die Tiefen des kosmischen Ozeans drückt etwas sehr Hoffnungsvolles über das Leben auf diesem Planeten aus."

Links: *Pioneer X wurde 1972 gestartet. Er nutzte Jupiters Gravitationswirkung und nahm Kurs auf das Unbekannte jenseits unseres Sonnensystems.*
Rechts: *Voyager II erforschte die Planeten Jupiter, Saturn, Uranus und Neptun, bevor er Pioneer X auf seinem Weg zu unbekannten Welten folgte.*
Unten: *Die Oberfläche von Io, einem der Jupitermonde, ist geprägt von aktivem Vulkanismus und ständigen Veränderungen.*

merksam. Die Astronauten konnten sich nur dadurch retten, dass sie das Landemodul als „Rettungsboot" zweckentfremdeten. Nur der Einfallsreichtum und das Geschick der Kontrollstation sowie der Astronauten brachten sie – verfolgt von Medienvertretern aus aller Welt – sicher nach Hause.

Die Landung auf dem Mond war wohl der Höhepunkt des Wettlaufs um den Weltraum und eine Leistung, die immer noch ihresgleichen sucht.

In den 1970er-Jahren verbrachten die Amerikaner wie auch die Sowjets immer längere Zeit im Weltall. In der UdSSR wurde die erste Serie der erfolgreichen Saljut-Raumstationen am 19. April 1971 gestartet. Aber der erste Andockversuch mit dem Gefährt von Wladimir Schatalow, Alexei Jelissejew und Nikolai Rukawischnikow misslang. Am 6. Juni 1971 brachte Sojus XI Georgi Dobrowolski, Wladislaw Wolkow und Wiktor Pazajew zur Raumstation. Diesmal glückte der

Links: Die Plakette an Bord der Voyager war entwickelt worden, um außerirdischen Intelligenzen Informationen über die Erde, die Menschen und ihre Position im Sonnensystem zu geben.
Unten: Man sieht, wie der Wissenschaftsastronaut Edward Gibson an Bord der geräumigen Skylab-Station schwebt.

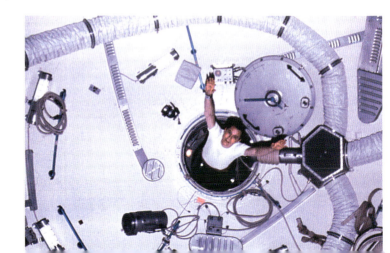

Oben: *Das Apollo-Sojus-Testprojekt war ein ehrgeiziger Versuch der Zusammenarbeit der Supermächte im Weltraum. Hier begrüßt Tom Stafford einen seiner sowjetischen Kollegen.*

Zugang, aber bei der Rückkehr zur Erde am 29. Juni 1971 geschah ein tödlicher Unfall. Ein defektes Luftventil öffnete sich 25 Minuten zu früh. Alle Kosmonauten starben.

Ausdauer und Entdeckungen

Nach ihrer letzten Mondmission im Dezember 1972 konzentrierte sich die NASA auf die Erforschung der äußeren Bereiche des Sonnensystems. Als erste interstellare Sonde startete Pioneer X am 3. März 1972. Er passierte Jupiter und lieferte Nahaufnahmen sowie weitere Daten. Es folgte Pioneer XI, der Jupiter im Dezember 1974 erreichte, zum Saturn weitergelenkt wurde, von dort außergewöhnliche Nahaufnahmen der Saturnringe sandte und einen neuen Saturnmond entdeckte.

Während sowjetische Kosmonauten sich an Bord von Saljut einrichteten, starteten die USA am 14. Mai 1973 mit Skylab ihre erste Raumstation. Nach dem Start empfing die Bodenstation

alarmierende Signale. Offenbar hatte sich eine Verkleidung gelöst, ein Hitzeschutzschild war zerstört, und die Temperatur im Inneren stieg auf 52° C. Glücklicherweise gelang es den Besatzungen während der Missionen Skylab 2 und Skylab 3, die Schäden zu reparieren. Durch ein Sonnensegel wurde die Hitze im Inneren auf erträgliche Temperaturen gesenkt. Ein Jahr später starteten die Sowjets mit Saljut III eine militärische Raumstation zur Spionage über westlichen Militärstützpunkten. Die Raumstation verfügte sogar über eine 23-mm-Kanone für den Fall, dass sie von einem Apollo-Modul angegriffen werden würde. Zivile Missionen wurden am 26. Dezember 1974 mit Saljut IV fortgesetzt, und Pjotr Klimuk und Witali Sewastjanow verbrachten 63 Tage im All.

Das Apollo-Sojus-Testprojekt (ASTP) war die erste amerikanisch-sowjetische Kooperation in der Weltraumfahrt. Ein Apollo- und ein Sojus-

Raumschiff koppelten im Juli 1975 in der Erdumlaufbahn aneinander an, sodass die Astronauten Tom Stafford, Deke Slayton und Vance Brand ihre sowjetischen Kollegen Alexei Leonow und Waleri Kubasow begrüßen konnten. Beinahe wären die drei Amerikaner umgekommen. Während des Wiedereintritts in die Erdatmosphäre am 24. Juli 1975 drangen Gase in die Kapsel ein und verursachten starke Atembeschwerden. Mitte der 1970er-Jahre erhielt man auch einige der bis heute eindrucksvollsten Bilder unserer unmittelbaren Nachbarplaneten, als die NASA-Forschungssonden Viking I und Viking II auf dem Mars landeten.

Spaceshuttle

Ende der 1970er-Jahre setzte Präsident Nixon die NASA unter Druck mit der Forderung: „Die astronomischen Kosten müssen aus der Raumfahrt herausgenommen werden." Als Lösung schlug man einen wiederverwendbaren Raumgleiter vor, der mithilfe von zusätzlichen Feststoffraketen gestartet wird und nach Erfüllung seiner Aufgaben in der Umlaufbahn wie ein Flugzeug landet. Das „Space Transportation System (STS)", wie es ursprünglich hieß, wurde später als Spaceshuttle bekannt. Die *Enterprise*, der erste Raumgleiter, wurde nur als Testplattform genutzt und flog nicht ins All. Am 12. April 1982 startete der Shuttle *Columbia* zur ersten bemannten Weltraummission. Die Sowjets hielten an ihren nicht wiederverwendbaren Stufenraketen fest. Am 19. April 1982 startete Saljut VII mit Anatoli Beresowoi und Walentin Lebedew an Bord, die mit 211 Tagen im All einen neuen Langzeitrekord aufstellten.

Unten: Fotografiert von einer Marssonde Viking: Valles Marineris, eine riesige, in die Marsoberfläche eingekerbte Felsschlucht.

Rechts: November 1981. Mit einem strahlenden Mond im Hintergrund ist der Raumgleiter Columbia *bereit zu seiner zweiten Mission.*

Ein Jahr später startete *Challenger* als zweiter NASA-Shuttle, und am 4. April 1983 führte seine Besatzung den ersten amerikanischen Weltraumspaziergang seit neun Jahren aus. Wiederum zwei Monate später wurde Sally Ride zur ersten Amerikanerin im Weltall. Im November 1983 wurde Ulf Merbold, ein deutscher Astronaut der europäischen Raumfahrtagentur (ESA) an Bord der *Columbia* zum ersten Westeuropäer im Weltall. Leider war der Shuttle nicht so kostengünstig, wie man erhofft hatte. Nichtsdestotrotz enthüllte Rockwell International, der Erbauer des Shuttle, 1984 den vierten Raumgleiter *Discovery*. Ihm folgte die *Atlantis*, die am 3. Oktober 1985 zur ersten Mission startete.

Menschen im All notwendig sind. Diese wichtigen Arbeiten wurden von der 1986 gestarteten Raumstation Mir fortgesetzt.

Seit 1966 hatte die NASA keine tödlichen Unfälle mehr in ihrem Raumfahrtprogramm gehabt. Am 28. Januar 1986 aber kamen Gregory Jarvis, Christa McAuliffe, Roland McNair, Ellison Onizuka, Judy Resnik, Francis Scobee und Michael Smith ums Leben, als *Challenger* 73 Sekunden nach dem Start explodierte. Frostiges Wetter und

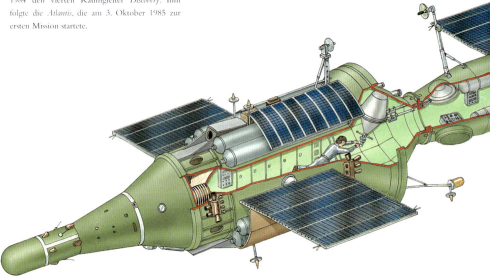

Im Oktober 1984 stellten Leonid Kisim, Wladimir Soloijow und Oleg Atkow an Bord von Saljut VII mit 237 Tagen einen neuen Rekord auf. Saljut VII beherbergte außerdem die erste Britin im Weltraum, Helen Sharman, eine ehemalige Forschungsmitarbeiterin des Süßwarenherstellers MARS, die als erste Frau einen Weltraumspaziergang unternahm. Saljut VII blieb erstaunliche neun Jahre in einer Erdumlaufbahn und ermöglichte viele medizinische sowie biologische Erkenntnisse und Verbesserungen beim Fitnesstraining, die für einen Langzeitaufenthalt von

ein defekter Dichtungsring der Feststoffraketen wurden als Ursache erkannt. Fast drei Jahre arbeitete man an Verbesserungen. Die wichtigste Änderung war die vollständige Überarbeitung der Startstufen. Als Ersatz für *Challenger* wurde ein sechster Shuttle – *Endeavour* – gebaut.

Mithilfe der *Discovery* gelang es, die Grenzen der Weltraumforschung entscheidend auszudehnen. Am 24. April 1990 trug dieser Raumgleiter das Hubble-Weltraumteleskop ins All. Es gewährt Astronomen einen bisher nie gekannten Einblick in die Tiefen des Universums.

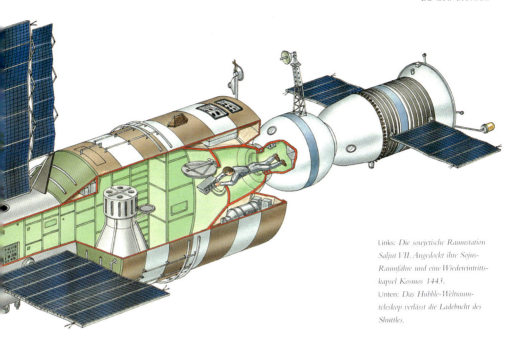

Links: *Die sowjetische Raumstation Saljut VII. Angedockt ihre Sojus-Raumfähre und eine Wiedereintrittskapsel Kosmos 1443.*
Unten: *Das Hubble-Weltraumteleskop verlässt die Ladebucht des Shuttles.*

Buran über Baikonur

Der sowjetische Raumgleiter Buran ist seinem amerikanischen Vetter sehr ähnlich. 1976 hatte das Buran-Projekt als Antwort auf das US-Shuttle-Programm begonnen. Bereits im Juli 1983 erfolgten Flugversuche mit einem Modell innerhalb der Erdatmosphäre. Ein kompletter Raumgleiter wurde 1984 fertig gestellt, und eine Reihe von aerodynamischen Tests und Atmosphärenflügen begannen. Bei einem Test überhitzte die für den Start notwendige Trägerrakete Energija, und die gesamte Stadt Leninsk (heute Baikonur) musste zehn Tage lang ohne Wasser auskommen, damit genügend Flüssigkeit für das Kühlsystem vorhanden war.

Am 15. November 1988 startete Buran zu seinem einzigen orbitalen Flug. Er flog unbemannt und ferngesteuert, da einige Avionik- und Lebenserhaltungssysteme noch fehlten. Nach zwei Erdumkreisungen landete Buran nahezu fehlerfrei in Baikonur. Für die sowjetischen Techniker ein voller Erfolg.

Mit dem Untergang der UdSSR wurden die finanziellen Probleme unüberwindlich, und 1993 wurde das Programm eingestellt. Im Mai 2002 war der zweite Buran in Baikonur von den Trümmern seines altersschwachen Hangars zerstört worden. Heute werden dort Busse, Spritzen und Windeln hergestellt. Der einzige komplett erhaltene Buran dient heute als Themencafé in Moskaus Gorki-Park.

Unten: Der russische Buran Space Shuttle startete nur zu einer einzigen Erdumkreisung – unbemannt und ferngesteuert.

Rechts: Wie der amerikanische Spaceshuttle, der huckepack auf einer Boeing 747 von seinen Landeplätzen zurück zur Startrampe geflogen wird, wurde auch Buran mithilfe einer gigantischen Antonow An-225 transportiert.

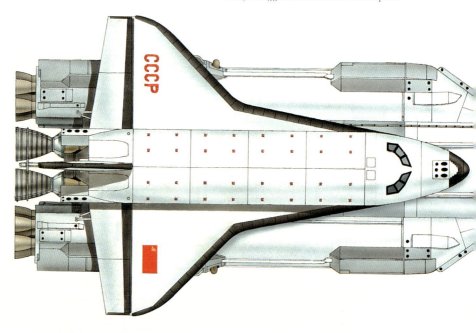

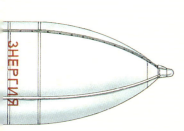

Rechts: *Auf dem Rücken der Trägerrakete Energija wird Buran – noch in waagerechter Position – zur Startrampe transportiert.*

Entwicklung von Raumstationen

Mit dem Ende des Kalten Krieges wurde eine engere Zusammenarbeit zwischen Russland und den USA möglich. 1984 wurde Russland eingeladen, sich an der Internationalen Raumstation ISS zu beteiligen. Im Februar 1994 flog der Kosmonaut Sergei Krikaljow als erster Russe mit der *Discovery*-Besatzung. Ein Jahr später führte *Discovery* diese diplomatische Funktion fort und manövrierte in einem Abstand von nur elf Metern zur Mir, um eine gemeinschaftliche Mission vorzubereiten. Auf diesem Flug war Eileen Collins die erste weibliche Shuttle-Pilotin. An Bord der Mir wurde Collins Manöver aufmerksam von Waleri Poljakow beobachtet. Als er zur Erde zurückkehrte, hatte er mit 438 Tagen im All einen neuen Langzeitrekord aufgestellt.

Discoverys Probelauf führte zum vorläufigen Höhepunkt der amerikanisch-russischen Kooperation im Weltraum: Am 26. Juni 1995 dockte

Oben: Spaceshuttle Atlantis *dockt an der russischen Mir-Raumstation an. Bemerkenswert ist die Größe der Station und des Raumgleiters.*
Rechts: Nach ihrer Fertigstellung ist die Internationale Raumstation (ISS) die größte von Menschenhand erschaffene Konstruktion im All.

Links: *Die Basisblöcke* Sarja *und* Unity *der ISS im Jahr 1999. Sie erwarten ihre Module und werden irgendwann einmal zu einer Raumstation verbunden.*
Rechts: *Die Fertigstellung der ISS erlitt im Februar 2003 einen schweren Rückschlag, als der Space-shuttle* Columbia *beim Wiedereintritt in die Erdatmosphäre verglühte und die gesamte Besatzung den Tod fand. Hier untersucht ein Wissenschaftler Fragmente der Trümmer.*

Atlantis an der Mir für einen 10-tägigen Einsatz an. Der Astronaut Norman Thagard kehrte mit dem Raumgleiter zur Erde zurück, nachdem er die Mir an Bord der Sojus TM-21 erreicht hatte. Mit 115 Tagen stellte er den amerikanischen Rekord für einen Langzeitaufenthalt im All auf.

Aber mit dem Beginn dieser Raumfahrtära endete eine andere. Im November 1995 verlor man den Kontakt zur Sonde Pioneer XI, als deren Energie schließlich erschöpft war. Pioneer XI wurde später von der Raumsonde Voyager 1 überholt, die am 18. Februar 1995 zum am weitest entfernten, von Menschenhand erschaffenen Objekt wurde. Beim letzten Kontakt hielt sie Kurs auf den Stern Lambda Aquila, den sie in ungefähr vier Millionen Jahren erreichen wird.

Am 4. Juli 1997 landete die amerikanische Marssonde Pathfinder auf dem Roten Planeten und sandte Informationen zurück, die Forscher zu der Annahme ermutigen, dass dort Leben zumindest existiert haben könnte. Zwei Jahre später ging der Kontakt zu den US-Forschungssatelliten Mars Climate Observer und Mars Polar Lander verloren, weil bei der Planung metrische und britische Maßeinheiten vertauscht worden waren.

Das größte Raumfahrtprojekt der Welt lief schließlich am 20. November 1998 an, nachdem das russische Modul Sarja das erste Bauelement der ISS wurde. Am 29. Mai 1999 koppelte *Discovery* an der sich noch im Anfangsstadium befindlichen Internationalen Raumstation an. Horrende Unterhaltskosten und eine wachsende Beteiligung Russlands an der ISS führten zur Aufgabe der Mir. Eine Reihe von Unfällen fand große Beachtung in den Medien; unter anderem ein Computer-Ausfall und ein Zusammenstoß mit einem unbemannten Versorgungsraumschiff. Michael Foale, der 145 Tage an Bord verbracht hatte, bemerkte einmal, dass die Mir einer alten Garage gleiche, in der jemand seine Sachen endlos lange abgestellt habe und niemand für Ordnung sorge. Die letzte Besatzung reiste 1999 ab, dreizehn Jahre nachdem das erste Teilstück der Mir gestartet worden war. Am 23. März 2001 wurde die Mir zum kontrollierten Absturz in den Pazifik gebracht. Die russische Beteiligung an der Weltraumforschung begrenzt sich seitdem weitgehend auf die ISS.

Die russische Raumfahrtindustrie suchte händeringend Geldquellen. Im April 2001 kaufte Dennis Tito, ein amerikanischer Unternehmer, für 20 Millionen Dollar einen Flugschein zur ISS und wurde zum ersten Weltraumtouristen. Ein weiterer Millionär, Mark Shuttleworth aus Südafrika, folgte ihm am 25. April 2002.

Die chinesische Herausforderung

Die offizielle chinesische Nachrichtenagentur meldete am 24. April 2002, im Rahmen der chinesischen Weltraummission Shenzhou III wären drei Küken erfolgreich aus neun Eiern geschlüpft und hätten die Erde 108-mal umrundet, bevor sie am 1. April in der Inneren Mongolei landeten. Die Küken leisten einem Affen, Hasen, Hund und einigen Schnecken Gesellschaft, die ebenfalls die Erde in Raumfahrzeugen umkreist haben. Träume der Raketenfliegerei sind den Chinesen nicht fremd. Im 16. Jahrhundert entwickelte der Erfinder Wan Hu einen raketengetriebenen Stuhl, der ihn zum Himmel transportieren sollte. Wans Traum von der Himmelfahrt erfüllte sich allerdings auf unerwünschte Weise, da Stuhl und Besitzer bei der Zündung der Raketen zersetzt wurden.

Offiziell begann Chinas Raumfahrtprogramm Ende der 1960er-Jahre. Mehrere chinesische Wissenschaftler waren von McCarthys Kommunistenhatz aus den USA vertrieben worden. Nach China zurückgekehrt, begannen sie mit der Entwicklung des Raumfahrtprogramms.

Die Versorgungslage war so schlecht, dass zu einem Zeitpunkt angeblich 70 Prozent der Wissenschaftler an Unterernährung litten. Dennoch glückte am 24. April 1970 der Start des ersten chinesischen Satelliten Dong Fang Hong I. Seit 1985 nutzt China den Gewinn bringenden Markt der Satellitenstarts und brachte 27 ausländische Satelliten in eine Umlaufbahn – für Kunden aus Pakistan, Australien, Schweden und den Philippinen.

Das Programm für bemannte Raumfahrt begann 1992. Im November 1999 umkreiste Shenzhou I in zwölfstündigem Testflug 14-mal die Erde, wobei ausschließlich die Trägerrakete CZ-2F und das Verhalten beim Wiedereintritt in die Erdatmosphäre erprobt wurden. Es folgte eine zweite Mission, bei der das Lebenserhaltungssystem der Kapsel anhand von Tieren und Mikroben geprüft wurde.

Die Bemühungen der Wissenschaftler zahlten sich am 15. Oktober 2003 aus, als eine Chang Zheng 2F den 35-jährigen Taikonauten Yang Lwei, einen Piloten der chinesischen Luftwaffe, in einer Shenzhou-V-Kapsel auf eine Erdumlaufbahn brachte. Am nächsten Tag landete er sicher nach 21 Stunden Flug. Damit war China die dritte Nation, die mit eigenen Raketen einen Menschen in den Weltraum geschickt hatte. Ein Regierungsvertreter aus Peking kommentierte: „Jetzt wird die Welt erkennen, dass wir nicht nur Kleidung und Schuhe herstellen."

Im kommenden Jahrzehnt plant Peking eine bemannte Mondlandung. Auf der Expo 2000 in Hannover wurden Besuchern maßstabgetreue Modelle eines chinesischen Mond-Geländewagens gezeigt und Taikonauten, die die chinesische Fahne auf der Mondoberfläche hissen. Entsprechende Programme sind in Vorbereitung, und China entwickelt eine neue Reihe von Raketen, genannt Chang Zheng V, die in der Lage sein sollen, eine Nutzlast von 25 000 kg in eine Erdumlaufbahn zu transportieren.

Links: *China schoss sich 2003 mit der außergewöhnlichen CZ-2F („Langer Marsch") und einer bemannten Shenzhou-Kapsel in den exklusiven Raumfahrtklub.*

Oben: *Künstlerische Darstellung einer Shenzhou-Kapsel der gleichen Bauart, die Chinas ersten Taikonauten Yang Lwei in den Weltraum trug.*

Ursprünglich sollte die ISS bis 2004 fertig sein. Nachdem *Columbia* am 1. Februar 2003 verglüht war und die Astronauten Ilan Ramon, Rick Husband, William McCool, Michael Anderson, David Brown, Kalpana Chawla und Laurel Clark den Tod gefunden hatten, konnte dieser Termin nicht eingehalten werden. Bis zur Klärung des Unfalls erteilte die NASA allen Shuttles Startverbot, dass erst 2006 aufgehoben wurde.

Auch künftige Generationen wird die Raumfahrt in Staunen und Erregung versetzen. Ganz gleich wie alltäglich es werden wird, die Erde zu umkreisen, zum Mond und den Planeten oder als Weltraumtourist zu fliegen. Alle Menschen werden beim Anblick der Erde wie der Astronaut Thomas Stafford empfinden: „Die weißen zerzausten Wolken und die endlos blauen Schattierungen der Ozeane lassen das Brummen des Raumschiffs, das Geschwätz der Funkgeräte und selbst die eigenen Atemgeräusche verschwinden. Weder Kälte, Wind oder Düfte vermitteln einem seine Verbundenheit mit der Erde. Man hat einen unwirklich leidenschaftslosen Beobachtungspunkt – weit entfernt, wie vom Olymp Göttern gleich – und ist doch emotional so tief ergriffen, dass man kaum zu glauben vermag, wie sehr man sich diesen sich ständig wandelnden Farbmustern dort unten verbunden fühlt."

Oben: *Weltraumspaziergang im Anfangsstadium der ISS-Montage. Hier wird eine Kommunikationsantenne errichtet.*

Rechts: *Diese Bildmontage zeigt die Planeten, die Raumschiffe bis zum heutigen Tage in unserem Sonnensystem erforscht haben.*

Die Zukunft der Luftfahrt

Neue Horizonte

Zweifellos wird der technische Fortschritt das Fliegen auch zukünftig verändern. Bei kommerziellen Flugzeugen bedeutete größer bisher gewöhnlich besser, während sich im militärischen Rahmen klein und beweglich oft als überlegen erwies. Wird diese Formel auch im 21. Jahrhundert ihre Gültigkeit behalten?

Links: Der Airbus A380 mit bis zu 656 Sitzen ist die nächste Generation der Super-Jumbos und wird 2007 in Dienst gestellt werden.
Oben: Eine Lockheed Martin F-117A nähert sich dem Luftbetankungsausleger eines USAF-Tankflugzeugs. Die F-117A spielte dank ihrer Stealth-Eigenschaften als Jagdbomber für Präzisionseinsätze bei verschiedenen Konflikten eine entscheidende Rolle.

Seit Beginn des 21. Jahrhunderts ist klar, dass es unter den Flugzeugherstellern nur noch zwei Schwergewichte geben wird: Boeing und Airbus. Beide Unternehmen werden aber vielleicht erkennen müssen, dass das Großraumflugzeug die Grenzen seiner Entwicklung erreicht hat; unter anderem wegen der wirtschaftlichen Lage der Fluggesellschaften und der begrenzten Flughafeneinrichtungen.

Ausgestattet nach dem neuesten Stand der Technik, verspricht das neueste Großraumflugzeug hinsichtlich Kapazität und Leistung das beste jemals gebaute zu werden. Die ersten Fluggesellschaften werden den Airbus A380 nach dem geglückten Jungfernflug am 27. April 2005 wahrscheinlich 2007 in den Liniendienst stellen. Der A380 basiert auch auf Beratungen zwischen Airbus und internationalen Flughäfen. Ziel ist die Reduzierung des Verkehrsaufkommens in der ersten Hälfte des neuen Jahrhunderts. Auf der Luftfahrtschau 1997 in Paris trat das neue Konzept als A3XX vor die Öffentlichkeit und wurde in Konkurrenz zur Boeing 747 präsentiert. Der A380

Oben: *Um Langstrecken erträglich zu gestalten, wird die Kabine des A380 zu den komfortabelsten der Welt gehören. Verglichen mit der Boeing 747-400 wird ihre Grundfläche doppelt so groß sein und 35 Prozent mehr Fluggästen Platz bieten.*

bietet fast 50 Prozent mehr Kabinenfläche und 35 Prozent mehr Sitzkapazität als die 747-400. Die Gestaltung der Kabine beruht auf Befragungen von mehr als 1200 Vielfliegern.

Auf den beiden Decks werden 481 bis 656 Passagiere Platz finden. Obwohl das Cockpit des A380 größer und höher angeordnet ist als bei den bisherigen Airbussen, wird den Piloten das Umschulen auf den Giganten keinerlei Probleme bereiten. Eine Eigenschaft, die die Airbusse von der Konkurrenz unterscheidet, ist ihre so genannte Kommunalität (Gemeinsamkeit) der Modelle, das heißt, alle Bauteile und -gruppen sind weitgehend baugleich. Verglichen mit der Boeing 747-400 (215 Millionen US-Dollar) beträgt der Stückpreis des A380 rund 286 Millionen US-Dollar. Wie Airbus im Juni 2006 mitteilte, wird sich die Auslieferung des A380 aus produktionstechnischen Gründen um ein halbes Jahr verzögern, sodass 2007

voraussichtlich nur neun Maschinen ausgeliefert werden können. Erstkunden sind Singapore Airlines, Quantas und Air France. Insgesamt sind 159 A380 von 16 Airlines verbindlich geordert.

Boeing 787 Dreamliner

Während sich Airbus auf sein Flaggschiff A380 konzentriert, ist Boeing mit der Konstruktion schnellerer und effizienterer Flugzeuge beschäftigt und kündigte Anfang 2001 das fast schallschnelle Großflugzeug Sonic Cruiser an. Boeing glaubte, kurze Flugzeiten seien der entscheidende Faktor im Fluggeschäft. Steigende Kosten und mangelndes Interesse veranlassten Boeing schließlich, diesen Entwurf zurückzustellen. Davon profitierte die traditionellere 7E7 Dreamliner, deren „E" für Effizienz steht. Inzwischen in 787 umbenannt, wird sie Geschwindigkeit, Reichweite und den Komfort eines Großraumflugzeugs bieten. Nur für

Rechts: *Stärkster Mitbewerber des Airbus A380 ist die phänomenale und außerordentlich erfolgreiche 747-400. Hier in den Farben der Air India.*
Unten: *Airbus plant eine größere A380-Familie, unter anderem auch Frachtversionen.*

200 bis 250 Passagiere ausgelegt, soll sie etwa 20
Prozent weniger Treibstoff verbrauchen als andere
Flugzeuge ähnlicher Größe. Offiziell gestartet
wurde das Projekt Boeing 787 Dreamliner im
April 2004, nachdem All Nippon Airways (ANA)
als erster Kunde fünfzig Maschinen zur Auslie-
ferung ab 2008 fest bestellt hatte. Ob sich weitere
Kunden finden, bleibt abzuwarten.

Neue Konzepte für Passagierflugzeuge

Airbus und Boeing sind nur zwei der Unternehmen, die alternative Flügel- und Rumpfkonstruk-
tionen für wirtschaftlichere Verkehrsflugzeuge mit
einem höheren Leistungsvermögen erforschen.
Airbus konzentriert sich seit Jahren auf zwei
Konzept-Flugzeuge: JWC (*Joined Wing Concept*)
und TSA (*Three Surface Aircraft* = Flugzeug mit drei
Tragflächen). Das JWC hat einen gestreckten

Rumpf, dafür jedoch relativ kurze Flügel in
doppelter Ausführung. Die zweite Tragfläche ruht
auf dem Rumpf und ist mit der unteren durch
Verstrebungen an der Flügelspitze verbunden.
Airbus erhofft sich von diesem Konzept einen
stärkeren Auftrieb und – trotz höherem Luftwiderstand – einen deutlich gesenkten Treibstoffverbrauch. Durch seinen Entenflügel fällt das Airbus
TSA auf. Zusätzliche Entenflügel hinter dem
Cockpit sollen das Höhenleitwerk unterstützen.
Dadurch könnte das konventionelle Höhenleitwerk am Heck verkleinert werden. Das
Flugverhalten des TSA würde durch Computer-
unterstützung künstlich stabilisiert. TSA verspricht
sehr gute Flugeigenschaften und Verbrauchswerte.

Nurflügler

Die Nurflügel-Konstruktion findet erst in jüngster
Zeit Befürworter in zivilen Luftfahrtkreisen.

Oben: Von McDonnell Douglas als
weltweit erstes doppelstöckiges Passagierflugzeug mit 500 Sitzplätzen
entworfen, wurde das Projekt
MD-12 Mitte der 1990er-Jahre
abgebrochen.
Unten: Zwei Airbus A300-600ST
Beluga parken Seite an Seite neben
zwei älteren, speziell für übergroße,
sperrige Frachten entwickelten Super
Guppy.

Kurz nach dem Jungfernflug des Bombers B-2
1989 nahmen McDonnell Douglas (MDD) und
Aérospatiale unabhängig voneinander die Forschungen für Nurflügler auf. Die Franzosen
begannen Mitte der 1990er-Jahre mit der Kon-
zeption eines Flugzeugs, das ungefähr 2050
eingeführt werden könnte. Gedacht war an ein
1000-sitziges Passagierflugzeug. Angetrieben von
vier riesigen, auf den Flügeln angeordneten
Mantelstromtriebwerken sollte es bei einer
Geschwindigkeit bis Mach 0,85 (910 km/h) eine
Reichweite von über 12 000 km haben. MDDs
Projekt war kleiner und wurde auch nach der

Übernahme durch Boeing Ende der 1990er-Jahre
weiter vorangetrieben. Auf der Basis dieser frühen
Studien entwickelten Boeing und Airbus
konkretere Entwürfe für zukünftige Verkehrsflugzeuge. Airbus präsentierte sein Nurflügel-
konzept auf der Internationalen Luft- und
Raumfahrtausstellung 2002 in Berlin. Obwohl
man eine Indienststellung zwischen 2020 und
2030 erreichen will, verbleiben einige bauliche
und logistische Probleme. So wurde beispielsweise
noch nicht entschieden, welche Materialien
verwendet werden sollen, welches Gewicht und
welche Festigkeit sie haben werden. Außerdem

Oben: *Der erste Beluga absolvierte seinen Jungfernflug im September 1994. Die Auslieferungen begannen im folgenden Jahr.*

stellt die riesige deltaförmige Kabine ein völlig neues Raumproblem dar, da sie wenigen Passagieren einen Fensterplatz bieten wird. Auch diese Frage harrt noch einer Antwort. Immerhin wollen 1000 Fluggäste nicht stundenlang nur in die Kabine starren.

Boeings Technologieschmiede Phantom Works glaubt, das Fensterplatz-Problem durch Fernsehmonitore mit Blick nach draußen lösen zu können. Es gibt aber weitaus gravierendere Fragen. Wie lassen sich beispielsweise 800 Passagiere im Notfall in der vorgeschriebenen Zeit evakuieren? Darüber hinaus müssen technische Probleme bewältigt werden, etwa wie man solch einen riesigen Kabinenbereich druckbelüftet. All dies und noch viel mehr ist zu klären, bevor sich das fliegende Publikum in solchen Flugzeugen sicher fühlen wird. Vermutlich wird es auch nicht leicht sein, Kunden für Nurflügler zu finden. Einmal gebaut, kann ein Nurflügler bei zukünftig grö-

ßerem Passagieraufkommen nicht „gestreckt" werden, wie man dies bei herkömmlichen Rumpfkonfigurationen durch Einbau zusätzlicher Segmente machen kann. Darüber hinaus wird die geplante Flügelspanne von 90 m noch größere Probleme auf den Flughäfen verursachen, als es die A380 mit ihren 80 m jetzt schon tut.

Sperrige Luftfracht

Airbus lässt seine Flugzeugteile an mehreren europäischen Standorten fertigen, bevor die Maschine in Toulouse oder Hamburg montiert wird. Anfangs war daran gedacht, die Einzelteile auf der Straße zu transportieren. Da sich diese Transporte aber als zu unpraktisch erwiesen, ließ Airbus vier Boeing Stratocruiser umbauen und den Rumpf derart vergrößern, dass in ihm große Tragflächen verstaut werden konnten. Als Guppy berühmt, wurde der Betrieb dieser Flugzeuge in den 1990er-Jahren zu kostspielig. Daher gründeten Aérospatiale und die

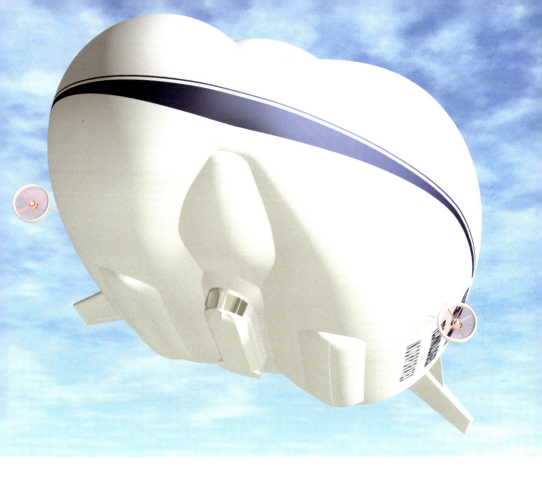

Oben: *Als größtes Mitglied der SkyCat-Familie soll die SkyCat 1000 eine Nutzlast von 1000 Tonnen transportieren können.*

Deutsche Aerospace (DASA) die Special Air Transport International Company (SATIC) zur Konstruktion eines neuen Transporters. Das Ergebnis war der Airbus A300-600ST Beluga, der im September 1994 seinen Erstflug absolvierte. Ein Jahr später konnte der erste von fünf Belugas ausgeliefert werden. Flugzeuge wie die Boeing 747, Lockheed C-5 Galaxy und Antonow An-124 können schwerere Frachten befördern, aber keine kann es mit dem riesigen Laderaum des Beluga (37,70 m lang, 7,40 m Durchmesser) aufnehmen.

Rückkehr des Luftschiffs?

Da größeres Gewicht auf Wirtschaftlichkeit und Frachtkapazität gelegt wird, scheint die Zukunft von Luftfracht in eine Richtung zu zeigen, die seit 60 Jahren vergessen schien: das Luftschiff. Bei

Fracht sind Luftschiffe schneller als Schiffe und kostengünstiger als Flugzeuge, daher könnten sie sich als sehr attraktiv erweisen. Man schätzt den Wert dieses Marktes allein in den USA auf rund eine Milliarde Dollar. Die Zeppelin Luftschifftechnik GmbH enthüllte 1997 seine LZ N07. Die LZ NO7, auch als *Friedrichshafen* bekannt, soll weder Fracht transportieren noch Luftschiffrouten wieder eröffnen, sondern sich auf Rund- und Forschungsflüge beschränken.

Die Frachtluftschiffe der Zukunft werden sich von den früheren Starrluftschiffen unterscheiden. Sie werden die Vorzüge der Heißluft- und Prallluftschiffe miteinander verbinden. Etwas schwerer als Luft werden diese neuen Luftschiffe durch eine Kombination von natürlichem und aerodynamischem Auftrieb fliegen.

Ein Beispiel für die Renaissance der Luftschiffe ist die SkyCat-Familie. Entwickelt von der Advanced Technologies Group (ATG), ist die SkyCat halbstarr und aus zwei parallel liegenden Hüllen als Doppel-Rumpfstruktur konzipiert. Für Transportaufgaben bietet ATG Modelle mit bis zu 1 000 000 kg Nutzlast. Trotz ihrer wirtschaftlichen Attraktivität dürfte sich hauptsächlich das Militär für SkyCat interessieren. Gegenwärtig benötigt die US Army für den Lufttransport von zwei leichten Divisionen (20 000 Mann) ungefähr zehn Tage und bis zu 600 Flugzeuge. Zwanzig SkyCat könnten diese Aufgabe in zwei Tagen bewältigen. Ein weiterer Nutzen der Luftschiffe ist, dass sie keine Landebahn benötigen. Einige brauchen jedoch eine Bodenmannschaft, und andere müssen Ballastwasser aus Tankwagen aufnehmen, um den Gewichtsverlust beim Absetzen der Fracht auszugleichen. Die SkyCat benötigt Ballastwasser nur bei längeren Bodenaufenthalten. Zum Entladen am Zielort benutzt sie ein Vakuum, das es buchstäblich auf den Boden zieht; sogar auf unebenen Oberflächen. Eine der größten Sorgen der zivilen und militärischen Beschaffung ist das Risiko beim Betrieb von Luftschiffen in einer Zeit erhöhter Terrorismusgefahr. ATG hat daher auch die Beschussfestigkeit des Luftschiffs geprüft. Ein Luftschiff blieb trotz eines zweistündigen Beschusses aus Handfeuerwaffen in der Luft, und ATG versichert, dass die Hülle auch einen Raketenangriff überstehen kann. Äußerst widerstandsfähig und robust sind auch die Kabine und Ladebucht.

ATG wirbt für mehr als ein Dutzend Verwendungsmöglichkeiten seiner Kreuzung aus Flugzeug und Luftschiff: SkyLift zum Einsatz in Notgebieten, FireCat zur Brandbekämpfung, SkyFerry als Personen- und Autofähre, SkyYacht als Luftschiff- Version des Privatjets.

Fortschrittliche Frachter

Trotz aller Vorzüge der Luftschiffe ist das Ende der herkömmlichen Transportflugzeuge noch längst nicht gekommen. Im Gegenteil: Moderne Technologien versprechen eine sehr viel längere Nutzungsdauer. Am 17. Januar 1995 wurde die Boeing C-17 Globemaster bei der US Air Force in Dienst gestellt. Die Globemaster ist das modernste Frachtflugzeug. Ein speziell entwickelter „superkritischer" Tragflügel bietet geringeren Luftwiderstand, verursacht weniger Vibrationen und verringert damit die Belastung des Flugwerks. Große Landeklappen ermöglichen der Globemaster steile Anflüge und Landungen auf kurzen, nur rund 900 m langen Pisten – auch mit einem

Links: Als „Familienmitglieder" der SkyCat sind unter anderem SkyLift für Einsätze in Notgebieten und FireCat (abgebildet) zur Brandbekämpfung geplant.
Unten: Die Militärs zeigen großes Interesse an der SkyCat. Denn 20 SkyCat könnten 200 000 vollausgerüstete Soldaten in nur zwei Tagen zum Einsatz bringen.

Gesamtgewicht von 265 352 kg. Bei 833 km/h Marschgeschwindigkeit hat die C-17 eine Reichweite von 9630 km.

Lockheed Martins Team „Advanced Mobility Aircraft" (AMA) entwickelt derzeit einen Transporter gemäß der USAF-Spezifikation „Air Mobility Master Plan". Die innovativste Entwicklung ist die so genannte „Box-Wing"-Konstruktion, bei der eine Tragfläche „fast" konventionell am Vorderrumpf, die andere auf dem Heckrumpf angeordnet ist, wobei ihre Flügelspitzen durch Verstrebungen – „Flügelohren" ähnlich – verbunden sind. Sollte sich dieses Konzept durchsetzen, wird der Box-Wing beispielsweise als Tanker doppelt so viele Flugzeuge versorgen können, wie es mit der Boeing KC-135 Stratotanker möglich ist. Diese Entwürfe befinden sich immer noch in einer frühen Entwicklungsphase und der Box-Wing ist nur eine von vielen Möglichkeiten. Sicher ist jedoch, dass sich das Gesicht des Militärtransporters verändern wird. Die Entwicklungsingenieure in Boeings Phantom Works haben

CargoLifter CL160: Das Ende des Riesenluftschiffs?

Die deutsche CargoLifter AG gehört zu den Unternehmen, die beträchtliche Forschungsarbeit mit Transportluftschiffen geleistet haben. Im November 1999 hatte *Joey* als Versuchsträger für den achtmal größeren, 260 m langen und maximal 65 m breiten CargoLifter CL160 den Erstaufstieg absolviert. Mit diesen Maßen ist der CL160 dreieinhalb Mal länger als eine Boeing 747. Der CL160 sollte als Kielluftschiff (halbstarr) ausgeführt werden. Der Kiel sollte aus verstärktem Kunststoff bestehen und, von der Bugspitze bis zum Heck reichend, Flugdeck, Mannschaftsraum, Ladung, Triebwerke und Finne/ Ruder tragen. Ein riesiger Hangar wurde im November 2000 im brandenburgischen Brand fertig gestellt.

Konstruiert für 160 Tonnen Nutzlast, erregte der CL160 auch bei Militärs große Aufmerksamkeit. Obwohl mit nur 90 km/h fahrend, war er für 10 000 km Reichweite geplant und bei einem Preis von 100 Millionen Dollar – etwas mehr als die Hälfte einer Lockheed C-5 Galaxy – sehr attraktiv. Normalerweise hätten diese Vorzüge für einen Verkaufsschlager reichen müssen. Aber dann musste CargoLifter im Juni 2002 Konkurs anmelden. Immaterielle Güter wie Verwertungsrechte und Archive wurden am 24. August 2005 an die ZLT nach Friedrichshafen verkauft. Für die Patente besteht bis 2007 eine Kaufoption. Die Namensrechte verbleiben zunächst beim Insolvenzverwalter. Derzeit wird CargoLifter aufrechterhalten durch Beteiligungsgesellschaften und die Entwicklung von kleinen Luftschiffen. Obwohl offiziell nicht annulliert, fährt CL160 auf absehbare Zeit in einer virtuellen Warteschleife.

Unten: *Künstlerische Darstellung des CL160 im Einsatz.*

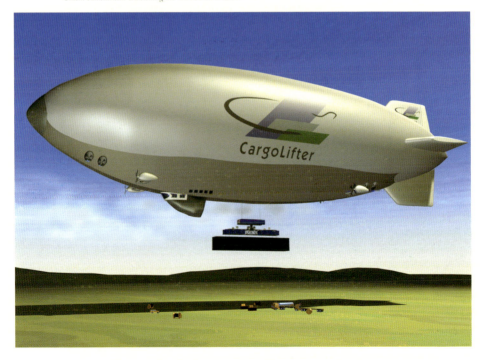

bereits ein revolutionäres Design vorgelegt: die Pelican oder ULTRA (Ultra Large Transport Aircraft). Nur sechs Meter über der Wasseroberfläche fliegend, soll dieses Monster den Bodeneffekt als Zusatzauftrieb nutzen. Angetrieben von vier Wellenturbinen könnte die Pelican mit voller Nutzlast 18 500 km über Wasser oder in großen Flughöhen über Land 12 040 km zurücklegen. Gemäß dem von Phantom Works erarbeiteten Konzept ist für die Pelican eine Spannweite von 152 m vorgesehen. Der Rumpf dürfte länger als ein Fußballfeld sein. Damit wäre

die Pelican fast doppelt so groß wie die An-225 und könnte mit 1400 t fast fünfmal so viel Nutzlast aufnehmen. Statt einen Kampfpanzer M-1 wie die C-17 könnte die Pelican bis zu 17 M-1 transportieren. Um das enorme Gewicht bei der Landung zu verteilen, ist ein Fahrwerk mit 76 Reifen geplant.

Desert Storm

Obwohl er als einer der technologisch modernsten Kriege gilt, wurde die Operation *Desert Storm* zur Befreiung Kuwaits 1991 hauptsächlich mit alten,

Oben: *Das Transportflugzeug Boeing C-17 kann von unbefestigten Pisten aus operieren und ist praktisch überall einsetzbar. Hier eine Globemaster bei der Landung auf Charleston Air Force Base, South Carolina.*

ungelenkten Freifallbomben geführt. Dennoch veränderten die wenigen eingesetzten, durch Laser und Satelliten gelenkten Waffen das Gesicht der Kriegsführung für immer und machten sie zur ersten Wahl. Um 2.38 Uhr am 17. Januar 1991 zerstörte ein Team von Kampfhubschraubern AH-64 Apache der *Task Force Normandy* eine Radarstation im Südirak. Damit war der Weg in den Irak frei für eine Armada von Kampfflugzeugen aus den USA, Großbritannien, Frankreich und Saudi-Arabien. Den Apache dicht auf den Fersen waren Stealth-Jagdbomber F-117A Nighthawk der USAF, die auf ihrem Flug zu ihren Zielen in der Innenstadt von Bagdad eine weitere Radarstation ausschalteten. Zu den Nighthawk gesellten sich ältere Flugzeuge wie Boeing B-52G Stratofortress mit Marschflugkörpern AGM-86. Die Stratofortress sind das beste Beispiel dafür, wie die Schlagkraft älterer Flugzeuge durch die Ausstattung mit hochmodernen Bomben und

Raketen gesteigert werden kann. Mehrere ältere Kampfflugzeugmodelle flogen über Kuwait und Irak ihre letzten Kampfeinsätze. Beispielsweise McDonnell Douglas F-4 Phantom der USAF. Bewaffnet mit Hochgeschwindigkeits-Radarbekämpfungsflugkörpern AGM-88 griffen sie irakische Flugabwehranlagen an. Erwähnt werden müssen auch die trägergestützten Jagdbomber der US Navy Vought A-7 Corsair sowie die britischen Buccaneer S2B. Jagdbomber F-111 (Veteranen der Operation *Eldorado Canyon*, des amerikanischen Luftangriffs auf Libyen 1986) jagten irakische Panzer. Dank ihrem lasergesteuerten Zielmarkierungssystem Pave Tack vernichteten diese alternden Schwenkflügler ungefähr 900 irakische Panzer.

Die F-117A ist als Jagdbomber für Präzisionseinsätze konstruiert. Ihre fremdartige äußere Erscheinung und fortschrittliche Bauart machen sie für das Radar nahezu unsichtbar. Ihre Ent-

Oben: Bei der Versorgung amerikanischer Truppen in Afghanistan bildeten C-17 Globemaster die „Lebensader". Dieses Foto entstand in Bagram in Zentral-Afghanistan.
Rechts: Künstlerische Darstellung des zukünftigen Kampfzonentransporters ATT der USAF. Dieses viermotorige Turbofflugzeug erhält Kippflügel, aber kein Leitwerk. Es wird auf Pisten von nur 200 m Länge starten und landen und im Konfliktfall schnelle Eingreiftruppen an jeden Punkt der Erde bringen können.

wicklung reicht zurück bis ins Jahr 1978, als Lockheed eine Ausschreibung zur Entwicklung eines Stealth-Flugzeugs gewann. Der erste Prototyp flog am 18. Juni 1981 – nur 31 Monate später. Im Oktober 1983 wurde die F-117A bei der 49. Tactical Fighter Wing der USAF in Dienst gestellt. Während *Desert Storm* erhielten die alten Spionageflugzeuge U-2 Verstärkung durch modernere Lockheed TR1-A. Weiterhin setzte man auf die Northrop-Grumman E-8, eine modifizierte Boeing 707 mit dem hochmodernen radargestützten Aufklärungs- und Kampfführungs-system JSTARS. Die E-8 kann alle Bewegungen auf dem Gefechtsfeld erfassen und den eigenen Bodentruppen laufend ein Bild der taktischen Lage in Echtzeit liefern. Aber auch Flugzeuge und Raketen können von der E-8 gegen erkannte Zielobjekte dirigiert werden.

Als am 28. Februar 1991 die Waffen schwiegen, waren mehr als 20 irakische Divisionen geschlagen oder vernichtet, Tausende Iraker waren desertiert, gefangen genommen oder gefallen. Ungefähr

80 Prozent der irakischen Erdölproduktion lagen ebenso in Trümmern wie 30 Prozent der Rüstungsindustrie. Obwohl die alliierten Luftstreitkräfte nur zehn Prozent „intelligente" Waffen eingesetzt hatten, war ihre Wirkung entscheidend. So konnte eine F-117A mit wenigen, dafür jedoch mit höchster Präzision gelenkten Bomben militärische Großobjekte aus-schalten. Im Zweiten Weltkrieg hätten dafür noch Hunderte Flugzeuge eingesetzt und Tausende Bomben abgeworfen werden müssen. Mit Desert Storm war das lange angekündigte Zeitalter der Präzisions-Kriegsführung angebrochen.

Stealth Bomber

Am 17. Juli 1989, zwei Jahre vor Ausbruch des *Wüstensturms*, absolvierte der Tarnkappen-Bomber B-2A Spirit seinen Erstflug und wurde im Dezember 1993 von der US Air Force in Dienst gestellt. Die B-2 ist ein Langstreckenbomber, der sowohl konventionelle als auch Atomwaffen tragen kann. Um von Fliegerhorsten in den USA jeden

Links: *Apache AH-64D Longbow. Der modernste gegenwärtig im Einsatz befindliche Kampfhub-schrauber.*
Rechts: *F-117 auf dem Vorfeld. Ihre Entwicklung war eines der geheimsten Projekte der US Air Force.*

Punkt der Erde angreifen zu können, kann die B-2 luftbetankt werden. Als Nurflügler konstruiert, erhielt ihr Deltatragwerk zwecks optimaler Radartarneigenschaften eine gezackte Hinterkante. Die B-2 an sich ist aerodynamisch instabil und kann nur von einem intelligenten, auf rund 200 Bordcomputer gestützten FBL-Flugsteuersystem gelenkt werden. Dank ihrer Formgebung und des Radar absorbierenden Anstrichs ist die B-2 für radar- und infrarotgestützte Flugabwehrsysteme

praktisch unsichtbar. Die umfangreiche Bordelektronik erleichtert der zweiköpfigen Besatzung die Arbeit. Ihre Feuertaufe erhielt die B-2A im Rahmen der NATO-Operation *Allied Force* im Frühjahr 1999 über Jugoslawien, als sie in Langstrecken-Einsätzen vom Stützpunkt Whiteman, Missouri, zum Balkan flog. Schon in der ersten Nacht des Krieges (24. März) griffen zwei B-2A den Flughafen Podgorica in Montenegro an und kehrten nonstop nach Hause zurück.

Links: *Wenn die Boeing B-52 wie geplant 2040 außer Dienst gestellt wird, ist ihre Konstruktion fast 90 Jahre alt. Damit wäre die B-52 das Militärflugzeug mit der längsten Nutzungsdauer aller Zeiten.*
Oben: *Eine B-2A Spirit zieht über eine abgestellte KC-135 hinweg. Unter Beachtung der Stealth-Prinzipien als strategischer Bomber konstruiert, kann die B-2A unentdeckt und überraschend fast jedes Ziel rund um den Globus angreifen.*

Krieg auf dem Balkan

Mit ihrer Operation *Allied Force* wollte die NATO die Albaner in der Provinz Kosovo gegen Repressionen der Regierung schützen. Wie schon bei der Operation *Desert Storm* wurden auch hier mehrere ältere Flugzeugtypen eingesetzt, die allerdings auf modernste Bomben und Raketen umgerüstet waren. Dennoch waren ihrer Technologie und ihren Fähigkeiten Grenzen gesetzt, denn die serbische Luftabwehr war gefährlicher als erwartet. Am 25. März versuchten serbische MiG-29 Fulcrum NATO Kampfflugzeuge abzufangen. Obwohl an diesem Tag drei Fulcrum verloren gingen, wich die NATO bei ihren Operationen eine Zeit lang in die Nachtstunden aus. Zudem wurden aufgrund des schlechten Wetters viele lasergelenkte Bomben gestört und verfehlten ihre Ziele. Und letztendlich können intelligente Waffen nur so intelligent sein, wie die Personen, die sie einsetzen. So bombardierten NATO-Kampfjets am 6. April nicht das Hauptquartier der 203. Artilleriebrigade der serbischen Armee, sondern zerstörten ein ziviles Gebäude. Ein zweiter Angriff schlug am 12. April fehl, als NATO-

Flugzeuge unbeabsichtigt einen Personenzug auf einer Brücke trafen. Der peinlichste Zwischenfall ereignete sich jedoch am 7. Mai, als eine B-2A die chinesische Botschaft in Belgrad angriff. Rückschauend scheint sicher, dass Kommunikationseinrichtungen auf dem Botschaftsgebäude – ohne Wissen der Chinesen – zur Befehlsübermittlung an serbische Armee- und Polizeieinheiten im Kosovo dienten. Am 20. Mai wurden die schwedische, schweizerische und angolanische Botschaft durch einen Luftangriff beschädigt; peinlicherweise fand in der schweizerischen Botschaft gerade ein Empfang statt. Selbst die berühmte F-117A war nicht unverwundbar und wurde – als sie nachts einem serbischen Jäger vor die Nase geriet – am 28. Mai bei Belgrad abgeschossen. Die Luftangriffe auf dem Balkan endeten am 10. Juni. Bei 38 000 Einsätzen waren zwei NATO-Flugzeuge abgeschossen worden. Etwas mehr als ein Drittel aller von der NATO eingesetzten Bomben und Raketen waren „intelligent".

Neue Kampfflugzeug-Entwicklungen

Nicht nur die Amerikaner machten Fortschritte bei der Entwicklung und Konstruktion fortschrittlicher Kampfflugzeuge. Am 27. März 1994 hob der Eurofighter zum ersten Mal ab. Fortschrittliche Aerodynamik und zwei leistungsstarke EJ200-Mantelstromtriebwerke beschleunigen den Eurofighter für einen längeren Zeitraum auf über Mach 1, ohne den Nachbrenner einsetzen zu müssen. Bedingt durch den hohen Treibstoffverbrauch wurde der Nachbrenner bei früheren Modellen immer nur kurzfristig – bekannt als Überschallsprint – eingeschaltet. Unternehmen aus Großbritannien, Italien, Spanien, Norwegen und Deutschland sind am Eurofighter beteiligt. Die Kosten sind sehr hoch, weil modernste Materialien wie beispielsweise Titan, Aluminium-Lithium-Legierungen und Kohlefaser-Verbundwerkstoff verwendet werden. Für den Unterschallbereich bewusst aerodynamisch instabil konstruiert, ist der Eurofighter auch dank Entenflügeln und Deltatragwerk sehr wendig. Seine außerordentlich guten Manövriereigenschaften beruhen nicht zuletzt auch auf dem FBW-System. Bei diesem System werden die Steuerbefehle nicht mehr durch Seile und Gestänge, sondern als elektronische Signale auf die Rudermaschinen übertragen.

An 13 Waffenstationen können Außenlasten mitgeführt werden, während eine 27-mm-Bordkanone zusätzliche Schlagkraft verleiht.

Im Jahr 1995, als sich auch die mächtige C-17 in den Himmel erhob, stellte Boeing auch die wesentlich kleinere, aber tödlichere F/A-18E/F Super Hornet vor. Auf der sehr erfolgreichen McDonnell Douglas F/A-18 C/D basierend, ist die Super Hornet ein Viertel größer und mit leistungsstärkeren Triebwerken ausgestattet. Ihre ersten Kampfeinsätze flog die Super Hornet im Rahmen der Operation *Iraqi Freedom*, des von den USA angeführten Feldzugs gegen das Regime von Saddam Hussein. Für die Luftangriffe im Frühjahr 2003 war die Super Hornet geradezu maßgeschneidert. War bei der Operation *Desert Storm* 1991 noch ein hoher Anteil ungelenkter Munition eingesetzt worden, so gab es bei *Iraqi Freedom* auf dem Gebiet der Präzisionswaffen eine enorme Steigerung. Wie zielgenau moderne Bomben und Flugkörper waren, wurde der Öffentlichkeit in zahlreichen Fernsehberichten demonstriert.

Es ist möglich, dass die US Navy eine Version der Super Hornet unter der Bezeichnung EF-18G zur elektronischen Kampfführung und als Ersatz für die alternden, trägergestützten Grumman EA-6B Prowler entwickeln lässt.

Auch die F-15 Eagle benötigt bald einen Nachfolger. Seit Anfang der 1970er-Jahre eingesetzt, wird sie trotz beeindruckender Geschwindigkeit und Vielseitigkeit bald in den Ruhestand gehen müssen. Ihre Nachfolge tritt der Luftüberlegenheitsjäger F-22 Raptor an. Der Prototyp YF-22 absolvierte am 7. September 1997 seinen Erstflug. Kunst- und Verbundwerkstoffe bilden gemeinsam mit Titan und Aluminium-Baugruppen bis zu 56 Prozent der Flugzeugzelle. Diese Materialien verleihen der Raptor Stealth-Eigenschaften und eine außergewöhnliche Manövrierfähigkeit. Sie ist aerodynamisch günstig gestaltet und supercruisefähig, das heißt, sie kann ohne Nachbrennereinsatz mit Überschallgeschwindigkeit fliegen. Die Raptor kann einen gewaltigen Waffen-Mix unter den Flügeln und im Waffenschacht des Flugzeugrumpfes mitführen; unter anderem acht Luft-Luft-Flugkörper (sechs AIM 120 AMRAAM und zwei AIM-9 Sidewinder) und JDAM-Präzisionsbomben mit GPS-Lenkung. Im Dezember 2004 verringerte das Pentagon die Bestellung von 339 auf 178 Raptor.

Rechts oben: *Bedienungspersonal an Bord einer Boeing E-8C Joint STARS der USAF. Dieses Aufklärungs- und Kampfführungssystem kann stationäre und mobile Ziele über mehrere hundert Kilometer verfolgen und Gebiete von rund 40 000 km^2 überwachen. Die gesammelten Daten werden an Bord gespeichert und können zu Vergleichen herangezogen werden.*
Rechts unten: *Im Balkankonflikt setzte Serbien Mikojan-Gurewitsch MiG-29 ein. In den Jahren des Kalten Krieges noch ein gefürchteter Gegner war sie den modernen Kampfflugzeugen der NATO in den 1990er-Jahren unterlegen.*

Ein Jahr vor dem Jungfernflug der Raptor stellte Schweden das Mehrzweckkampfflugzeug Saab JAS39 Gripen in Dienst. Als letztes Mitglied einer langen Serie von Saab-Kampfflugzeugen sollen 204 Gripen die schwedischen Viggen und Draken ablösen. Aber auch Südafrika und Ungarn sind an der Gripen interessiert.

Als neues Mehrzweckkampfflugzeug stellte die französische Luftwaffe am 4. Dezember 2000 die Dassault Rafale in Dienst. Geplant ist die Beschaffung von 294 Maschinen (60 Exemplare davon für die französischen Marineflieger). Eine Vielzahl von Lenkwaffen und Bomben kann mitgeführt werden; unter anderem Luft-Luft- und Luft-Boden-Raketen sowie die überschallschnelle Abstandswaffe ASMP mit nuklearem Sprengkopf.

In Russland baut die Flugzeugindustrie wegweisende Kampfflugzeuge. So enthüllte Suchoi 1997 die S-37 Berkut (Königsadler) mit einer instabilen „Drei-Flächen"-Konfiguration (Canard-Flügel-Höhenleitwerk). Diese Konstruktion verbessert die Manövrierfähigkeit sowie das Überzieh- und Trudelverhalten und verkürzt die Start- und Landerollstrecken. Einige Elemente wie Fahrwerk, Kabinendach, Avionik und Leitwerk wurden von der Suchoi Su-27 Flanker übernommen. Der Pilotensitz ist 60 Grad nach hinten geneigt, damit der Pilot die hohen G-Belastungen besser verkraften kann, eine Idee, die General Dynamics bei der F-16 anwendete. Obwohl die S-37 zweifellos Spitzentechnik besaß, wurde sie nie in Serie hergestellt.

Rechts: *Luftbetankung. Eine B-2A nähert sich dem Betankungsausleger. Die B-2A ist nicht nur teuer in der Produktion. Zum Schutz ihres Radar schluckenden Anstrichs müssen sie in klimatisierten Hangars untergebracht werden.*

Unten: *Wartungspersonal bereitet eine B-2A Spirit für den Start vor.*

Eine atemberaubende Schau bot eine weitere Entwicklung der Suchoi-Werke: Die Su-27 Flanker zeigte 1996 in Farnborough mit ihrer Schubvektorsteuerung außergewöhnliche Wendigkeit. Sie kann bis zu 14 Luft-Luft-Flugkörper und ungefähr 8000 kg Kampflast mitführen. Ihre 30-mm-Bordkanone verschießt 1500 Schuss pro Minute.

Im selben Jahr absolvierte eine weitere Version der Flanker, die Suchoi Su-34, ihren Erstflug. Ungewöhnlich bei diesem Jagdbomber ist die Cockpit-Auslegung mit zwei nebeneinander angeordneten Sitzen und ein heckinstalliertes, nach rückwärts gerichtetes Radar. Die Su-34 soll ähnliche Funktionen wie die amerikanische F-111

erfüllen und wird unter anderem die Suchoi Su-24 Fencer ablösen. Bis 2010 sollen die russischen Luftstreitkräfte zunächst 24 Su-34 beschaffen; danach soll – so ist zumindest geplant – die Serienfertigung voll anlaufen.

Zwei Jahre nach dem Jungfernflug der Su-32/34 enthüllte WPK MAKO-MiG am 12. Januar 1999 die MiG MFI (*Mnogofunksionalni Frontovoi Istrebiel* – Mehrzweckkampfflugzeug). Obwohl sie 35,5 Tonnen wiegt, erreicht die MFI 2500 km/h Höchstgeschwindigkeit. Der Hersteller ist überzeugt, dass die MFI sowohl den Eurofighter als auch den F-22 übertreffen wird. Wie andere Kampfflugzeuge der neuen Generation besitzt auch die MFI Triebwerke mit Vektor-

Oben: *29. November 1995. Start der F/A-18E Super Hornet zum Erstflug.*

Rechts: *Lockheed Martin F-22 Raptor. Gemeinsam mit strategischen Bombern B-2 kann dieser Luftüberlegenheitsjäger schlagkräftige und fast unsichtbare Kampfgruppen bilden.*

Vorherige Seite: *In den 1980er-Jahren als Abfangjäger gegen sowjetische Jäger und Bomber entwickelt, musste der Kampfauftrag des Eurofighter nach Ende des Kalten Krieges neu definiert werden.*

Links: *Als britisch-schwedisches Gemeinschaftsprojekt von BAE Systems und Saab entwickelt, entspricht die Gripen dem neuesten Stand der Technik und wird sich nicht nur gegen heutige, sondern auch gegen zukünftige Gegner behaupten können.*

steuerung für optimale Manövrierfähigkeit. Die Schubvektorsteuerung ermöglicht Lenkbewegungen durch gezieltes Schwenken des Abgasstrahls. Radar absorbierende Materialien und gekühlte Abgasstrahlen sollen die MFI gegen radar- und infrarotgelenkte Flugkörper schützen. Zweifellos ein sehr beeindruckendes Flugzeug, wird die MFI - nach aktuellem Stand – nicht in Serie gehen. Neben finanziellen Gründen nennen russische Fachleute auch einen politischen Grund: 1983 wurde die MFI auf Anweisung des Zentralkomitees der Kommunistischen Partei konzipiert, und diesen „Kunden" gibt es nicht mehr.

Das bei weitem modernste Kampfflugzeug ist die Lockheed F-35 Joint Strike Fighter (JSF). Als am 26. Oktober 2001 im Pentagon das Team um Lockheed Martin mit seinem X-35-Konzept zum Sieger im „größten Beschaffungsprogramm in der Geschichte des Verteidigungsministeriums" erklärt wurde, konnte die Entwicklung eines gemeinsamen Jagdbombers für US Air Force, US Navy und US Marine Corps endlich mit der F-35 beginnen. Sie wird in drei verschiedenen Versio-

nen gefertigt werden: als landgestützte Ausführung F-35A für die USAF, als Flugzeugträgerversion F-35B für die US Navy und als STOVL-Version F-35C mit Senkrechtstarter-Fähigkeiten für das US Marine Corps. Sie ist allwetterfähig und kann dank ihrer Stealth-Eigenschaften unentdeckt über feindlichem Gebiet agieren. Neben den US-Streitkräften wollen auch RAF und Royal Navy die F-35 beschaffen. Obschon als erschwingliches Kampfflugzeug geplant, lief das F-35-Programm kostenseitig trotzdem völlig aus dem Ruder und sprengte alle Etats.

Drehflügler

Während die USA mit ihrem Apache glänzen können, Russland mit der Hind, Italien mit der Mangusta und Südafrika mit dem Rooivalk, wirft Europa bald seinen eigenen Kampfhubschrauber ins Schlachtgewühl. Keineswegs ein neues Konzept, beruht der Eurocopter Tiger auf einem deutsch-französischen Gemeinschaftsprojekt aus den 1970er-Jahren. Die 1984 begonnenen Vorbereitungen wurden wegen wechselhafter

Links oben: *Mit ihren 20 Grad nach vorn gepfeilten Tragflächen ist die Suchoi S-37 Berkut eine außergewöhnliche Konstruktion. Da sich die Russen einen neuen Fighter dieser Größen- und Preisklasse auf Jahre hinaus nicht leisten können, wird die S-37 wahrscheinlich nur ein Demonstrationsmodell bleiben.*
Links unten: *Der Prototyp Lockheed Martin X-35 Joint Strike Fighter wird inzwischen als F-35 seriengefertigt.*
Unten: *Die MFI, der Prototyp eines russischen Mehrzweckkampfflugzeugs der fünften Generation.*

Beschaffungsabsichten der beiden Länder immer wieder unterbrochen, bis das Projekt auf der Pariser Luftfahrtschau 1999 endlich grünes Licht erhielt. Im August 2002 startete ein Tiger zum ersten Testflug, und Anfang 2003 übernahmen die deutschen Heeresflieger ihre ersten Schul-Tiger. Gegenwärtig haben nur Deutschland, Frankreich, Spanien und Australien feste Bestellungen für die Kampf- und die Panzerjagd-Versionen erteilt. Vieles spricht jedoch dafür, dass auch Türken und Polen Tiger beschaffen werden.

Zukünftige Kampfhubschrauber werden genauso hochentwickelt sein wie Kampfflugzeuge. 1996 startete der Prototyp des Boeing Comanche zum Erstflug. Entwickelt als Nachfolger für die Apache-Gunships der US Army, war er der erste Stealth-Hubschrauber. Sein Rumpf besteht aus Verbund-werkstoffen und ist nach denselben Regeln gebaut wie F-117A und B-2A. Der ummantelte, im

Heckausleger integrierte Heckrotor verkleinert die Radarsignatur ebenso wie das einziehbare Fahrgestell und die nach innen verlegten Waffenschächte.

Inspiriert vom V-22 Osprey, forschen die Entwicklungsingenieure in Boeings Phantom Works an einem weiteren Projekt, dem Canard Rotor/Wing (CRW), auch Dragonfly genannt. Irgendwann in der Zukunft soll dieses Fluggerät – bemannt oder unbemannt – wie ein Hubschrau-ber starten und landen, aber mit arretiertem Hauptrotor (wirkt wie eine Tragfläche!) schnell wie ein Flächenflugzeug fliegen. Zur Landung wird er wieder in Rotation versetzt. Dragonfly besitzt Canards und ein Höhenleitwerk mit doppeltem Seitenleitwerk. Dragonfly wird von einem Turbofan angetrieben, dessen Luftstrom sowohl für den Vorwärtsflug als auch zum Ro-torantrieb verwendet wird und im Schwebeflug

Oben: RAH-66 Comanche. Das Projekt wurde im Februar 2004 eingestellt.

Rechts oben: Der Prototyp des deutsch-französischen Eurocopter Tiger.

Rechts unten: Der Agusta A 129 Mangusta (Mungo) war der erste rein europäisch entwickelte leichte Kampfhubschrauber.

Oben: Der Canard Rotor/Wing (CRW) ist ein Fluggerät, das wie ein Drehflügler startet und landet, aber mit quergestelltem unbewegtem Rotor schnell wie ein Flächenflugzeug fliegt. Der CRW wird von Phantom Works – Boeings Technologieschmiede – entwickelt.

auch die Steuerdüsen versorgt. Augenblicklich finanzieren Boeing und DARPA den Bau von Prototypen und die Erforschung des CRW-Konzepts. Am 24. November 2003 absolvierte Dragonfly seinen Erstflug, stürzte aber schon ein Vierteljahr später ab. Ein zweiter, verbesserter Prototyp startete am 4. November 2005 und wurde bei einem Absturz am 12. April 2006 völlig zerstört. Das Erprobungsprogramm war auf elf Flüge ausgelegt.

Unbemannte Zukunft

Trotz Tarnkappen-Technologie und ausgeklügelter Elektronik könnte dem Flugzeug der Zukunft etwas fehlen: der Pilot. UAVs (*Unmanned Aerial Vehicles* = Drohnen) sind bereits in vielen Konflikten eingesetzt worden. Ihr größter Vorteil ist die Tatsache, dass bei UAV-Einsätzen keine Piloten abgeschossen werden können. Außerdem können Drohnen über einen längeren Zeitraum in der Luft bleiben, ohne dass man sich über die mögliche Erschöpfung des Piloten sorgen müsste. Am 23. April 2001 flog eine RQ-4A Global Hawk in nur 23 Stunden und 20 Minuten nonstop vom Luftwaffenstützpunkt Edwards, Kalifornien, zu einem Stützpunkt in Australien. Global Hawk wurde als Aufklärungsdrohne entwickelt und operiert in Höhen bis zu 18 288 Metern.

Oben: *Global Hawk ist ein unbemannter Höhenaufklärer, der seine langgestreckten, schmalen Flügel wie ein Segelflugzeug nutzt.* Rechts: *Als unbemannter Fernaufklärer konstruiert, kreist Scan Eagle lange Zeit über dem Operationsgebiet und liefert Daten und TV-Bilder in Echtzeit.*

Oben: *Die Aufklärungsdrohne Predator wird von Bord des Flugzeugträgers* USS Carl Vinson *kontrolliert. Der Predator hat sich bereits über Bosnien und dem Irak bewährt und späht nun über Afghanistan.*

Es gibt aber auch Kampfdrohnen wie die General Atomics RQ-1 Predator, die am 23. November 2002 mit einem Panzerabwehrflugkörper AGM-114 Hellfire im Jemen ein Auto mit Mitgliedern der El-Kaida-Organisation angriff und tötete. Predator hatte bereits drei Jahre vorher bei der Operation *Allied Force* als Gefechtsfeldaufklärer für Angriffsziele der NATO-Flugzeuge gedient. Gesteuert wird Predator von einer mobilen Bodenstation über Satellit.

15 Zentimeter lang und tödlich

Es scheint, als hätten die Militärs Verwendung für ein Fluggerät gefunden, das kleiner ist als ein Modellbausatz. Diese MUAV (*Micro Unmanned Aerial Vehicles* = Mikro-Drohne) können von einem einzelnen Soldaten bedient werden. Zu ihren Aufgaben gehören Aufklärung und Überwachung sowie die Suche nach chemischen oder biologischen Waffen. Eine typische MUAV weist eine Länge, Höhe und Spannweite von etwa 15 cm auf und transportiert eine winzige Nutzlast in Form von Aufklärungskameras, Sensoren oder anderer Militärausrüstung.

Einfach zu bedienen, soll eine MUAV Informationen in Echtzeit übermitteln und beispielsweise von Soldaten im Gelände zur Gefechtsfeldaufklärung genutzt werden. Vor dem Einsatz muss sie nur aus ihrer Schachtel genommen und in die Luft geworfen werden, damit sie ferngesteuert die Umgebung erkunden kann. Währenddessen sieht ihr Bediener wie im Fernsehen live, ob Feinde in der Nähe sind oder nicht.

Ein weiteres kleines Militärfluggerät ist Sender mit einer Spannweite von 1,20 m und 4,5 kg

Gewicht. Entwickelt von der Forschungsanstalt der US Navy hat Sender trotz seiner geringen Größe eine Reichweite von fast 160 Kilometern. Schon bald als Aufklärer an Bord von US-Kriegsschiffen stationiert, kann er so konfiguriert werden, dass er die verschiedensten Aufgaben erfüllen kann: Sowohl die Lenkung von Seeziel-flugkörpern ins Ziel, als auch die Durchführung von Aufklärungsflügen.

Aber nicht nur die USA arbeiten auf dem Gebiet der MUAV. Die britische Firma BAE Systems entwickelt in Verbindung mit Lockheed Martin den Microstar, der weniger als 300 g wiegt und in Höhen bis 91 m operieren soll. Ein Elektromotor verleiht ihm eine Geschwindigkeit von rund 50 km/h. Microstar wird 20 Minuten in der Luft bleiben und miniaturisierte Kameras sowie Kommunikationsrelais oder Sensoren zur Aufspürung von chemischen sowie biologischen Waffen transportieren können. Microstar wurde so konstruiert, dass ein einzelner Soldat ihn fast so einfach bedienen kann, als würde er ein Papier-flugzeug in die Luft werfen. Der Vorteil der MUAV ist, dass sie sowohl klein als auch fast nicht

Unten: Boeings X-45A Stingray ist ein unbemanntes Kampfflugzeug (UCAV). Nach Stealth-Prinzipien geformt, als Aluminiumstruktur gebaut und mit Schalen aus Verbundwerkstoffen verkleidet, kann die X-45A in zwei Waffenschächten bis zu 1350 kg Zuladung mitführen. Im Einsatz wählt das UCAV die beste Angriffsrichtung selbstständig.

Oben: *Schubvektorgesteuert, war die X-31 ein deutsch-amerikanischer Technologieträger (EADS/Boeing) für Supermanövrierbarkeit und erreichte hohe Wendegeschwindigkeiten bei geringem Kurvendurchmesser.*

Unten: *Eher an ein Plastikmodell als an ein Kampfflugzeug erinnernd, könnte der Prototyp dieser Mikro-Drohne auch die Marsoberfläche erforschen.*

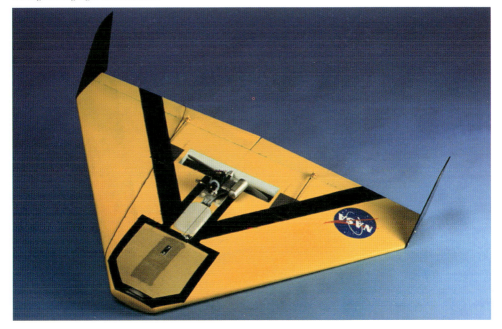

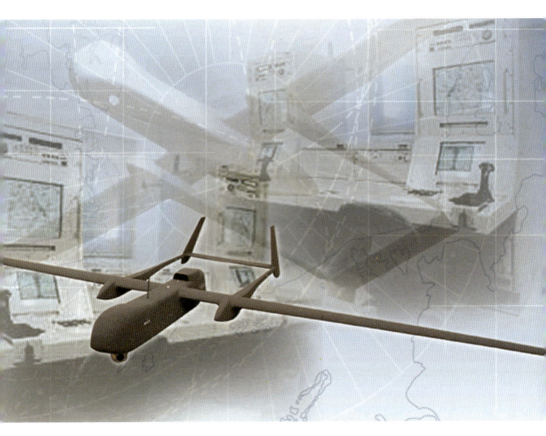

Oben: *Darstellung einer*
zukünftigen Langstreckendrohne.
Rechts: *Die F-35 Joint Strike*
Fighter ist das kostspieligste
militärische Flugzeugprojekt aller
Zeiten.

Oben: *Das Kipprotorflugzeug V-22 Osprey startet und landet wie ein Hubschrauber und fliegt schnell und weit wie ein Flächenflugzeug.*
Links: *Die Boeing X-40A ist ein Entwicklungsprogramm der USAF für ein wiederverwendbares Shuttle. Dieses unbemannte Raumfahrzeug hat bereits eine Reihe von Testflügen innerhalb der Erdatmosphäre absolviert.*

Die Internationale Raumstation (ISS)

Die ISS befindet sich seit 1998 in Bau und wird, fertiggestellt, viermal größer als die Raumstation Mir sein. Sie wird über 470 t wiegen, eine Spannweite von 108,5 m haben, 79,9 m lang und 88 m tief sein. Eigentlich ist die ISS ein Raumlabor. Man wird Langzeitexperimente an Proteinen, Enzymen und Viren unter Schwerelosigkeit vornehmen können. Auch eine Zentrifuge soll auf der ISS installiert werden, um Anziehungskräfte von verschieden Planeten, von der Erde bis zum Mars, simulieren zu können. Neben den langen Aufenthalten der Besatzungen in der ISS werden diese Forschungen dazu beitragen, die menschliche Überlebensfähigkeit über längere Zeiträume im Weltraum oder auf anderen Planeten zu testen und damit auch die Erforschung des Alls voranzutreiben.

Die Verantwortung für die ISS teilen sich mehrere Länder. Die USA bauen den Wohnbereich, die Sonnenkollektoren, das Zentrifugen-Modul, die Energieversorgung, lebenserhaltende Anlagen, Kommunikation und Navigationssysteme. Kanada baut einen 16 m langen Robotergreifarm, ähnlich dem, der bereits für das Space Shuttle gebaut wurde. Die Europäische Raumfahrtagentur (ESA) wird – ebenso wie die Japaner – ein Labor bauen. ESAs Rakete Ariane 5 wird für Versorgungsflüge zur außerirdischen Baustelle genutzt. Auch Russland leistet einen beachtlichen Beitrag. Dank mehrjähriger Erfahrung mit Saljut und Mir werden die Russen zwei Forschungsmodule, Wohnbereiche und Sonnenkollektoren sowie eine Sojus bereitstellen, die die Besatzungen und Vorräte zur und von der ISS transportieren soll. Auch Brasilien und Italien werden zusätzliche Baugruppen bereitstellen.

Ganz oben: *In absehbarer Zeit wird die ISS die größte je gebaute Raumstation sein.*
Oben: *Eine Sojus hat am Pirs, dem russischen Kopplungs- und Ausstiegsmodul der ISS, angedockt.*

zu hören sind und schon in Höhen von 30 m praktisch unentdeckt bleiben.

Aber nicht nur die Militärs werden von der MUAV-Forschung profitieren; es sind auch zivile Verwendungen denkbar. BAE Systems ist überzeugt, dass Microstar beispielsweise bei Verkehrs- sowie Grenzkontrollen wichtige Aufgaben erfüllen und – bestückt mit Kameras – bei Feuerwehreinsätzen eingeschlossene Menschen in brennenden Gebäuden aufspüren kann.

Predator und Global Hawk kamen beide bei Operation *Enduring Freedom* zum Einsatz. Dieser von den US-Streitkräften geführte Feldzug gegen das Taliban-Regime in Afghanistan und die Terrororganisation El Kaida war die Vergeltung für die Terroranschläge in den USA am 11. September 2001. Die Luftstreitkräfte spielten bei dieser Operation eine entscheidende Rolle. B-2A Spirit und B-1B Lancer griffen Stellungen der Taliban und El Kaidas mit Lenkbomben an, während Grumman F-14 Tomcat und McDonnell Douglas F/A-18 Hornet Luftüberwachung über dem Zielgebiet flogen und die Bomber schützten. In diesem Krieg wurden größtenteils Präzisionswaffen verwendet. Eine Tendenz, die bei zukünftigen Konflikten, sofern NATO-Luftstreitkräfte beteiligt sind, weiter zunehmen wird.

Die Zukunft der Luft- und Raumfahrt wird verblüffend und abwechslungsreich werden. Und so wie die Brüder Wright eine Boeing 747 wohl nicht als Flugzeug erkennen würden, so wird auch unsere Generation kaum verstehen, wie sich die unvorstellbar großen und die winzig kleinen Fluggeräte von morgen in die Luft erheben werden. Rund 100 Jahre sind seit dem ersten gesteuerten Motorflug vergangen, und eines ist gewiss: Die Zukunft birgt noch manche Überraschung.

Links: *Der Hyperschallflugkörper X-43A Hyper X, auf diesem Foto abgebildet mit Trägerplattform B-52 und Startrakete Pegasus, dient als NASA-Testplattform für Sramjets (Staustrahltriebwerke mit Überschallverbrennung). Am 27. März 2004 flog die X-43A mit Mach 7,7 Weltrekord und ist das schnellste Fluggerät der Welt.*
Rechts: *Die X-40A diente auch als Vorstudie zur Entwicklung eines wiederverwendbaren Raumfahrzeugs, der X-37.*

Register

Bildnachweis

Alle Abbildungen mit freundlicher Genehmigung von Aerospace/Art-Tech.
ausgenommen:

TRH: 6/7 (TRH/Boeing), 11 (TRH/McDonnell Douglas), 24u, 31, 32, 35, 39, 42, 47, 56 (TRH/US National Archives), 58 (TRH/Vickers), 59, 63, 64, 65o&u, 67o (TRH/US Navy), 67u, 68 (TRH/QAPI), 69o&u, 71o, 73u, 74o&m, 75, 79o, 81, 86, 88o, 88/89, 99o, 101, 102, 104, 105, 106o&u, 108, 109, 110, 111o,m&u, 112u, 114, 116, 117u,119, 120o&u, 121, 123u (TRH/US National Archives), 124o&u, 125 (TRH/US National Archives), 126/127, 128, 129o&u, 132, 131, 134 (TRH/NASM), 135o&u,136, 137u, 141, 143u, 145u, 149, 150 (TRH/US Navy), 151u, (TRH/USAF), 152o, 153, 155, 156 (TRH/McDonnell Douglas), 157u (TRH/Lockheed), 159, 160/161, (TRH/British Aerospace), 163o, 168u, 171u (TRH/USAF), 172u, 173, 174 (TRH/Rolls Royce), 175o (TRH/Bombardier), 180u (TRH/Canadair), 184, 186, 190, 191o&u, 192u, 193, (TRH/USAF), 194/195 (TRH/QAPI), 197, 198, 199u (TRH/USAF), 202u, 206 (TRH/US Army), 208 (TRH/US Dept. of Defense), 209, 211 (TRH/USAF), 213, 214o&u, 215, 216 (TRH/USAF), 217 (TRH/Heavylift), 218o, 220, 221, 222, 223, 228, 229u (TRH/USAF), 236o&u, 237 (TRH/NASA), 243, 244/245 (TRH/AMD), 248 (TRH/US Dept of Defense), 254 (TRH/USAF), 255 (TRH/USAF), 258 (TRH/McDonnell Douglas), 259 (TRH/US Navy), 265u, 268 (TRH/GKN Westland), 269, 270o&u, 271u, 280 (TRH/US Army), 281 (TRH/Sikorsky), 283 (TRH/Sikorsky), 290, (TRH/US Army), 295 (TRH/NASA), 296, 297o, 297u (TRH/NASA), 298 (TRH/US National Archives), 299 (TRH/NASA), 300, 302, 304o (TRH/NASA), 304u, 310 (TRH/NASA), 311, 314o (TRH/NASA), 315

(TRH/NASA), 320o&u, (TRH/NASA), 321 (TRH/NASA), 323 (TRH/NASA), 325 (TRH/NASA), 327o (TRH/Roberts), 327u (TRH/TASS), 336 (TRH/EADS), 337 (TRH/US Dept of Defense), 338 (TRH/Airbus), 339o, 339u (TRH/Airbus), 340/341 (TRH/Boeing), 342 (TRH/Boeing), 343, 344 (TRH/EADS), 345 (TRH/SkyCat), 346 (TRH/SkyCat), 347 (TRH/SkyCat), 348, 351, 352 (TRH/Boeing), 353 (TRH/USAF), 357 (TRH/Northrop Grumman), 360/36 (TRH/British Aerospace), 362, 364/365, 368 (TRH/Boeing), 369o&u, 370, 371o (TRH/Rolls Royce), 372, 372/373, 374o, 374u (TRH/EADS), 375o (TRH/EADS), 375u, (TRH/US Dept of Defense), 376u (TRH/Boeing), 378 (TRH/Boeing), 379 (TRH/Boeing)

NASA: 377o&u

Lockheed Martin: 366u

US Dept of Defense: 8, 226o, 234, 250, 256, 349, 350, 354, 355, 358, 359, 363;

Genesis: 294, 303, 304, 307, 309,312, 313, 314u, 316, 317o, 318, 319o&u, 322, 328, 329, 330, 331, 332, 334, 335

Martin Woodward: 333

Chrysalis: 301(l), 304, 308, 317u, 324/325, 326

Novosti: 264, 301(r), 306, 308o

Hugh W. Cowin: 182u, 183, 218

Cowin Collection: 188/189, 224, 276

Austin J. Brown: 262o, 266, 267o&u

AED Airfoil Development: 265